Pola Kinski ist drei Jahre alt, als sich ihre Eltern scheiden lassen. Sie ist das erste Kind von Klaus Kinski, einem aufstrebenden Schauspieler, damals, Mitte der fünfziger Jahre. Nach der Scheidung lebt das Kind bei Mutter und Großvater in München; seinen Vater sieht es nur selten. Alles ändert sich, als Kinski in Fernsehen und Kino der Durchbruch gelingt. Er holt seine Tochter bei jeder Gelegenheit zu sich nach Berlin und später nach Rom, lässt sie zu den wechselnden Drehorten nachreisen. Pola erlebt die Tobsuchtsanfälle und die Verschwendungssucht ihres Vaters: Er brüllt auf sie ein und überhäuft sie mit Geschenken und Geld. Was sie sich sehnlichst wünscht, die Liebe und Geborgenheit der Eltern, versagen ihr Mutter wie Vater. Die Zuwendung der einen gilt bald nur mehr dem neuen Mann und zweiten Kind. Der andere macht die eigene Tochter über Jahre zu seiner Kindfrau.

Kindermund ist Pola Kinskis Autobiografie ihrer Kindheit und Jugend. Sie erzählt, wie es war, die Tochter des Enfant terrible des deutschen Films zu sein, und sie rechnet ab, so unsentimental wie schonungslos: mit einem, für den es als selbstverständlich galt, sich über alle Grenzen hinwegzusetzen, und der es skrupellos in Kauf nahm, das Leben des eigenen Kindes zu zerstören.

Pola Kinski wurde als erstes Kind des Schauspielers Klaus Kinski in Berlin geboren. Schon als kleines Mädchen tritt sie im Theater auf und übernimmt Rollen in Fernsehproduktionen; später besucht sie die Otto-Falckenberg-Schauspielschule in München und hat Engagements in Theater und Film. Pola Kinski lebt in Berlin.

insel taschenbuch 4308

Pola Kinski

Kindermund

Pola Kinski
Kindermund

Insel Verlag

Umschlagabbildung: Pola Kinski, Lugano 1960
Foto: Heinz Bartscherer

Erste Auflage 2014
insel taschenbuch 4308

Vertrieb durch den Suhrkamp Taschenbuch Verlag
Umschlaggestaltung: Rothfos & Gabler, Hamburg
Druck: CPI – Ebner & Spiegel, Ulm
Printed in Germany
ISBN 978-3-458-36008-7

Kindermund

»Wagt es nicht, mein Fahrrad zu berühren, ihr Dreckstauben! Mein wunderschönes neues Fahrrad!« Babbo, wie ich meinen Vater jetzt nennen soll, hat es mir zum Geburtstag geschenkt. Ich bin sechs Jahre alt. »Schert euch weg, die ganze Terrasse scheißt ihr voll, das ist mein Spielplatz!«

Zum Ausgehen angezogen, in Mantel, weißen Schnürstiefeln und Baskenmütze stehe ich in der Küche dicht an der Balkontür und schaue durch die beschlagene Scheibe. Mama kocht Suppe. Ich wische mit den Fingern ein Loch ins Glas und überwache Scharen von Tauben, die mein Fahrrad bedrohen. Nebel hat die Terrasse in Watte gehüllt. Aber ich sehe sie genau, meine Feinde: Fett sind sie und ungewöhnlich fleißig am Picken. Wie eklig sie sich bewegen, dieses Zucken, dieses ständige Ruckeln! Ich halte mir die Ohren zu, ich will das Gurren nicht mehr hören. Mama kocht immer noch Suppe. Der Dampf breitet sich aus. Ich fange an zu schwitzen.

Seit dem Tod von Mamas Schwester, der Trennung der Großeltern und der Scheidung meiner Eltern lebe ich mit Mama bei Felizian, ihrem Vater. Ich fürchte mich vor seiner hohen, hageren Gestalt, und wenn er mit schlurfenden Schritten näher kommt und mich von weit oben aus zornig funkelnden Augen anstarrt und mit dem Zeigefinger droht. Mein Großvater ist ein alter Mann, aber er praktiziert noch als Arzt und schreibt dramatische Opern. Leider trinkt er auch sehr viel Alkohol. Obwohl Mama ihm in der Praxis hilft und den Haushalt führt, ist das alles nicht unter einen Hut zu bringen.

Eines Morgens, der Flur ist mit Patienten vollgestopft, laufe ich ins Behandlungszimmer, um Großvater zu suchen. Er steht hinter der Tür und zittert am ganzen Körper. Mit hastigen Schlucken kippt er den Inhalt einer Flasche in seine Kehle. Scharfer Geruch breitet sich aus, ich halte mir die Nase zu und laufe hinaus.

In der Wohnung gibt es neben dem Untersuchungsraum noch ein Schlafzimmer für Mama und mich, eines für meinen Großvater, eine Küche, ein Bad, ein Klo und einen schmalen, langen Flur, durch den sich ein Läufer wie ein roter Pfeil vom Anfang bis zum Ende zieht.

Es regnet oft in diesem Frühjahr. Dann ist draußen alles grau und glitschig. Trotzdem übe ich täglich Fahrradfahren. Babbos Geschenk funkelt rot. Ich streiche liebevoll über den Lack. Ist er nass vom Regen, reibe ich mit meinem Kleid so lange über den Rahmen, bis er glänzt. Das Kleid ist dann schmutzig und knittrig. Mama wird mich schimpfen, aber das ist mir egal. Ich setze mich auf den Sattel und hangle mich langsam vorwärts, immer eine Hand am Geländer der Terrasse. Es ärgert mich, wenn die Reifen durch Taubenscheiße fahren und sich weiß verfärben.

Manchmal halte ich an und beobachte eine Katze auf dem Dach gegenüber, die sich lüstern am Kamin reibt. Sie sieht mich unentwegt an. Es reizt mich, ihr die Zunge herauszustrecken. Dann dreht sie sich beleidigt weg und würdigt mich keines Blickes mehr, sosehr ich auch locke, pfeife, rufe. Das verwitterte Teerdach wellt sich über eine Hausruine. An manchen Stellen bläht es sich oder ist aufgeplatzt wie ein Geschwür, aus dem eine Pflanze wächst. Die Ränder sehen abgefressen aus, und die Regenrinne läuft immer über. In der Backsteinmauer fehlen Steine. Sie liegen verstreut im Hof, aber niemand kümmert sich darum. Über der Haustür, die mit Brettern zugenagelt ist, sind noch verwaschene Reste eines Namens zu lesen. Einige Buchstaben fehlen. Ich frage Mama manchmal, was da früher gestanden hat, aber sie zuckt nur mit den Schultern.

Wenn Mama mich ruft, stelle ich mein Fahrrad so ab, dass es auf keinen Fall das rostige Geländer berührt.

Babbo hält sich seit längerer Zeit in Wien auf, um Arbeit zu finden. Er erscheint immer unangemeldet, mit einem Geschenk im Arm, und nimmt mich mit sich fort. Eines Nachts toben draußen Blitz und Donner. Da steht er plötzlich in der Tür und bringt mir eine Negerpuppe. Sie kommt direkt aus Afrika, sagt er. Ich glaube ihm, sie riecht nach Sonne und Wüste, nach Afrika eben. Oder er schickt einen Expressboten, der geheimnisvolle Pakete für mich abgibt. Ich reiße gierig Papier und Karton auf und stürze mich auf den Inhalt: Puppen, Stofftiere, ein Kleid oder Schuhe, die mir regelmäßig zu klein sind. Einmal kommt eine Kuh aus meergrünem Samt, bestickt mit bunten Glassteinen, zum Vorschein. Sie ist einem orientalischen Märchen entstiegen, das sehe ich sofort. Diese Kuh wird von mir so sehr gestreichelt, gedrückt, geliebt, dass nach kurzer Zeit alle Steine fehlen und die Samthaut abgeschabt und mit kahlen Stellen übersät ist.

Heute weiß ich, dass er mich gleich abholen wird. Ich bewundere ihn: Er ist stark und wichtig, denn alle tun, was er will. Wir fahren in Autos, aus denen Männer springen, die uns die Türen öffnen. Er kauft mir wunderschöne Kleider, wir werden in feinen Restaurants bedient. Und er besitzt die Macht, mich einfach mitzunehmen. Bei ihm bin ich Prinzessin. Aber er ist mir auch ein bisschen unheimlich. Immer reißt er seine eisblauen Augen so weit auf, dass ganz viel Weiß zu sehen ist, und fuchtelt wild mit den Armen. Aus seinem riesigen Mund kommen zuckersüße Liebkosungen und laute schmerzende Töne. Eigentlich freue ich mich gar nicht auf ihn. Warum muss ich immer mit ihm gehen, auf den Rummel, in den Spielzeugladen, zum Schneider, ins Hotel oder zum Essen?

Die Tür fliegt auf, Babbo stürzt vor mir auf die Knie, umschlingt mich mit starken Armen und presst mich an seinen Körper. Sein Geruch nach Zigaretten und Parfüm ekelt mich, ich bekomme kaum Luft. »Mein Geliebtes, mein süßes Püppchen, mein Engelchen«, haucht er. Dann bedeckt er meine Augen, meine Wangen und meinen Mund mit unzähligen feuchten Küssen. Verstohlen wische ich mir mit dem Mantelärmel übers Gesicht. Er nimmt meine Hand, umschließt sie fest mit seiner Pranke, und wir gehen hinaus. Ich werfe Mama einen flehenden Blick zu, aber sie schweigt und schaut aus dem Fenster zu den Tauben. Warum hat sie ihn hereingelassen? Mir ist, als ob meine Fußspitzen nur leicht den Boden berühren.

Er führt mich zu einem roten Auto. Heute fahren wir wieder einmal zu Spielzeug-Obletter, Münchens Kinderparadies. Dort begrüßen mich alle meine Freunde: Puppen, Zwerge, Feen, Tiere, die Prinzessin, der König. An Hexe und Teufel gehe ich schnell vorbei. Sie sind mir alle wohlbekannt von unseren Besuchen. Und nachts, wenn ich starr und stumm vor Angst im Bett liege, singen und musizieren sie so laut und machen so viel Krach, dass ich meinen betrunkenen Großvater nicht mehr hören muss.

Mein Vater sucht einen Stofflöwen für mich aus. Ich halte ihn zärtlich umarmt. Er ist so groß, dass ich den Weg vor mir nicht sehen kann.

Oft bettle ich bei Babbo, dass wir zum alten Karussell im Englischen Garten gehen. Ist es geschlossen, abgedeckt mit grauverwaschenen Brettern, drücke ich mich an das warme Holz, rutsche Schritt für Schritt die Rundung entlang, um ein Loch zu entdecken. Schon durch den kleinsten Spalt kann ich sie im Dunkeln erkennen: die feurigen Augen der Pferde, die sich aufbäumen. Den einsamen Schwan, der seine Frau so sehr vermisst. Die Gänse sind wohl beim Schnattern überrascht worden. Die Giraffe, die sie alle überragt und deshalb so eingebildet ist. Die feixenden Schweine, den höchst nervösen Vogel Strauß, die Kutsche mit der Krone auf dem Dach und natürlich die weiße halbgeöffnete Muschel, die ein Geheimnis birgt. Gierig sauge ich den bitteren Geruch der Holzbeize tief in mich ein.

Wenn wir Glück haben, ist das Karussell geöffnet, und der Klang der Drehorgel lässt meine Füße immer schneller werden. An einen Tierhals geschmiegt oder aufrecht auf dem Kutschbock, kann ich es nicht erwarten, bis wir uns endlich in Bewegung setzen. Manchmal bin ich in einer Muschel versunken und werde von acht leuchtend blauen Fischen in rasender Fahrt übers Meer gezogen. Und bald spüre ich nicht mehr, wann eine Fahrt endet und die nächste beginnt. Dann ist es oft schon Abend geworden, wenn ich die Stufen nach draußen stolpere.

Leider ist mein Vater heute sehr hungrig, und wir tauschen das Karussell bald gegen ein nobles Chinarestaurant. Um meine Enttäuschung zu verbergen, schaue ich angestrengt aus dem Autofenster.

Wir treten ein in eine fremde Welt: Silberglöckchen klingeln von weit her. Der Teppich schimmert rot. Zierliche Männer geleiten uns an einen kleinen Tisch in einer Nische. Das Licht ist gelb und müde. Fast durchsichtig, wie Grasgeister schwirren die Kellner umher, huschen davon, kommen wieder angeschwebt und sind ständig darum bemüht, uns alles recht zu machen. Ein Koch mit eingefrorenem Lächeln bereitet für uns am Tisch allerlei Köstlichkeiten zu. Es dampft und zischt. Eine Stichflamme schießt zur Decke. Die Pfanne brennt, er wirbelt den Inhalt hoch in die Luft und fängt ihn wieder auf. Vor uns werden zahlreiche Platten und Schüsseln aufgebaut. Es riecht ungewohnt, aber gut. Ich kann kaum etwas essen, alles ist so aufregend! Die Luft knistert, und die Stimmung ist angespannt, wie immer in Babbos Gegenwart. Auch er stochert auf seinem Teller. Ich betrachte ihn heimlich. Seine lümmelnde Körperhaltung widerspricht dem Gesichtsausdruck: Die Augen flackern, er wirkt gehetzt, als sei er auf der Flucht. Auch die Kleidung passt nicht zu seinem Gehabe: dunkler Anzug, makellos, ohne ein einziges Staubkorn, weißes Hemd mit sehr hohem Kragen, überlange Manschetten, aus denen unruhige Finger hervorschauen. Ich betrachte gerne seine Hände, ich finde sie schön. Wenn er sie bewegt, blitzen die Steine in den Manschettenknöpfen wie Sterne.

Plötzlich tritt einer der Kellner vor mich hin und verneigt sich tief. Ganz nebenbei beginnen seine Finger mit einem Tuch aus Seide zu spielen. Daraus entwickelt sich ein zarter Tanz, der sich in einen wilden Reigen verwandelt. Die Hände verschwinden und tauchen wieder auf, so flink, dass ich ihnen kaum mit den Augen folgen kann. Ich muss aufspringen und klatschen. Der Zauberer streicht mir liebevoll über den Kopf. Da schnellt Babbo vor wie eine Schlange und zischt: »Nicht anfassen!« Der Mann zuckt zusammen, sein Lächeln erlischt, das Gesicht wird dunkel. Wütend reiße ich den Löwen vom Stuhl, bohre meine Finger tief in seinen weichen Körper, meine Tränen verkleben das Fell. Babbo packt meine Hand, und wir verlassen das Restaurant.

Auf der Heimfahrt im Auto spricht Babbo kein Wort. Sein Gesicht ist verschlossen, der Blick stur nach vorne gerichtet, die Kiefer aufeinandergepresst, als kaue er auf einem Zitronenkern. Die dicken Lippen von Falten zerfurcht. Ich ziehe mich zurück, fange an, die Rippen meiner Strumpfhose zu zählen. Auf seiner Stirn quillt eine blaue Ader hervor. Plötzlich höre ich ihn prusten, lachen. Ich strahle ihn erleichtert an, schaue aber in die gleiche versteinerte Maske. Er hat sich nur geräuspert. Enttäuscht rutsche ich tiefer ins Polster und schäme mich. Meine Hand schwitzt in seiner. Er hält sie so fest umschlossen, dass es sich anfühlt, als wäre sie mit seiner verwachsen. Selbst beim Schalten lässt er sie nicht los. Das Kribbeln in meinen Fingern wird unerträglich. Ich will mich losreißen und aus dem Auto springen, aber ich traue mich nicht.

Wir sind da, er hebt mich aus dem Wagen, trägt mich ins Haus und nach oben, küsst mich noch unzählige Male und verspricht, mich bald wieder abzuholen. Dann ist er verschwunden, als sei er nie da gewesen. Ich schließe die Tür auf, die Wohnung ist dunkel, ich folge dem Licht, das aus der Küche kommt. Mama sitzt am Küchentisch, das Kinn auf eine Hand gestützt. Ihre dicken braunen Locken verdecken das Gesicht, sie bemerkt mich nicht. Hat sie den Schlüssel nicht gehört? Schläft sie? Behutsam streiche ich eine Lockensträhne nach hinten, sie sträubt sich und fällt zurück. Ich klettere auf den Stuhl ihr gegenüber und schlage mit beiden Händen auf die Tischplatte. Gläser, Teller und Besteck klirren. Das Rosenmuster der Tischdecke wirft Falten. »Ich bin wieder da!« Mama zuckt zusammen. Ich ziehe die Rosen gerade.

»Erzähl mir von früher, von Babbo und dir und von mir, bitte!« Meine Mutter richtet sich auf, sie schaut mir kurz in die Augen, dann gleitet ihr Blick über meinen Kopf hinweg. Ich drehe mich um, um zu sehen, wer hinter mir steht, aber da ist nur die Wand.

Meine Mutter war neunzehn, als sie meinen Vater kennenlernte. Sie studierte Operngesang und Malerei und war sehr verträumt. Mit ihrer Freundin Therese, einer Bühnenbildnerin, verkleidete sie sich eines Abends für einen Faschingsball der Münchner Boheme. Inmitten all der Masken trafen Mama die glühenden Augen eines jungen Schauspielers. Noch in dieser Nacht nahm sie ihn mit nach Hause zu ihrer Familie und versteckte ihn in ihrem Zimmer. Weil ihm kalt war, schlich sie in die Kammer der Haushälterin, zog der Schlafenden die Decke weg und breitete sie über ihren Liebsten. Resa wachte auf, weil sie fror, und torkelte durch die Wohnung auf der Suche nach ihrer Decke. Als sie den Fremden entdeckte, entriss sie ihm ihr Eigentum, und Mama war es egal, dass sie erwischt worden waren. Zu sehr war sie ihm schon verfallen.

Mama lebte mit ihren Eltern, fünf Geschwistern, der Haushälterin Resa und mehreren Hunden in einer 8-Zimmer-Altbauwohnung im Nobelviertel Herzogpark. Die Praxis ihres Vaters lief sehr gut zu dieser Zeit, er verdiente viel Geld.

Die Verliebten konnten nicht mehr voneinander lassen. Mamas Eltern sahen misstrauisch zu. Klaus stand oft barfuß, in immer demselben, wenn auch sauberen Hemd vor der Tür. Er hatte Hunger, oft bettelte er um Geld. Von Tag zu Tag wurde er ruheloser, die Arbeitslosigkeit quälte ihn. Nachdem er in München erfolglos vorgesprochen hatte, ging er nach Berlin, klapperte dort die Theater ab, kämpfte um ein Engagement. Mama überfiel in dieser Zeit grausame Übelkeit. Es gelang ihr ziemlich lange, den wachsenden Bauch vor der Familie geheim zu halten. Als weite Männerpullover nicht mehr halfen, musste sie ihre Schwangerschaft den entsetzten Eltern beichten. Sie fühlte sich unverstanden, hatte große Sehnsucht nach ihrem Geliebten. Der beschwor sie, nach Berlin zu kommen. Sie folgte ihm, und einige Wochen darauf heirateten die beiden. Seine Wohnung war ein Speicher, dessen Tür nicht abzuschließen war. Vom ersten Tag an ließ er sie allein zwischen Gerümpel, Spinnweben und Geistern, schlief nur eine einzige Nacht bei ihr. In dieser Nacht schob er sämtliche Gegenstände vor die Tür aus Angst vor Mördern. Mama war einsam und fürchtete sich. Und sie war schrecklich unglücklich, aber sie schämte sich vor ihrer Familie und sagte lange nicht, wie schlecht es ihr ging. Eltern und Geschwister lasen Mamas Verzweiflung zwischen den Zeilen ihrer Briefe. Ihre achtzehnjährige Schwester Inge, ein wildes, eigensinniges Mädchen, das sich vor niemandem und nichts fürchtete, beschloss, nach Berlin zu reisen, um ihrer Schwester beizustehen. Eines Tages konnte Inge die ständigen Pöbeleien und Wutausbrüche ihres Schwagers nicht mehr ertragen, stürzte sich voller Hass auf den Kerl und prügelte so lange auf ihn ein, bis er verstummte. Sie muss ihm imponiert haben, denn er schlug nicht zurück. Inge war einer der wenigen Menschen, vor denen er Respekt hatte.

Dann setzten bei Mama die Wehen ein. Zu dritt irrten sie durch die Nacht und suchten ein Krankenhaus. Sie sahen so jung aus, wie Kinder, die sich verlaufen hatten. Eine Polizeistreife hielt sie an, fragte, was sie in ihrem Alter denn um diese Zeit auf der Straße zu suchen hätten. »Man wird ja vielleicht noch sein Kind zur Welt bringen dürfen!«, antwortete Mama schnippisch. Die Polizisten glaubten den dreien nicht und fuhren im Schritttempo hinter ihnen her bis zur Klinik. Dort fiel Mama erst einmal in einen Erschöpfungsschlaf. Als sie aufwachte, hörte sie Klaus toben und schreien, die Ärzte und Schwestern ließen ihn von der Polizei abführen, und Mama musste das Krankenhaus wechseln. Während der Geburt rief er dort an und brüllte ins Telefon, warum seine Frau im Hintergrund so schreien würde!

Ein Mädchen wurde geboren. Klaus eilte herbei, hielt das Kind hoch wie eine Monstranz. Er nannte es Pola, nach der Pola in Dostojewskis *Schuld und Sühne*.

Mit einem Baby in einem Speicher ohne abschließbare Tür, ohne Möbel, ohne irgendwelche Vorbereitungen für das Neugeborene getroffen zu haben, wurde das Leben in Berlin vollends unerträglich. Acht Tage nach meiner Geburt drückte meine Mutter eine tiefe Kuhle in ein Kopfkissen, legte mich hinein und flog mit mir und ihrer Schwester zurück zur Familie nach München. Klaus tobte derweil in Berlin. Er ertrug es nicht, dass man ihn allein zurückgelassen hatte. Bald darauf stand er in München vor der Wohnung seiner Schwiegereltern und bat um Einlass.

An einem Sonnentag wurde ich in einen uralten weißen Korbkinderwagen gelegt und im Englischen Garten spazieren gefahren. Klaus fand dieses Gefährt so unerträglich hässlich, dass er alle Gänseblümchen von den Wiesen pflückte, ins Korbgeflecht steckte und den Wagen in einen fahrenden Gänseblümchenteppich verwandelte.

In dieser Zeit war mein Vater mit Thomas Harlan befreundet und zog viel mit ihm herum. Eines Tages wurde er laut heulend wie ein Wolf von Thomas zu meinem Großvater gebracht. An seinem linken Bein klaffte eine tiefe Wunde, aus der Blut quoll. Die beiden hatten auf dem Starnberger See ein Motorboot gemietet, ohne die geringste Ahnung zu haben, wie man es manövriert. Bald verloren sie die Kontrolle, und das Boot raste führerlos über den See. In Panik sprangen sie ins Wasser. Dabei geriet mein Vater mit einem Bein an die Schiffsschraube. Thomas schleppte seinen Freund ans Ufer, wickelte Hemd und Hose um den Unterschenkel und fuhr ihn nach München in die Praxis.

Mein Großvater säuberte, nähte und verband die Wunde. Dann wurde Klaus ins Bett gebracht und von Mama gepflegt. Er lag da wie ein sterbender Schwan, mit geschlossenen Augen, stöhnte und wimmerte und ließ sich füttern und bedienen. Kaum ging es ihm besser, stand er auf, zog sich an, humpelte aus der Tür und blieb tagelang fort.

Die Familie besaß ein Haus in einem parkähnlichen Waldgrundstück in München-Grünwald und verbrachte dort viel Zeit, vor allem im Sommer. Die Dogge Agbar, der Rauhaardackel Seppl und ich durften auch mit. Das Haus war aus schwarzgebeiztem Holz, und das Dach zierte ein wunderschön geschnitzter Giebel. Niedrige Stuben mit vielen Betten für die Großfamilie und deren Freunde verteilten sich auf zwei Stockwerke. Ich war jetzt drei Jahre alt, und ich liebte dieses Haus, das Feuer im Kamin, und vor allem liebte ich es, mich nackt mit den Hunden im Gras zu wälzen. Einmal fand mich Mama weder im Haus noch im Garten. Aus der Hundehütte schauten drei Köpfe: die Dogge, der Dackel und in der Mitte mein feixendes Gesicht.

Mama und Inge versteckten sich bei Waldspaziergängen oft hinter Bäumen, kicherten und ergötzten sich daran, mich verzweifelt herumirren zu sehen. Erst wenn ich nicht einmal mehr die Kraft zum Weinen hatte und mich auf dem Waldboden einrollte, hatten sie Mitleid und gaben sich zu erkennen.

Inge verschwand manchmal stundenlang mit ihrer Geige im Wald, weil sie sonst nirgends Ruhe hatte, zu spielen. Von weit her kam ihre Musik. Immer länger blieb sie fort. Manchmal kam sie erst am nächsten Morgen zurück und sprach kein Wort, stand einfach nur da mit geschlossenen Augen. So als wollte sie nicht gesehen werden, von niemandem. Eines Tages hieß es dann, Inge sei tot.

Ich springe vom Stuhl, rutsche mit der Schulter an der Tischkante entlang, bis ich mit den Fingern Mamas Knie berühre, und schaue sie lange an.

»Warum ist Inge gestorben?«

Mama reagiert nicht auf mich, sie starrt immer noch an

die Wand. Ich spüre, dass sie weint, aber ich sehe keine Tränen. Dann sagt sie: »Ich weiß es nicht, keiner weiß es!«

»Und dann, was war dann?«, frage ich weiter.

Nach dem Tod von Mamas Schwester brach die Familie auseinander. Großmutter und Großvater trennten sich, die Geschwister wurden in alle Winde verstreut. Der jüngste Sohn, etwa 18 Jahre alt, blieb bei der Mutter. Sie mieteten eine Zweizimmerwohnung in Schwabing. Mama zog mit ihrem Vater und mir in jene große Altbauwohnung, die gleichzeitig auch Arztpraxis war.

Mit Mama bei Großvater in der Praxis zu wohnen, finde ich schön. Dort ist jetzt mein Zuhause. Außerdem kommen immer viele Menschen, die von Großvater geheilt werden wollen. Oft sitze ich still in einer Ecke und lausche den Geschichten, die sie sich erzählen: von ihren Krankheiten, ihren Leiden. Vom 80. Geburtstag des Schwiegervaters im Schrebergarten-Vereinslokal. Dass mindestens neunzig Gäste da waren, von der einzigen Cousine aus Regensburg bis zum Urenkel aus Kanada. Dass man sich vor den Verwandten in Grund und Boden schämt, weil manche Pächter ihre Gärten zu einem Saustall verkommen lassen. Zum Beispiel der komische Neue. Er soll keine Frau haben, hat sich herumgesprochen. Man hört immer nur Männerstimmen aus der Hütte. So mancher Nachbar ist in der Dunkelheit schon am Garten entlanggeschlichen. Aber es war weder etwas zu sehen noch zu verstehen. Ob der lange geduldet wird vom Verein? Und was es alles zu essen gab: Schweinshaxen, Spanferkel, Knödel, Sauerkraut. Vor allem viel Fleisch! Wer sich von wem getrennt hat und dass die blonde Frau aus Polen, die kürzlich eine so wunderbare Hochzeit gefeiert hat, ihren Mann jetzt schon mit seinem Kollegen betrügt. Aber das darf keiner wissen. Dass das Enkelchen was ganz Besonderes ist, weil es mit zehn Monaten schon fast läuft, und dass Mutti mit ihren bandagierten Beinen kaum mehr gehen kann, obwohl sie das doch müsste wegen ihrer Thrombosen! Ihnen zuzuhören ist so spannend, wie ein Märchen vorgelesen zu bekommen.

Aber das Schönste in meinem Leben ist, mit Mama im selben Zimmer schlafen zu dürfen. Die Betten sind so aneinandergestellt, dass wir Kopf an Kopf liegen. Wir fassen uns an den Händen und schlafen ein. Ich lasse Mamas Hand die ganze Nacht über nicht los.

Wir leben zu dritt von dem Geld, das mein Großvater als Arzt verdient. Deshalb muss Mama ihm Praxis und Haushalt führen, und ich bin viel allein. Aber Fahrradfahren auf der Terrasse macht mir großen Spaß. Oder ich streune allein durch unser Viertel. Kaum trete ich auf die Straße, bekomme ich Hunger. Geld habe ich keines, deshalb lasse ich in den Geschäften anschreiben. Mama hat beim Bäcker und beim Metzger klargestellt, dass sie für meine Schulden nicht mehr aufkommen wird. Trotzdem bestelle ich weiterhin mit der Behauptung, meine Mutter würde alles bezahlen. In der Bäckerei riecht es nach Honig und Nüssen. Die Frau des Bäckers sieht aus, als wäre sie in einen Bottich mit Mehl gefallen. Nur ihre hellblauen Augen sind rot umrandet, sonst ist alles an ihr weiß. Sie lächelt schüchtern und ein bisschen traurig, während sie die Brezel in eine Serviette wickelt und mir über die Theke reicht. »Hier, schenk ich dir! Lass es dir schmecken!«, sagt ihre warme Stimme. Dafür mag ich sie.

Beim Metzger muss ich mich meistens anstellen, er hat immer viel Kundschaft. Hier drin ist es kalt, ich friere. Den Geruch nach rohem Fleisch mag ich nicht. Ich bohre meine Nase in den Stoff meines Mantelärmels. Die Frauen vor mir hören nicht auf zu bestellen: noch eine Blutwurst, einen Ring Lyoner, 300 Gramm Fleischkäse, Bierschinken, Schweinemet ... »Muss das ein fettes Schwein gewesen sein, genau wie die Mami«, ruft eine Stimme durch den Raum. Ich drehe mich um. Ein kleiner Junge deutet mit ausgestrecktem Zeigefinger zur Wand hinter der Theke. Lange dicke Würste hängen dort in einer Reihe an Haken. Schlagartig verstummen Stimmen und Geräusche. Die Verkäuferinnen, die eben noch mit den Hausfrauen tratschend Würste hobelten und Schinkenscheiben aufeinanderklatschten und in Päckchen wickelten, versinken hinter dem Ladentisch. Nur vereinzelt ist unterdrücktes Kichern zu hören, und die Rücken vor mir zittern. Mein Blick wandert zu der Mutter des Jungen. Sie ist groß, dick, und ihr Gesicht ist rot wie eine Tomate. Der Junge und ich schauen uns an, wir verstehen nicht, was so komisch sein soll. Die Mutter sieht wirklich aus wie ein Schwein. Mir gefallen die weizenblonden Haare des Jungen. Er beachtet mich nicht weiter. Langsam normalisiert sich die Situation. Die Verkäuferinnen tauchen wieder auf, eine wischt sich die Tränen von den Wangen, eine andere richtet ihre Frisur. Das Gesicht der Mutter glüht immer noch. Der Verkauf geht weiter. Ich kann ein paar Schritte nach vorne rutschen und nähere mich der Theke. Die Metzgerin steht da wie eine Säule. Auch sie ist fett. Als sie mich erkennt, fischt sie ein Wiener Würstchen aus dem Haufen, wuchtet ihren massigen Leib zu mir herunter und grinst mich breit und schmierig an: »Na, ob die Mutti das bezahlt?« Die Wurst steckt in ihren fettig glänzenden Fingern. Ich ekle mich, trotzdem greife ich danach. Der Mund der Frau ist riesengroß und fleischig. Er erinnert mich an die Nacktschnecken, auf die ich trete, wenn ich im Regen barfuß durchs Gras laufe. Die Härchen auf meinen Armen stellen sich auf. Jedes Mal stelle ich mir vor, eine Nadel in diese prallen Lippen zu stechen. Sie platzen auf, und das Innere quillt hervor wie aus einer Blutwurst. Ich laufe schnell aus dem Geschäft in unseren Hof zum verfallenen Haus. Die Fenster sehen aus wie Brunnenlöcher. Vereinzelt ragen Glaszacken aus den morschen Holzrahmen. Zersplitterte Scheiben knirschen unter meinen Schuhen. Ich horche durch ein Fensterloch ins Dunkel. Kein Laut ist zu hören. Dann lege ich mein Essen aufs Fensterbrett und klettere ins Innere. Sehr vorsichtig, damit ich mich nicht schneide. Einen Moment lang verhalte ich mich vollkommen ruhig, höre auf zu atmen, lausche nochmals in die Stille. Nichts! Ich rieche und schmecke den modrigen Geruch nach Keller und feuchten Mauern. Die Steintreppe nach oben ist teilweise zerstört. Ich muss mehrere kaputte Stufen überspringen. Mein Ziel ist ein großer leerer Raum im zweiten Stock. Dort haben sie einen Korbstuhl zurückgelassen. Das Holz ist aufgequollen, er sieht verkrüppelt aus. Tapetenreste, leere Flaschen und unendlich viele Zigarettenkippen liegen auf dem Boden verstreut. Ich komme oft hierher. Beim ersten Mal habe ich den Stuhl vor ein Fenster gezogen. Seitdem ist er nicht bewegt worden. Das merke ich daran, dass am Boden um den Stuhl herum weiße abgeblätterte Farbteilchen liegen. Ich setze mich. Das Korbgeflecht ächzt, noch mehr Farbreste rieseln zu Boden. Ich beiße in die Wurst. Sie schmeckt so köstlich, ich muss sie auf einmal in den Mund stecken. Dann kommt die Brezel dran. Ich schließe die Augen und stelle mir den Geschmack von kalter Milch dazu vor. Dann würde es noch besser schmecken. Von diesem Platz aus kann ich auf unsere Terrasse schauen, sie liegt genau gegenüber: Ich sehe die Glastüren zu den Zimmern. In einer Ecke stehen verlassen und verrostet der runde Eisentisch und Stühle. Tauben laufen darauf herum. Sie scheißen auf die Platte. Deshalb setze ich mich nie dorthin. Einziger Schmuck auf dem Tisch ist ein großer runder Topf, in dem Schnittlauch wächst. Wenn Mama zu viel abschneidet, sieht er aus wie ein Igel. Die hässlichen Tauben hüpfen, zucken und picken wie immer. Aber mein Fahrrad überstrahlt alles. Durch die Scheibe kann ich Mama in der Küche erkennen. Sie läuft hin und her. Manchmal habe ich das Gefühl, sie sieht mich an. Aber das bilde ich mir wohl ein. Das große Doppelfenster hoch oben in der Wand neben der Küchentür macht Mama Angst. Sie fürchtet, ein Einbrecher könnte nachts vom Treppenhaus auf die Terrasse springen, ins Schlafzimmer schleichen und uns alle ermorden. Im Bett überfällt auch mich diese Angst. Dann darf ich nicht einschlafen, ich muss wach sein, wenn der Mörder kommt. Wenn ich schlafe, spüre ich nicht, wenn er mich tötet, und das möchte ich nicht. Niemand weiß, dass ich hier bin, keiner kennt dieses Versteck. Vor der Dunkelheit hier drin fürchte ich mich nicht.

Ich sehe mich auf der Terrasse Fahrrad fahren. Elegant, aufrecht wie eine Zirkusartistin, mit seitlich ausgestreckten Armen. So als hätte ich nie etwas anderes gemacht, rolle ich über die Tauben, es knirscht, wenn ich sie zerquetsche. Viele liegen schon plattgewalzt auf dem Beton. Hin und her und her und hin, immer wieder. Ich muss sie alle erwischen. Alle! Erst als die letzte nur noch schwach am Boden zuckt, lehne ich befriedigt mein Rad ans Geländer. Mama stürzt aus der Küche und schlägt mir ins Gesicht. Aber ich spüre ihre Schläge nicht. Ich sitze auf dem Korbstuhl und lächle.

Die Katze vom Dach ist wieder da. In letzter Zeit taucht sie hier häufiger auf. Wunderschön und stolz steht sie im Türrahmen. Vielleicht kommt sie von weit her, weil sie die Wurst gerochen hat. Ihr Fell schimmert silbergrau. Heute will ich sie unbedingt anfassen. Ich versuche mich wie eine Katze zu bewegen, schleiche langsam auf sie zu. Sie fixiert mich aus eisblauen Augen. Kaum strecke ich die Hand aus, schlüpft sie davon. Sofort laufe ich ihr nach, die Treppe hinunter, über den Hof zu einer hohen Mauer. Sie springt mit einem Satz hinauf und schaut mich provozierend an. Ich klettere auf eine Mülltonne, ziehe mich mit aller Kraft an der Wand hoch. Doch die Katze wartet schon auf der Rückseite des Hofes auf einem Garagendach auf mich. Als ich von der Mauer springe, knickt mein Fuß um. Ein grell weißer Blitz schießt durch meinen Körper. Der Schmerz jagt mir Tränen in die Augen, aber ich schlucke sie hinunter, ich muss weiter. An der Garagenwand ist eine Eisenleiter angebracht, an der ich hochklettern kann. Doch als ich oben ankomme, ist die Katze verschwunden. Sie grinst mich von einem Autodach aus an. Ich verfolge sie über Kisten, Mülltonnen, Mauern in fremde Höfe. Sie wartet den Moment ab, bis ich sie fast berühre, dann entwischt sie. So lockt sie mich immer weiter von zu Hause fort. Hier bin ich noch nie gewesen. Aber ich will wissen, wo sie wohnt, ob sie jemandem gehört. Irgendwann lasse ich mich erschöpft auf den Boden fallen. Als das Vieh merkt, dass ich nicht mehr kann, verliert es die Lust. Das Spiel ist aus! Die Katze springt auf ein Fensterbrett und schaut mitleidig auf mich herunter. Sie reibt sich am Fenster.

Die Scheibe ist blind und verschmiert, aber dahinter steht eine Gestalt, völlig reglos. Ein Gesicht sieht mich unverwandt an, es lächelt. Panik packt mich. Ich laufe, falle über Hindernisse, klettere über Mauern, suche den Weg zurück, verlaufe mich. Als ich die Lichter der Straße sehe, merke ich, dass es dunkel geworden ist. Im Getriebe der Menschen fühle ich mich sicherer, aber ich drehe mich ständig um, ob die Fratze hinter mir her ist. Als mich die Wärme unserer Wohnung einhüllt, macht mir selbst Mamas Ohrfeige nichts aus, und ich bin glücklich, dass ich sofort ins Bett muss.

Nachts erscheint mir das Gesicht im Traum. Ich will weglaufen, aber meine Füße kleben am Boden fest, ich komme nicht von der Stelle. Ich zerschlage das Fensterglas, prügle mit Fäusten auf die Fratze ein, immer wieder. Aber die Gestalt verharrt unbeweglich. Sie lacht mich aus, sie verhöhnt mich. Ihr Gelächter schallt in meinem Kopf. Mein Kopf ist eine riesige Halle. Mit beiden Händen halte ich mir die Ohren zu.

Das Lachen geht über in Grölen. Ich schrecke hoch und taste nach der Gabel unter meinem Kopfkissen. Dann springe ich mit einem Satz aus dem Bett und drehe den Zimmerschlüssel zweimal um. Auf der anderen Seite der Tür randaliert mein Großvater. Aber er ist nicht allein, er hat einen Freund mitgebracht. Die Stimmen der Männer dröhnen durch die Wand. Sie rülpsen, wiehern, lallen unverständliches Zeug. Anscheinend haben sie Spaß, doch ihre gute Laune kann jeden Moment ins Gegenteil umschlagen. Die Gabel halte ich mit beiden Händen vor mein Gesicht. Seitdem mein Großvater manchmal nachts betrunken mit einem Freund nach Hause kommt, schlafe ich nie ohne diese Waffe. Plötzlich verändern sich die Stimmen, sie klingen böse und hart. Dumpfe Geräusche wie fallende Körper, Stöße gegen Möbel, dann klirren Flaschen. Ich stehe immer noch wie gelähmt am selben Fleck. Eine Tür knallt ins Schloss. Irgendwann höre ich ein Würgen. Dann ist es still. Ich mache mir Sorgen um Großvater. Hoffentlich stirbt er nicht. Aber ich traue mich nicht, nachzusehen. Lieber schlüpfe ich unter Mamas Decke, schmiege mich an ihren Rücken. Ich lausche ihren Atemgeräuschen, versuche, mich dem Heben und Senken ihres Körpers anzupassen. Sie macht im Schlaf eine Bewegung, als wolle sie mich abschütteln. Traurig gehe ich zurück in mein Bett, rolle mich ein wie ein Regenwurm. Ich habe Sehnsucht nach meiner Großmutter. Sie hat mich lieb, das spüre ich. Nach Spaziergängen im Englischen Garten besuchen wir sie manchmal. Ich werde verwöhnt mit Tellern voller Marmeladenbrote und geschälten Orangen, die aussehen wie gelbe Blumen. Bei meiner Großmutter fühle ich mich behütet und tauche sofort ein in meine Spielwelt. Die vielen Schubladen des Bauernschranks dienen mir als Kinderbettchen für die Puppen, die ich mir aus Schals zusammenknote. Damit bin ich stundenlang beschäftigt, bis Mamas Stimme mich zum Gehen ruft. Oder ihr Bruder mich zum Einkaufen mitnimmt. Er heißt Tommy, ist zwanzig Jahre alt und ein angehender Schlagerstar. Ich verehre ihn hemmungslos, auch wenn er mich oft quält. Immer will er den Fahrstuhl benutzen, obwohl die Wohnung im ersten Stock liegt. Kaum haben sich die Türen geschlossen und die Kabine setzt sich in Bewegung, bleibt sie mit einem Ruck auch schon wieder stehen, jedes Mal. Durch die Glastür sehe ich nur graue Mauer. Ich schaue mich um, überall nur glatte geschlossene Wände. Die trübe Birne an der Decke gibt kaum Licht. »Wir kommen hier nie mehr raus!«, jammert mein Onkel. Angst kriecht von meinen Zehen in die Fingerspitzen und bis in den letzten Winkel meines Kopfes. Es wird immer enger im Raum, die Luft ist dick und stickig. Hektisch versuche ich alles, was noch übrig ist, in mich aufzusaugen. Aber je mehr Luft ich in meine Lungen ziehe, desto weniger kann ich atmen. In Todesangst klammere ich mich an die Beine meines Onkels. Der grinst mich an, drückt auf den Knopf, und wir fahren weiter, als sei nie etwas gewesen. Wenn wir den Fahrstuhl verlassen, kleben die schweißnassen Kleider an mir, und ich zittere am ganzen Körper. »Ein Wort zu irgendjemandem, und ich sperre dich das nächste Mal die ganze Nacht ein!«, droht er.

Ich bin so froh, dass ich jetzt in meinem Bett liege. Müdigkeit breitet sich in mir aus wie warmes Öl, ich schlafe ein.

Babbo lebt immer noch in Wien und will unbedingt ein Engagement am Burgtheater. Aber man gibt ihm keinen Vertrag. Deshalb streitet er mit allen Menschen, schreit, brüllt und tobt. Wir spüren seine Wut in den Briefen, die er an Mama schreibt, täglich! Die Buchstaben sind schwarz und wild und sehen aus, als hätte er sie ins Papier graviert, und mit unzähligen Ausrufezeichen und zentimeterdicken Unterstreichungen ist versehen, was sie unbedingt und auf der Stelle für ihn zu tun habe. »Du musst es schaffen, sonst sterbe ich! Du musst, Du musst, Du musst!« Die Briefe bestehen nur aus Forderungen. Und dass sie mich, das heilige Kindchen, das höchste Gut auf Erden, Millionen Mal von ihm küssen solle. Jedes Mal drehe ich die Blätter um, schließe die Augen, streiche mit den Fingerspitzen über das Papier, um zu spüren, ob sich die Wörter durchgedrückt haben. An manchen Stellen sind Löcher, so tief hat er seinen Zorn hineingegraben.

Es klingelt. Ich stürme zur Tür, weil ich ein Geschenk von Babbo erwarte. Aber der Postbote drückt mir nur einen Brief in die Hand. Beleidigt verpasse ich der Tür einen Fußtritt, sodass sie laut ins Schloss knallt. Mama schreit erschrocken auf am anderen Ende der Wohnung. Ich trabe zu ihr, halte ihr das Kuvert entgegen. Sogar Name und Adresse sind mehrmals unterstrichen. Mama öffnet erwartungsvoll den Umschlag und liest wie gewohnt laut vor: »Mein Engel!!!!!!!!!!!!!!!! Die Kloakenschweine vom Burgtheater wollen mir immer noch keinen festen Vertrag geben! Diese Naziverbrecher!!!!!! Du musst für mich zum Residenztheater gehen und zum O.W. Fischer. Du musst sie beschwören!!! Du musst ihnen sagen, dass ich ein Genie bin. Ich bin ein Genie!!!!!!!!! Ich bin der Messias, der dem Theater seine wahre Bestimmung zurückbringt!!!!!! Mach das jetzt sofort, geh sofort hin!!!!!!!!! Du musst das tun, für mich!!!!! Und küsse das heilige Kindlein von mir, und sage ihm, dass ich ihm die ganze Welt kaufen werde, wenn diese Idioten, diese Analphabeten, diese Kretins endlich erkennen, dass ich der Größte bin, und mir einen Vertrag geben.«

Mama liest den Brief immer wieder, so als würden die Zeilen ihr etwas sagen wollen, das sie noch nicht begriffen hat. Ich habe das Gefühl, es geht um Leben und Tod. Um sein Leben und seinen Tod. Ich laufe hinaus auf die Terrasse und verscheuche die Tauben von meinem Fahrrad.

Am Residenztheater wird ein kleines Mädchen für die Rolle des Kindes in Pagnols *Die Tochter des Brunnenmachers* gesucht. Mamas Freundin Therese, die dort als Bühnenbildnerin arbeitet, stellt mich dem Regisseur vor, und ich werde sofort engagiert. Ich bekomme ein wunderschönes Kleid genäht mit vielen Spitzen, Rüschen und Stoffschichten übereinander. Sogar einen Strohhut mit einem blauen Ripsband darf ich tragen. Ich fühle mich wie eine Prinzessin. Das Stück wird jeden Abend gespielt. Es ist immer sehr spät, wenn Mama und ich zu Fuß nach Hause laufen.

Die Schauspieler behandeln mich wie eine Puppe, tragen mich von einer Garderobe in die nächste. Ich werde auf Schminktische gestellt, frisiert, vor dem Spiegel gedreht. Sie zupfen an meinem Kostüm, kitzeln mich und albern mit mir herum. Ich komme mir wahnsinnig wichtig vor und werde übermütig.

Eines Abends schleiche ich in einer Szene, in der ich nichts verloren habe, an den Schauspielern vorbei ganz nach vorne und stolziere am Bühnenrand auf und ab. Während hinter mir gespielt wird, erzähle ich dem Publikum meine Geschichte: »Wenn meine Mama und mein Papa zusammen im Bett liegen, dann wollen sie mich loswerden und schicken mich aus dem Haus. Ich streune durch die Straßen, lass mir vom Bäcker eine Brezel, vom Metzger ein Würstchen geben und sage ihnen, dass Mama später zahlt!« Der Zuschauerraum bricht fast auseinander vor Gelächter. Gerne hätte ich weitergeplappert, aber der aufgebrachte Inspizient zieht mich sehr bestimmt von der Bühne. Während einer anderen Vorstellung schließt sich plötzlich der Vorhang, weil ich sämtliche Knöpfe im Bedienungskasten ausprobiere, als keiner auf mich aufpasst.

Heute Abend wird das Stück leider zum letzten Mal gespielt. Beim Schlussapplaus mache ich brav den Knicks, den ich gelernt habe, strecke dem Publikum aber lang und breit die Zunge raus. Dann lasse ich die Hände los, die mich rechts und links halten, laufe nach hinten und taste mich durch die Dunkelheit. Herunterhängende Stoffbahnen schlagen mir ins Gesicht. Mich gruselt, ich denke an Fledermäuse. In einer Ecke setze ich mich auf eine Kiste. Die Schauspieler gehen nacheinander ab, der Applaus verebbt. Nur noch vereinzeltes Klatschen ist zu hören und die Geräusche der Zuschauer, die das Theater verlassen. Von einer Sekunde zur anderen ist alles Leben verschwunden. Irgendwo summt ein Scheinwerfer, ich lausche ihm nach. Warum muss ich weg von diesem Ort, ich fühle mich hier zu Hause.

Abrupt werde ich aus meiner Traurigkeit gerissen. Das Theater ist taghell, alle Scheinwerfer schießen gleichzeitig ihr Licht auf die Bühne. Arbeiter strömen von allen Seiten herbei, ziehen Kabel hinter sich her, schieben Möbel, zerren das Bühnenbild auseinander. Mamas strenge Stimme lässt mich aufspringen. Der Zauber ist zerstört. Ich beeile mich, zu ihr zu kommen: »Wo bist du gewesen?«, fährt sie mich an. »Man sucht dich überall! Mach jetzt! Lass dich umziehen! Die Leute wollen nach Hause!« Aber die Garderobenfrau ist mir gar nicht böse, sie zieht mir behutsam das Kleid aus. Zum Abschied drückt sie mich an ihren dicken Busen und streichelt mich: »Du wirst mir fehlen, Kleine!« Dann bekomme ich noch einen festen Kuss auf jede Wange. Alle Schauspieler kommen, umarmen mich, manche haben Tränen in den Augen. Ich weiß nicht, ob ich weinen soll.

Ich habe keine Ahnung, wie viel Geld ich verdient habe. Mama spricht nicht darüber. Aber ich bemerke, dass sie in letzter Zeit bessere Lebensmittel einkauft. Es gibt jetzt oft Obst. Normalerweise geht das nicht. Die Praxis meines Großvaters läuft schlecht, es kommen immer weniger Patienten.

In dieser Zeit des Wohlstands liegt eines Tages eine braune Papiertüte auf dem Küchentisch. Zuerst schleiche ich um das Paket und betrachte es nur. Dann hebe ich es hoch, rieche daran. Es riecht nach nichts. Ich bin neugierig und bohre mit dem Finger ein Loch ins Papier. Da rollt mir eine dunkelrote, glänzende Kugel entgegen. Im Gemüseladen habe ich diese Früchte schon gesehen, aber noch nie probiert. Mich überkommt Lust, vielmehr Gier, sie zu schmecken. Ich stecke sie zwischen die Zähne, reiße sie vom Stiel, und da ich es nicht besser weiß, lutsche ich sie erst wie ein Bonbon und schlucke sie dann als Ganzes hinunter. Eine nach der anderen. Die Papiertüte lasse ich verschwinden. Als Mama nach den Kirschen fragt, zucke ich mit den Schultern.

»Und wo sind die Kerne?«

»Mitgegessen.« Mama schüttelt den Kopf. Eigenartigerweise bekomme ich weder Bauchschmerzen, noch entzündet sich mein Blinddarm.

Großvater Felizian ist auch mein Kinderarzt, deshalb werden sämtliche Impfungen von ihm durchgeführt. Schon die Tage davor sind mir verdorben. Der bevorstehende Stich versetzt mich so in Panik, dass mir nichts mehr Spaß macht. Wenn es so weit ist und ich ins Arztzimmer geholt werde, fühle ich mich, als würde ich zu meiner Hinrichtung geführt werden. Ich muss mich nackt ausziehen und mich auf das braune Behandlungsbett legen. Steif wie ein Stock, die Arme an den Körper gepresst, liege ich auf dem Rücken und erwarte zitternd mein Ende. Mein Herz pumpt und hämmert. Ich schiele nach der gläsernen Riesenspritze, die mein Großvater hoch über mir mit völlig ungerührtem Gesicht aufzieht, und friere und schwitze gleichzeitig. Die Angst strömt durch meine Adern wie ein Gift, das sich in mir ausbreitet und mich lähmt. Großvater drückt, ein Tropfen macht sich entlang der Nadel auf den Weg nach unten. Wie ein Ungeheuer beugt sich mein Peiniger tief zu mir herunter, biegt grob mein Bein zur Seite und rammt die Nadel in meinen Schenkel. Um mich wird es schwarz. Ich höre auf zu atmen, bohre die Fingernägel in mein Fleisch. Dann ist alles vorbei, mein Großvater verlässt schwankend den Raum. Er hinterlässt den Geruch von Desinfektionsmittel und Bier. Tränen rinnen über meine Wangen. Sie jucken auf der Haut. Die Neonröhre glotzt kalt und dumm von der Decke. Ich sinne auf Rache. Der Instrumententisch neben meinem Kopf war früher wohl mal weiß lackiert. Heute ist die Oberfläche vergilbt und übersät mit vielen abgeplatzten Stellen. Voller Lust schiebe ich meine Fingernägel unter den Lack, einen nach dem anderen, bis er bricht. Die hässlichen Roststellen werden größer. Nach jeder Spritze ein bisschen mehr. Als ich die Beine bewege, kleben sie an der Gummiunterlage fest, ich ekle mich und springe mit einem Satz von der Liege. Ich sammle meine Kleider ein und laufe ins Bad.

Das Leben bei meinem Großvater ist ziemlich abwechslungsreich. Neben der Arbeit in der Praxis nimmt Mama wieder Gesangsunterricht. Sie hat eine wunderschöne Stimme, und man sagt ihr eine große Opernkarriere voraus. Ich fiebere den Gesangsstunden entgegen, denn ich darf immer mitkommen. Schon das Treppenhaus ist erfüllt von Musik. Wir müssen nicht klingeln, die Tür ist nur angelehnt. Frau Miaceck spielt Klavier. Die Locken hüpfen um ihr Gesicht, und ihr kleiner runder Körper hüpft mit. Alles an Frau Miaceck ist rund. Das Gesicht, die Augen, die Nase, der Mund, die Locken, die Arme … Noch nie habe ich sie an einem anderen Ort gesehen als auf ihrem Klavierhocker. Wahrscheinlich schläft sie auch dort! Wenn Mamas Stimme erklingt, wird es ganz hell. Sie leuchtet von innen heraus wie eine Laterne. Ich traue mich kaum zu atmen. Manchmal bringt mich ihr Gesang zum Weinen. Gegen Ende der Stunde kann ich nicht mehr stillsitzen, rutsche unruhig auf dem Stuhl hin und her, kann es nicht erwarten: das winzige kaum erkennbare Nicken der Lehrerin. Dann springe ich auf, stelle mich aufrecht neben den Flügel, und mit der Ernsthaftigkeit einer Opernsängerin singe ich Mamas Arien nach.

Nach den Gesangsstunden haben wir keine Lust, gleich nach Hause zu gehen. Wir schlendern durch den Englischen Garten, steigen die vielen Stufen hoch in den Chinesischen Turm und zählen die Menschen, die da unten über den Kies laufen. Am Kleinhesseloher See warte ich am Ufer, ob aus einem der Seitenarme ein Boot auftaucht, lautlos über den See gleitet und dann zwischen den herunterhängenden Ästen der Weiden in einen geheimen Wasserweg entschwindet. Hinter Büschen verborgen, tun sich kleine Räume auf. Dort stehen einsam Statuen aus Stein. Schöne Frauen, junge Männer und Putten. Ich streiche gerne über ihre raue Haut.

Die große geschwungene Steinbank auf einer Halbinsel besuchen wir jedes Mal. Mama setzt sich in die eine Ecke, ich in die andere. Wir spielen »Wir kennen uns nicht«. Eine von beiden spricht die andere an, wir kommen ins Gespräch. Irgendwann erzählen wir einander so wüste Geschichten aus unserem Leben, dass wir entscheiden, gemeinsam weiterzugehen. Im Sommer versuche ich Mama zum Karussell zu locken. Nur selten habe ich Erfolg, denn die Fahrt ist ziemlich teuer. Dafür darf ich mir beim Eismann zwei Kugeln aussuchen. Ich nehme immer Torroncino und Zitrone in der Muschelwaffel. Viel schmecke ich nicht, denn ich schlinge das Eis hinunter, als würde ich verhungern. Danach bin ich enttäuscht, weil der Rausch so schnell vorbei ist. Außerdem bekomme ich Kopfweh, wenn ich das Eis so schnell in mich hineinstopfe, aber ich mache es jedes Mal wieder genauso.

Im Herbst spielen Mama und ich oft ein anderes Spiel: Wir schlurfen Arm in Arm über Wege und Wiesen durch die dicke Blätterschicht und wirbeln sie mit den Füßen auf. Manchmal stinkt es bestialisch. Dann sind wir in Hundescheiße getreten, die sich unter dem Laub versteckt hat. Das ist nicht schlimm, wir kratzen die Schuhe an einem Stein sauber. Finden wir einen besonders hohen Blätterhaufen, springen wir hinein, werfen Arme voller Laub in die Luft und stellen uns in den bunten Regen. Ich mache die Augen zu und stelle mir vor, ich sei das Mädchen aus *Sterntaler*. Wer am schnellsten die meisten Ladungen schafft, hat gewonnen. Wir jauchzen und lachen und lassen uns irgendwann völlig außer Atem in das weiche Polster fallen wie in Schnee. Ich schaue in den Himmel über den Baumwipfeln und bin glücklich. Nach kurzer Verschnaufpause rappeln wir uns auf, noch schwach vom vielen Lachen. Ich klopfe Erde und Blätter von Mamas Mantel. Dann setzt sie sich auf eine Bank, und ich darf die Zweige aus ihren Haaren zupfen. In solchen Momenten sind wir uns nah.

Heute ist Mama guter Laune. Als wir am Milchhäusl vorbeikommen, fragt sie mich, ob ich ein Quarkbrot und Buttermilch möchte. Das Milchhäusl ist eine Holzhütte mit einem offenstehenden Fenster, das von der Milchfrau komplett ausgefüllt wird. Ihr Kopf ist nicht zu sehen, sie ist zu groß. Zum Sprechen bückt sie sich, dann sieht man ihr lachendes Milchbrötchengesicht. »Ein Quarkbrot und ein Glas Buttermilch bitte!«, rufe ich und lege das Geld, das Mama mir gegeben hat, auf das Brett. Sie nickt, schaufelt die Münzen in ihre Hand. Sofort verschwindet das Gesicht wieder. Die Frau dreht ihren Körper ins Innere, und ich sehe nur ihren breiten Rücken, der sich hin und her bewegt. Dann erscheinen ein riesiger Busen und Hände, die ein Glas Milch und einen Pappteller in meine Richtung schieben. Darauf liegt eine Scheibe Bauernbrot, dick bestrichen mit schneeweißem duftendem Quark und obendrauf ein grüner Teppich aus Schnittlauchröllchen. Gierig stürze ich mich darauf und verschlinge mit einigen Bissen das halbe Brot. Ich schließe die Augen und spüre den kühlen Quark auf der Oberlippe, an der Nasenspitze, in den Mundwinkeln, am Kinn. Mama schimpft, ich soll mich ein bisschen beherrschen, aber ich kann nicht anders und stopfe auch den Rest in mich hinein. Dabei fällt mir ein, dass Mama und ich einmal vor einem Platzregen ins Milchhäusl flüchten mussten. Viele andere taten das auch, drängten mich kleines Kind immer weiter in die Hütte und quetschten mich an den massigen Körper der Milchfrau. Es war mir nicht unangenehm, sie fühlte sich weich und warm an. Eine kräftige Hand kam von oben und schob mir Quarkbrotschnitten in den Mund. Draußen tobte ein Gewitter, ich war patschnass, aber gerettet und wurde gefüttert. Bis heute sind die Quarkbrote aus dem Milchhäusl die besten meines Lebens.

Auf dem Weg nach Hause laufen wir durch die Agnesstraße. Dort wohnt Wolfgang, ein erfolgloser Verehrer meiner Mutter, allein in einer Eigentumswohnung. Es dämmert schon, aber wir wollen immer noch nicht heim zu Großvater. Mama sagt, sie müsse unbedingt wegen meines ersten Schultags mit Wolfgang sprechen. In seiner Einsamkeit ist er sonderlich geworden im Umgang mit Menschen. Wenn er mich zärtlich begrüßen will, packt er mich so grob an, dass es mir weh tut. Als würde mir ein Bär mit der Pranke auf die Schulter schlagen. Aber ich bin ihm nicht böse. Und weil ich ihn mag, nenne ich ihn Onxganx. Obwohl er um vieles älter ist als Mama und sie ihn regelmäßig abweist, hört er nicht auf, sie heftig zu lieben. Onxganx hat reich geerbt, er lebt inmitten von Antiquitäten.

Lang, hager und gebückt, wartet er schon in der Wohnungstür, wenn wir die Treppe hochstapfen. Er hält den Bund der Schlafanzughose mit einer Hand zusammen, damit sie ihm nicht von den Hüftknochen rutscht. Die Hose ist viel zu kurz. Auf seinen bleichen Beinen ringeln sich dicke blaue Adern. Seine Füße stecken in Pantoffeln. Die andere Hand umklammert den Silberknauf eines Stocks. Ein gebogener Vogelschnabel und ein zorniges Auge schauen zwischen knochigen Fingern hervor. Als er uns erkennt, lacht er übers ganze Gesicht: »Wie schön, dass ihr kommt!«

Onxganx bekommt gerne von uns Besuch. Die Freude darüber lässt ihn noch ein Stück größer werden, und alles Leid und seine körperlichen Gebrechen scheinen vergessen. Er humpelt durch den Flur, und wir folgen ihm hinein in seine Welt. Ein strenger Geruch nach Urin und verdorbenem Essen lauert im Innern, nimmt mir den Atem. Ich halte mir die Nase zu, beeile mich, an den überquellenden Mülltüten vorbeizukommen. Der Flur öffnet sich in einen saalartigen

Raum. Onxganx thront bereits wieder kerzengerade im Bett, mehrere Kissen in den Rücken gestopft, und schaut uns erwartungsvoll an. Das Bett hat er vom Schreiner mit Regalen umstellen lassen, die bis an die Decke reichen und überquellen von Büchern. Hier haust er Tag und Nacht, von hier aus regiert er seine Welt, Plattenspieler und Telefon in Reichweite. Nächtelang berauscht er sich an Opernmusik von knisternden Schellackplatten. Oder er führt nicht enden wollende Telefongespräche mit den wenigen ihm vertrauten Menschen. Er zwingt sie, mit ihm zu reden, ist neugierig, fragt sie aus. Dabei taucht er ein in ihren Alltag, saugt ein Leben in sich auf, das er nicht hat.

Ich habe mich an den Geruch gewöhnt, hole wieder etwas tiefer Luft. Der Raum ist vollgestopft mit Möbeln: Schränke, Sessel und Tische in verschiedenen Größen. Türme aus Büchern, Schallplatten und Zeitungen wachsen aus dem Boden. Eine Mauer, die ihn schützend umgibt. Schwere Lüster mit blind gewordenen Glastropfen hängen von der Decke. Die Gemälde stehen alle am Boden. Niemand hängt sie für ihn auf. Dinge wie Haushalt und Sauberkeit sind ihm unwichtig. Er lebt von menschlicher Zuwendung, von Besuchen, einem Brief, von langen Gesprächen.

Meine Mutter schleift einen Sessel an Onxganx' Bett, und sofort fangen beide an zu flüstern. Es klingt wichtig. Sie dehnen die Sätze an falschen Stellen, ziehen sie an anderen zusammen, betonen die Wörter komisch. Wahrscheinlich, damit ich nicht mitbekomme, wovon sie sprechen. Weil ich neugierig bin, kann ich trotzdem einzelne Fetzen verstehen: Spitzenkleid, Schneiderin, Schultüte höre ich, dann wird mir das Lauschen zu anstrengend, und ich widme meine Aufmerksamkeit den Büchern. Onxganx hat mir erlaubt, anzuschauen, was ich möchte. Mit beiden Händen zerre ich einen Kunstband mit goldenen Buchstaben auf dem Rücken aus dem Regal. Er ist riesig und schwer und reißt mich fast zu Boden. Ich schaue in die Lücke im Regal und entdecke hinter der vorderen Reihe noch mehr Bücher. Sie stehen zweireihig in einem dicken Teppich aus Staub. Wäre ich winzig klein wie Däumling, würde ich an den Pfosten hochklettern und zwischen all den Büchern im Staub hin und her waten. Mit einem Sack voller Essen und Trinken würde ich dort einige Tage bleiben und alles erforschen. Zum Schlafen würde ich mir ein gemütliches Eckchen suchen, es mit Staubflusen polstern und mich in den Spalt zwischen zwei Büchern kuscheln. Mamas Stimme zerschneidet meine Gedanken. Wir müssen endlich nach Hause! Onxganx sackt in sich zusammen, ich umarme ihn flüchtig. Als ich mich an der Tür noch einmal umdrehe, sehe ich seine traurigen Augen. Ich beeile mich, springe die Stufen hinunter. Meine Mutter wartet schon auf der Straße. Es ist dunkel geworden, und sie läuft plötzlich sehr schnell. Macht sie einen Schritt, muss ich zwei machen, um ihr zu folgen.

Als wir in die Wohnung kommen, ist dort der Teufel los. Die Brüder meiner Mutter, zwei große kräftige Kerle, schleifen ihren Vater durch den Flur bis in sein Zimmer zum Bett und drücken ihn grob hinein. Er bleibt nicht liegen, reißt sich los, schleppt sich zurück zur Wohnungstür. Seine Söhne packen ihn erneut, werfen ihn wieder ins Bett. Dieses grausige Schauspiel wiederholt sich so lange, bis Großvater die Kräfte verlassen und er aufgibt.

Kaum haben sich meine Onkel getrollt, schleiche ich mich auf Zehenspitzen zu ihm. Im Zimmer brennt nur die Nachttischlampe. Hilflos liegt er zwischen Bergen aus Kissen und Decken, als würden sie ihn gleich verschlingen. Es ist kalt hier drin. Langsam wage ich mich ein Stück näher. Großvater sieht zerbrechlich aus. Der magere Körper krümmt sich um ein Kissen, wie um es zu umarmen. Die Augen sind fest geschlossen. Vielleicht will er sie nie mehr aufmachen. Sein Mund formt einen scharfgezeichneten Bogen, als würde er weinen. Seine Haut ist weiß wie Wachs, und Rücken und Arme sind übersät mit Leberflecken. Ich beginne sie zu zählen:

große, kleine, dicke, flache. Manche stehen allein, andere gesellen sich zu Gruppen. Bei zwanzig fange ich wieder von vorne an, denn weiter kann ich nicht zählen. Unter dem Bettlaken schaut ein Hosenbund hervor. Mein Großvater schläft immer auf seiner sorgfältig gefalteten Hose. Das erspart das Bügeln, sagt Mama. Aber heute war das sicher nicht geplant. Vorsichtig berühre ich seine Stirn, sie ist nass. Er stöhnt leise, ich schlüpfe hinaus und laufe auf die Terrasse, trete in einen wabernden Teppich aus Tauben. Sie spritzen auseinander wie dreckiges Putzwasser. Aber sofort kommen sie wieder angewackelt. Hass steigt in mir hoch. Ich springe erneut in die zuckende Masse, und als würde ich dazu gezwungen, springe ich immer schneller, immer fester in die glitschige Scheiße, bis ich nichts mehr spüre.

Ich bin so aufgeregt, dass ich nicht mehr schlafen kann. Heute ist mein erster Schultag. Noch bevor es hell wird, schlüpfe ich in das Kleid aus weißer Spitze und binde mir das hellblaue Seidenband um die Taille. Dann laufe ich ins Behandlungszimmer und stelle mich vor den geheimnisvollen Medikamentenschrank. Immer wenn die Luft rein ist, schleiche ich hierher, drücke mein Gesicht gegen die Scheibe. Mich faszinieren die geheimnisvollen Fläschchen und Röhrchen. Es müssen sich gefährliche Substanzen darin verbergen, denn der Schrank ist immer abgeschlossen, und der Schlüssel hängt an Mamas Schlüsselbund. Aber heute interessiert mich nur mein Aussehen. Die Glastüren des Schranks sind mein Spiegel. Ich drehe mich, bis das Kleid und meine hüftlangen Haare fliegen, und finde mich wunderschön. Der Stoff und das Geld für die Schneiderin kommen von Onxganx. Und weil er mich so gerne zur Tochter hätte, füllt er auch meine Schultüte bis oben hin mit Süßigkeiten. Buntstifte sind auch drin.

Andächtig trage ich dieses Stück Glück in mein erstes Klassenzimmer. Es riecht nach Papier, Kreide, Holz und Tinte. Feuerrote Struppelhaare ragen aus einem Knäuel von plappernden Kindern. Es ist die Lehrerin. Sie sieht lustig aus. Mir fällt der holzgeschnitzte Kasperlkopf aus dem Spielwarenladen ein. Nase und Mund sind groß, die Zähne auch, und sie lacht immerzu.

Ein Mädchen mit dicken schwarzen Zöpfen sticht aus der Masse heraus. Es sitzt etwas abseits aufrecht auf einem Stuhl und sieht mich an. Das muss Schneewittchen sein! Es hat große, dunkle Augen und blickt so lange zu mir herüber, bis ich es als Aufforderung begreife und mich neben es setze. Das Mädchen heißt Frimetta, und ich schließe es sofort ins Herz.

Als alle Kinder einen Platz gefunden haben, wünscht sich die Lehrerin von jedem ein Lied oder einen kurzen Vers. Ich strecke den Finger so hoch ich kann und verkünde: »Ich singe *Die Forelle* von Franz Schubert und spreche das Gedicht *Abendlied* von Gottfried Keller!« Dann stelle ich mich hin, und mit der Ernsthaftigkeit und dem Stolz einer Sängerin trage ich das Lied von Anfang bis Ende vor. Kaum ist der letzte Ton verklungen, sage ich mit viel Pathos alle Strophen des Gedichts auf. Die Lehrerin lasse ich während meiner Vorstellung keine Sekunde aus den Augen. Später erzählt sie Mama, mit der sie mittlerweile befreundet ist, dass sie sich zum Fenster drehen musste, um nicht zu platzen vor Lachen.

Ich liebe diese Frau, die Schule, vor allem aber liebe ich Frimetta. Sie wird meine erste Freundin. Das Schönste sind die Nachmittage bei ihr zu Hause. Alles ist so herrschaftlich dort. Noch nie habe ich so hohe Räume gesehen. Die Decken zieren Blumengirlanden, Vögel und Trauben. Die Fenster sind schmal und reichen fast bis nach oben. Ich zähle sechs Sprossen an jedem Flügel. Die dicken Vorhänge sind immer nur halb aufgezogen. Sie sind zu lang geraten, finde ich, denn sie schleifen am Boden. Die schweren Möbel stehen herum wie versteinerte Tiere. Sie machen mir Angst. Aber ich bin fasziniert von den vielen Sofas. An fast jeder Wand stehen sie, selbst in der Mitte der Zimmer. Frimettas Eltern führen tagsüber ein Geschäft in Münchens Innenstadt, und so wird die gesamte Wohnung von uns bespielt. Wir errichten Beduinenzelte aus Decken, wickeln buntbedruckte Tücher in mehreren Schichten um unsere Körper, verhüllen Haare und Gesicht mit Seidenschals. Wir sind Prinzessinnen aus dem Orient und feiern ein rauschendes Hochzeitsfest mit Wüstenprinzen. Und wenn unsere Männer gegen Feinde kämpfen, müssen wir mit unseren Kindern auf Kamelen durch die Sahara fliehen. Vor bösen Mächten, die uns rauben und unsere Babys töten wollen. Oder wir schließen die Fensterläden und machen alle Lichter aus. Dann fassen wir uns an den Händen, bewegen uns langsam und vorsichtig, einen Fuß vor den anderen setzend, lautlos durch das Schwarz.

Nur ein Ort in der Wohnung ist uns strengstens verboten: Im Wohnzimmer steht ein mächtiger Schrank. Seine Breite nimmt die ganze Wand ein. Die beiden mit Schnitzereien verzierten Türen stehen meist weit offen. Aber es ist nichts drin. Weder Kleider noch Schuhe noch Hüte. Nicht einmal Fächer oder eine Stange. Er ist vollkommen leer und zeigt seine Rückwand aus rohem Holz. Wahrscheinlich ist er so wertvoll, dass wir nicht in seine Nähe kommen dürfen. Unsichtbare rote Seile sind um ihn gespannt, wie im Museum. So bewege ich mich, wenn überhaupt, sehr ehrfürchtig und mit großem Abstand zum Schrank durch diesen Raum. Manchmal glaube ich ein Murmeln oder Flüstern zu hören, aber ich traue mich nicht, Frimetta danach zu fragen.

Heute sind wir schon sehr lange in unser Spiel versunken, haben jegliches Zeitgefühl verloren und ganz vergessen, eine Lampe anzumachen. Draußen ist es Abend geworden, aber hier drin in unserer Welt schleicht sich der Tag so unmerklich davon, dass wir noch gut sehen können.

Dann wird es Zeit für mich, nach Hause zu gehen. Frimetta will mir in der Küche schnell noch etwas von dem Gewürzkuchen einpacken, den ich so gern esse. Ich warte im Flur. Die Tür zum Wohnzimmer steht offen, ab und zu fahren die Scheinwerfer eines Autos über Boden und Wände. Es riecht plötzlich wie in einer Kirche. Und dann höre ich auch wieder die Stimmen aus dem Schrank! Dieses Mal lauter. Ich spähe in Richtung der Geräusche und sehe, dass die Rückwand des Schrankes einen Spalt weit offen steht. Dahinter liegt offenbar ein weiterer Raum, den man vom Flur aus nicht erreichen kann. Neugierig schiebe ich mich weiter. Hände tauchen auf in hellem Schein, manchmal ein Arm, eine Schulter. Behutsam arrangieren die Hände Gegenstände auf einem Tisch, der sich vor meinen Augen in eine festliche Tafel verwandelt. In der Mitte steht ein Kerzenleuchter.

Sieben Kerzen brennen. Ich bin so gefangen von dem Anblick, dass ich meine Freundin nicht bemerke.

»Du musst sofort gehen!«, sagt Frimetta barsch. Ich zucke zusammen, fühle mich ertappt. Ich schaue sie unsicher an. Ihre Augen funkeln. Sie drückt mir wortlos das Kuchenpäckchen in die Hände und drängt mich zur Tür hinaus.

Die Bilder aus dem Schrank begleiten mich nach Hause.

Ich finde Mama im Bad. Ihr Gesicht begegnet mir im Spiegel. So habe ich sie noch nie gesehen: Der Mund eine Mohnblüte, die Wangen schimmern porzellanweiß, die Augen sind rauchig umrahmt. Ihr Ausdruck ist anders als sonst, sie genießt es, sich selbst zu betrachten, mich nimmt sie kaum wahr. Wir werden von der Klingel unterbrochen: kurz, forsch, ungeduldig. Der Öffner summt. Am Ende des Flurs erscheint ein Mann mit blondem Haarschopf und strahlendem Lachen. Er rast auf Mama zu, streckt ihr einen Blumenstrauß entgegen, während er unentwegt schwätzt. »Grüß dich, Gisi!«, trällert er. Entsetzt verschwinde ich hinter Mama und beäuge dieses Wesen, das ganz anders ist als wir: so frisch, so fröhlich, hell und laut.

Mama scheint diesen Mann zu kennen, denn sie begrüßt ihn auch. Sie küssen sich kurz auf den Mund. Ich stehe stocksteif. Sein »Hallo!« erwidere ich nicht, sondern drehe mich weg. Der Mann quasselt weiter, als hätte ihn jemand aufgezogen.

Mama füllt einen Teller mit Fleisch und Nudeln, stellt ihn vor mir auf den Tisch. Dabei teilt sie mir knapp mit, dass sie heute Abend mit Heinrich ausgehen wird. Ich fange sofort an zu weinen, schreie, stampfe, flehe sie an, bei mir zu bleiben. Es nützt nichts. Die Haustür fällt ins Schloss. Ich bin allein. Heinrich heißt dieser Kerl! Was für ein hässlicher Name! Seinetwegen lässt Mama mich zurück! Ich hasse ihn!

Obwohl ich furchtbar traurig bin, hecke ich einen teuflischen Plan aus: Ich stecke ein Stück Fleisch in den Mund, kaue so lange darauf herum, bis es zu einer eklig breiigen Masse wird, und stopfe es durch eine Öffnung auf der Rückseite des Radios. Erst als der Teller leer ist, höre ich auf. Mal sehen, was daraus wird!

Auf keinen Fall werde ich ins Bett gehen. Ich werde hier sitzen bleiben und warten, bis Mama nach Hause kommt. Ich singe mir selbst Lieder vor, erzähle laut eine Geschichte. Immer wieder laufe ich zur Wohnungstür, starre auf das Schloss, will den Schlüssel zwingen, sich darin zu drehen. Jedes Mal kehre ich enttäuscht auf meinen Stuhl zurück. Mein Po tut weh. Ich baumle mit den Beinen und zähle die Schläge der Fußsohlen gegen die Stuhlbeine. Weil ich so müde bin, verzähle ich mich. Dieser Kerl darf nicht gewinnen!

Ich werde wach vom Geräusch eines Schlüssels, der im Schloss stochert. Sofort stürme ich zur Tür. Leider torkelt mir nur mein Großvater entgegen: »Mein lieber Schwan! Du bist noch nicht im Bett?« Er fuchtelt gefährlich mit seinen langen Armen. Ich fliehe über den roten Teppich und mit dem Gefühl im Nacken, dass Großvater in großen Schritten hinter mir her jagt. Im Schlafzimmer lasse ich mich auf den Boden fallen, rutsche unter mein Bett und drücke mich an die Wand, damit er mich nicht packen kann. So lang sind seine Arme nun auch wieder nicht! Aber er kommt nicht. Stattdessen lautes Fluchen, dann kracht die Tür ins Schloss. Ich horche ihm nach. Stille. Er ist wieder gegangen.

Vorsichtig krieche ich aus meinem Versteck. Die Zimmertür ist nur angelehnt. Ich schiebe einen Fuß dazwischen, spähe um die Ecke in den dunklen Flur. Alkoholgeruch breitet sich aus. Ich schüttle mich vor Ekel und Kälte und bin furchtbar müde. Aber ich werde auf keinen Fall noch einmal einschlafen. Dieser Heinrich darf nicht gewinnen!

Da fällt mir ein, dass Mama wieder Kirschen gekauft hat. Mit der Tüte im Arm setze ich mich ans Ende des Flurs und stelle sie mir zwischen die Beine. Meine Hand tauche ich tief in den Berg von Früchten. Sie fühlen sich prall und weich zugleich an. Ich ziehe eine davon heraus und lasse sie von oben in meinen Mund fallen. Sie schmeckt süß. Mittlerweile weiß ich, dass man den Kern nicht mitisst, und spucke ihn in Richtung Wohnungstür. Er fällt vor mir auf den Teppich.

Das war leider überhaupt nicht weit. Ich lutsche die nächste Kirsche, zerbeiße sie, rolle den Kern mit der Zunge zwischen meine Lippen, spucke. Auch nicht besser. Bei der nächsten Kirsche springe ich auf, hole tief Luft, blähe die Backen, pruste. Der Kern segelt kraftlos zu Boden. Resigniert rutsche ich an der Wand entlang in die Hocke und stecke den Kopf tief in die Tüte. Fette, dunkelrote Bälle!

Ich nehme einen davon zwischen Daumen und Zeigefinger, drücke, bis er aufspringt. Ein Tropfen rollt auf meinen Fingernagel, ich presse fester. Rote Flüssigkeit quillt aus dem Riss, ich verfolge ihren Weg, wie sie auf mein Knie tropft und eine Pfütze bildet. Ganz langsam ziehe ich das Knie zum Mund, sauge mich an der Haut fest. Die Kirsche in meiner Hand ist nicht mehr schön. Ich werfe sie an die Wand. Kurz bleibt sie hängen, dann fällt sie zu Boden. Der Fleck an der Tapete sieht aus wie Blut. Das wird Mama nicht freuen! Aber sie ist selbst schuld, warum lässt sie mich auch so lange allein wegen dieses Heinrich. Was will sie überhaupt von dem?

Ich fingere die dickste Kirsche aus dem Haufen, zerquetsche sie in meiner Faust. Dünne Rinnsale laufen zwischen meinen Fingern über die Hand, tropfen auf meine Schenkel, verfangen sich in den flaumigen Härchen, verästeln sich, bilden neue Wege, versickern in der Haut.

Ich zerstöre eine Kirsche nach der anderen, schmiere mir den Saft ins Gesicht, verreibe ihn auf Armen und Beinen, schleudere die Früchte in die Luft oder gegen die Wand. Der Teppich ist übersät mit Kirschresten, die wie kleine rohe Fleischbrocken aussehen. An der Tapete klebt getrockneter Saft. Das hat Mama nun davon! Sie wird sehr böse auf mich sein, aber das ist mir in diesem Moment egal.

Dieser Heinrich kommt jetzt regelmäßig. Meistens verschwinden er und Mama dann sofort im Schlafzimmer, Mama kichert und quietscht. Wahrscheinlich kitzelt er sie. Während ich darauf warte, dass sie endlich wieder herauskommen, laufe ich wie ein Tiger auf dem roten Teppich auf und ab. Dann geht die Tür auf, und Mama rauscht Arm in Arm mit ihrem Heinrich, immer noch kichernd, an mir vorbei. Die beiden bemerken mich kaum.

Plötzlich geht alles sehr schnell. Eines Tages sagt Mama, dass sie Heinrich heiraten wird und wir mit ihm zusammen in eine neue Wohnung ziehen werden. Zwar höre ich, was sie sagt, kann mir aber nicht vorstellen, was das zu bedeuten hat.

Orgelbrausen erfüllt den Kirchenraum, Engelsstimmen locken. Ihr heller Klang ist mir unheimlich. Das Brautpaar kniet vor dem Altar. Mamas Locken fallen auf den Kragen ihres weißen Kostüms. Sie hat sich Blümchen in die Haare geflochten, und ihre Wangen sind rosig. Neben ihr strahlt Heinrich im Anzug.

Ich sitze eingeklemmt zwischen lauter Erwachsenen in der ersten Reihe und schäme mich. Vor den wenigen, die ich kenne, und vor den vielen, die ich noch nie gesehen habe. Wegen meines ausgebleichten Röckchens, das schon hundertmal gewaschen wurde. Die Knie bedecke ich mit meinen Händen, damit man die Stopfstellen in der Strumpfhose nicht sieht. Und die Schnürstiefel von Babbo sind an den Spitzen grau, obwohl Mama immer weiße Schuhcreme darüberschmiert. Verstohlen prüfe ich die Schuhe rechts und links von mir. Sie glänzen im Kerzenschein. Die Hochzeitsgäste haben sich herausgeputzt, als gäbe es einen Preis zu gewinnen. Auf dem Kopf einiger Damen prangt sogar ein mit Federn oder Stoffblumen geschmückter Hut.

Die Orgel verstummt. Ihr letzter Ton hallt lange nach. Die Stimme des Pfarrers klingt, als würde ihm jemand die Nase zudrücken. Er erzählt von Gottvater, von Jesus, vom Heiligen Geist. Von Treue, »bis dass der Tod euch scheidet!« Ich betrachte die feierlichen Gesichter um mich herum. Ab und zu verschwindet ein Taschentuch unter einem Hut.

Mein Blick ruht lange auf Mamas Gesicht. Dann wühle ich Bleistift und ein gerolltes Blatt aus meinem Täschchen. Zwei Dinge, die ich immer dabeihabe gegen die Langeweile. Ich glätte das Papier auf meinem Knie, das mir als Unterlage dient, und beginne Mama zu zeichnen. Meine ganze Liebe packe ich in dieses Gesicht, das aussehen soll wie das eines Engels. Jetzt kommt Heinrich dran. Er bekommt eine Hakennase und ein Hexenkinn mit dicken Warzen, aus denen unzählige Stacheln wachsen. Ich zeichne ihn so hässlich, wie es nur geht. Jeder soll sehen, dass ich ihn nicht ausstehen kann. Zufrieden mit meinem Werk, packe ich Papier und Stift wieder ein.

Endlich ist die Trauung zu Ende. Das Brautpaar schreitet dem Ausgang entgegen, durch ein Spalier von klatschenden Gästen. Alle setzen ihr schönstes Lächeln auf. Mama hat keine Augen für mich. Schnell schlüpfe ich an den nach draußen drängenden Menschen vorbei, ich will Mama erreichen, will sie jetzt umarmen.

Vor der Kirche werfen Leute Reis und Blumen. Ich schiebe meine Hand in Mamas. Eine Traube von Menschen umringt das Brautpaar. Blitzlichter zucken. Ich verstecke mich sofort hinter Mama. Der Fotograf springt hin und her, kniet sich hin, geht in die Hocke und fordert das Brautpaar und die Gäste auf, zu lächeln. Wenn mich die Kamera überhaupt erwischt, dann sind meine Augen geschlossen. Ich will nicht gesehen werden, von niemandem. Mich hat nämlich keiner gefragt, ob ich das hier will. Ob ich will, dass meine Mama diesen Heinrich heiratet. Ob ich in eine neue Wohnung ziehen will, in eine fremde Schule gehen mit fremden Kindern und neuen Lehrern.

Wir drei ziehen in eine Drei-Zimmer-Küche-Bad-Neubauwohnung: sauber und kalt. Die Wände leuchten so weiß, dass es in den Augen weh tut. Ich habe alles verloren! Frimetta, meine liebste Freundin, unsere Zauberwelt, zu der nur wir beide Zutritt haben, meine Lehrerin, die mich so oft zum Lachen bringt. Kein Großvater mehr mit seinem von Gewitterwolken verdunkelten Gesicht, der hoch über mir mit dem Zeigefinger fuchtelt: »Mein lieber Schwan, gleich fällt der Watschenbaum um!« Sogar an sein Grölen denke ich wehmütig, mit dem er mich nachts aus den Träumen holte, und an den Augenblick der Angst, wenn die Hand mit der Spritze bedrohlich näher kam. Am meisten sehne ich mich zurück nach unseren Betten, in denen Mama und ich Kopf an Kopf lagen und uns an den Händen hielten. Ich schmecke noch die frische Brezel, die mir die Bäckersfrau zusteckte, wenn ich beim Streunen im Viertel die Nase in die Backstube steckte. Selbst an die ekligen Tauben und die vollgeschissene Terrasse denke ich gerne. Wie ich mit boshafter Lust zwischen sie springe, wie sie auseinanderspritzen und jämmerlich mit den Flügeln schlagen.

Jetzt liege ich mit Fieber im viel zu großen Eisenbett, presse meine Puppe fest an mich und soll den Fotografen anlächeln. Heinrich will den ersten Tag in der neuen Wohnung im Bild festhalten. Durchs Fenster sehe ich Wolken ziehen.

Die neue Schule ist ein großer düsterer Kasten. Gelb gestrichene Wände, brauner Linoleumboden. Es riecht nach Bohnerwachs und dem Schweiß unzähliger Kinder. Die Lehrerin hat kurze Haare, ein unfreundliches Gesicht und ist sehr streng.

Ich wache immer sehr früh auf. Draußen ist es noch dunkel. Mich quälen die Angst vor der Lehrerin und das Gefühl, dass ich nichts kann. Ich bin verzweifelt. Oft klopfe ich heulend an die Schlafzimmertür: »Ich kann die Welle vom T nicht!« Keine Antwort. Ich drücke die Klinke hinunter. Die Tür ist abgeschlossen! In Panik laufe ich durchs Wohnzimmer auf den Balkon und flehe von außen an der Glastür zum Schlafzimmer um Mamas Mitgefühl. Man bleibt konsequent.

Heinrich ist Sprachlehrer in einem Mädchengymnasium. Er hat kein Auto, denn er ist Radfahrer aus Überzeugung. Die Schule liegt zwanzig Kilometer entfernt am anderen Ende von München. Er muss sehr früh losfahren, um kurz vor acht Uhr in den Schulhof zu rollen und elegant das Bein über den Sattel zu schwingen. Die Schülerinnen hängen angeblich aus den Fenstern, pfeifen und johlen. Er ist ein sehr beliebter Lehrer, sagt man. Sagt er.

Ich bin froh, dass er lange vor mir aus dem Haus muss. Dann habe ich meine Mama noch ein paar Minuten für mich allein. Allerdings geht es meistens nur um organisatorische Dinge zwischen uns: »Hast du das Pausenbrot eingepackt?« – »Hast du alle Hausaufgaben gemacht?« – »Geh, du kommst zu spät!« – »Nimm den Müll mit runter!«

Auf dem Weg zur Schule muss ich eine Schafwiese überqueren. Jeden Morgen winke ich, während ich rückwärts laufe, Mama so lange, bis der Balkon mit ihrer Gestalt darauf von Bäumen und anderen Häusern verdeckt wird.

Eines Tages, ich kann mich wieder nicht von ihrer immer kleiner werdenden Gestalt lösen, stolpere ich und falle in einen Brennnesselbusch. Meine nackten Beine glühen. Ein genialer Einfall treibt mich zurück nach Hause: Jetzt muss sie mich trösten! Endlich einen Tag mit Mama allein. Ich jage die Stufen hoch in den vierten Stock. Der ganze Schmerz bricht aus mir heraus, als ich vor ihr stehe und anklagend auf die Blasen auf meinen Beinen deute. Sie will meine Not nicht sehen und schickt mich wieder fort. Fassungslos schaue ich sie an, dann trabe ich dem abweisenden Gebäude entgegen, in dem ich zur Schule gehen muss.

Ein Sommernachmittag auf dem Balkon. Ich habe den Boden mit Decken und Kissen ausgelegt. Meine Puppenkinder dösen leichtbekleidet im Schatten eines Sonnenschirms. Ich bewache ihren Schlaf. Die Wärme des Steins durchströmt meinen Körper, ich fühle mich wohl. In der Ferne schnarrt ein Rasenmäher, ein Flugzeug zeichnet gestochen scharfe Linien in den Himmel. Sie werden breiter, weich wie Watte, verlieren sich im Blau. In meiner Hand liegt ein schmales Metallkästchen. Ich streiche zart darüber, immer wieder, um die Spannung zu genießen. Dann öffne ich ganz langsam den Deckel. Als wären es Juwelen, nehme ich jeden Buntstift einzeln heraus und drehe ihn zwischen meinen Fingern. Wie köstlich sie nach Lack duften! Wie sie in der Sonne glänzen! Ich bin so sehr vertieft in den Anblick, dass ich zusammenzucke, als mich die scharfe Stimme meiner Mutter durchbohrt: »Wo hast du die her?«

Mein Körper glüht, ich schwitze und friere gleichzeitig. Ohne aufzusehen, stottere ich, dass ich sie gestohlen habe. Sie befiehlt mir, die Stifte auf der Stelle zurückzubringen. Ich starre sie ungläubig an. Dabei fällt mir auf, dass sich ihr Bauch über mir ziemlich deutlich nach vorne reckt. Ihre Miene sagt mir, dass ich keine andere Wahl habe.

Auf dem Weg zum Supermarkt fühle ich mich wie zur Hinrichtung getrieben. Mir ist, als machte ich einen Schritt vorwärts und zwei zurück. Ich komme kaum voran. Der Laden ist groß und ziemlich leer. Gebückt, weil ich mich schäme, schleiche ich zum Schreibwarenregal. Die Schachtel wiegt schwer in meiner Unterhose. Meine Augen wandern nach rechts zur Wursttheke. Eine dicke Frau plappert mit der Verkäuferin. Links laufen ein paar Kunden mit Einkaufswagen, studieren Zettel und mustern die Lebensmittel in den Regalen. Die Leute sind beschäftigt. Dann los jetzt! Ich kann nicht. Hände und Arme hängen schlaff an mir herunter, als würden sie nicht zu mir gehören. Sie gehorchen mir nicht. Ich nehme neuen Anlauf: rechts, links, rechts, links – jetzt! Der Mut verlässt mich. Was, wenn ich es nicht schaffe? Dann wird Mama mich suchen, sie wird hierherkommen, mit dem Finger auf mich zeigen und mich vor allen Leuten anklagen, dass ich die Stifteschachtel gestohlen habe. Dann wird die Polizei kommen, mir Handschellen anlegen, mich abführen und ins Gefängnis werfen. Und Mama wird schweigend dabeistehen oder grinsend den Kopf schütteln und sagen: »Das tut dir mal ganz gut, eine Zeit im Gefängnis!« Einmal am Tag wird mir jemand Wasser und Brot bringen, sonst bin ich allein in einer dunklen Zelle mit Ratten und Spinnen! Meine Angst steigert sich, bis ich es nicht mehr aushalte. Ich schiebe die Hand unters Kleid, sie umklammert das Kästchen, schießt hervor und wirft es ins Regal. Ich höre auf zu atmen, horche nach einer Stimme, die über mir losdonnert, und wage es nicht, mich umzusehen, mich zu rühren. Aber nichts passiert, der Betrieb schnarrt gleichmäßig weiter, Kassen rattern. Die Geräusche hören sich unverändert an. Geschafft! Niemand hat es gesehen. Das Hämmern meines Herzens schallt wie aus Lautsprechern aus allen Ecken. Alle müssen es hören. Doch keiner schaut mich an, niemand beachtet mich. Leicht wie eine Feder hüpfe ich nach Hause.

Ich räume Puppenkinder und Decken vom Balkon und verkrieche mich vor Mama und Heinrich. Abends kann ich keinen Bissen essen, meine Kehle ist zugeschnürt. Ich schiebe das Wurstbrot auf dem Teller hin und her. Die Spannung steigert sich bis zu dem Moment, als Heinrich endlich die Küche verlässt. Er muss noch Schularbeiten korrigieren. Sie hat mich nicht verpetzt!

Allerdings kommt ein schwarzer Punkt für den Nikolaus dazu. Mama steht vom Tisch auf, streift mich kurz und zeichnet mit einem Bleistift einen kirschgroßen Kreis auf das Blatt, das an die Wand hinter der Küchentür geheftet ist.

Dann malt sie ihn ganz aus. Ich spüre, mit welcher Hingabe sie den Punkt immer fetter macht. Er glänzt wie Speck. Ich soll ruhig Angst haben vor dem Nikolaus. Am Ende des Jahres wird er kommen und meine Schandtaten ans Licht zerren. Jedes Jahr versammeln sich die Verwandten in der Wohnung meiner Tante Rotraut zu einem Fest. Für uns Kinder ist es das Jüngste Gericht. Da wird man für schuldig oder unschuldig befunden, und das Urteil wird gesprochen. Schon Wochen vorher schleichen mein Cousin Gaston und ich mit Bauchschmerzen durch die Welt.

Ein Foto hat eine solche Zeremonie festgehalten: Ich bin sechs Jahre alt, Gaston drei. Der Nikolaus in roter Robe beugt sich, mit dem Finger drohend, über uns bibbernde Kinder. Ich stehe aufrecht wie ein Zinnsoldat mit zum Himmel gefalteten Händen und wage einen demütigen Blick nach oben. Gastons schreiender Mund nimmt sein ganzes Gesicht ein. Als ich lange Zeit später einmal das Bild betrachte, erkenne ich zwischen der üppigen Bartwatte das Apfelgesicht meiner Tante Rotraut. Gaston hat vor seiner eigenen Mutter um sein Leben gebrüllt.

Der Bauch meiner Mutter ist jetzt so unermesslich groß, dass ich mir wirklich Sorgen mache. Ein Luftballon platzt schließlich auch, wenn man ihn überdehnt. Ich stelle mir vor, dass es »puff« macht, ein kleiner Mann herausspaziert, von ihren Schenkeln springt, »tschüss« sagt und verschwindet. Mama schaut ungläubig an ihrem Körper herunter und fragt sich, wo der Bauch geblieben ist. Ihr Mann kommt ins Zimmer, sieht, was passiert ist, schwingt sich aufs Fahrrad und verschwindet für immer. Jetzt sind sie alle wieder weg, und Mama und ich leben zusammen wie früher. Wir schlafen in einem Zimmer, Kopf an Kopf, die Hände fest ineinander verkrallt. Meine Mama für mich allein zu haben ist mein einziger Wunsch auf dieser Welt.

Mamas Bauch wächst sogar noch weiter. Eines Abends bekommt sie plötzlich Schmerzen, und kurz darauf nimmt ein Taxi sie mit sich fort. Ich stehe am Fenster und bete, dass der liebe Gott sie mir bitte nicht wegnehmen darf. Sie soll bitte wiederkommen!

Beim Frühstück verkündet Heinrich, dass ich ein Brüderchen bekommen habe. Gleich nach der Schule fahre ich mit der Straßenbahn ins Krankenhaus. Hoffentlich darf ich es sehen.

Mama liegt erschöpft in den Kissen, beide Arme auf der Decke. Sie sieht sehr glücklich aus, nur ein bisschen blass. Ich halte es nicht aus in dem Zimmer, ich muss unbedingt das Brüderchen sehen! Eine Schwester nimmt mich an der Hand und führt mich über endlose fensterlose Flure bis zu einer Glasscheibe, vor die ein dicker Vorhang gezogen ist. Hier soll ich warten. Ich überbrücke meine Ungeduld, indem ich auf einem Bein den Flur rauf- und runterhüpfe oder ein Bein hochstrecke wie eine Ballerina, mich mit geschlossenen

Augen auf einen Punkt konzentriere und so möglichst lange das Gleichgewicht halte. Als mir das zu langweilig wird, beginne ich zu zählen: die Knöpfe an den Kitteln der Ärzte, die ab und zu vorbeirauschen, ohne mich wahrzunehmen, die Beine der Essenswagen, die Türrahmen, die Fenstersprossen. Eins, drei, fünf, sieben … zwei, vier, sechs, acht … Langsam habe ich das Gefühl, dass sie mich vergessen haben. Da öffnet sich plötzlich der Vorhang, als würde der Himmel aufgerissen, und ich schaue in ein winziges rotes Gesicht. Das soll mein Brüderchen sein? Die Schwester wiegt das Bündel und lächelt mich verschmitzt an. Wahrscheinlich erheitert sie mein entsetzter Gesichtsausdruck. Jetzt muss ich auch lachen, und gleich darauf ein bisschen weinen. Verschämt drehe ich mich weg, laufe den Flur zurück, bemüht um eine aufrechte Haltung. Niemand soll sehen, dass ich Angst habe vor dem Bruder, davor, dass auch er mir meine Mama wegnimmt.

Zwei Tage später muss ich nach dem Besuch im Krankenhaus auf dem Heimweg beim Bäcker noch Milch kaufen. Heinrich und ich leben in diesen Tagen allein in der Wohnung. Wir essen immer zusammen zu Abend, er bemüht sich, freundlich zu mir zu sein, fragt mich nach der Schule und ob er mir helfen kann. Heinrich kratzt sich viel am Kopf. Manchmal wünscht er sich, von mir gekämmt zu werden. Eigentlich will ich nicht, aber ich mache diese Arbeit sehr sorgfältig. Die herunterrieselnden Schuppen schiebt Heinrich auf der Tischplatte zu kleinen Häufchen. Ich ekle mich davor.

Heute ist er nicht zu Hause, und ich kann den Abend so gestalten, wie ich es will. Ich stelle die Milchflaschen auf den Küchentisch und lege das Restgeld daneben. Dann richte ich mir einen Teller mit belegten Broten und nehme mir Obst und von allen Leckereien, die ich sonst nicht bekomme. Bevor ich mit dem Abendessen beginne, lege ich mich in die Badewanne. Das heiße Wasser hüllt mich ein. Schnell abtrocknen, Schlafanzug anziehen, ins Bett schlüpfen, mein Festmahl genießen und dabei die Geschichte von Eric, dem Jungen aus Norwegen, lesen.

Dass Heinrich nach Hause kommt, höre ich nicht, auch nicht, dass er das Zimmer betritt. Plötzlich setzt sich etwas Schweres auf mein Bett. Ich schreie auf, so sehr erschrecke ich. Heinrich sieht mich lange an. Ein unbehagliches Gefühl macht sich in mir breit. »Was hat die Milch gekostet?«, fragt er. Ich spüre die Gefahr.

»Eine Mark«, sage ich.

»Du lügst! Neunzig Pfennig!« Ich spüre, wie ich rot werde. »Du hast zehn Pfennig unterschlagen und gelogen!« Er schlägt die Decke zurück und befiehlt mir, die Hose runterzuziehen. Dann sehe ich den Handfeger, mit dem er weit ausholt und mehrmals kräftig zuschlägt. Der Schmerz treibt mir die Tränen in die Augen, aber er bekommt nicht den kleinsten Laut zu hören. Lieber beiße ich mir die Zunge ab! Zufrieden verlässt er den Raum, im Bad höre ich ihn fröhlich pfeifen. Ich bleibe nackt und gedemütigt zurück und stelle mir vor, wie es wäre, tot zu sein. Mama und alle anderen stehen auf dem Friedhof um meinen Sarg herum und weinen um mich. Sie bereuen, dass sie so kalt zu mir gewesen sind und ich ihretwegen jetzt tot bin. Dann ziehe ich die Decke über meinen Kopf. Tot sein tut wenigstens nicht weh!

Heute kommen Mama und mein Brüderchen nach Hause. Ich stehe früh auf, kontrolliere die Babywiege, die Wickelkommode, die kleinen Jäckchen und Hemdchen, die Mama vorbereitet hat, bevor sie ins Krankenhaus verschwand. Wochenlang habe ich jeden Pfennig meines Taschengelds gespart und gestern in einem Kindergeschäft ein Spitzenlätzchen gekauft. Die Verkäuferin hat es liebevoll in weißes Seidenpapier gepackt und eine hellblaue Schleife darumgebunden. Ich lege das Geschenk auf das Kissen im Babybett.

In der Küche versucht Heinrich verzweifelt, das Chaos zu

mildern, aber es wird nur noch schlimmer. Außerdem muss er jetzt gehen, Mama wartet schon auf ihn. Wie immer ist er zu spät. Mit offenem Hemd rennt er an mir vorbei. Die Haare fliegen, er quasselt vor sich hin, kommentiert jede seiner Handlungen und Bewegungen und stürzt aus der Wohnung. Ich spüle das Geschirr, trockne ab, räume auf, so gut ich kann. Dann stelle ich mich ans Fenster und rühre mich nicht von der Stelle, obwohl ich dringend aufs Klo muss. Aber die Angst, den Moment der Ankunft zu verpassen, ist schlimmer. Vor Aufregung und weil die Blase drückt, hüpfe ich von einem Bein aufs andere. Endlich! Da sind sie! Das Taxi fährt vor. Heinrich und der Fahrer öffnen die Türen. Mama steigt aus dem Wagen, hält ein Bündel an ihren Busen gedrückt. Sie sieht verändert aus. Kein Blick nach oben zu mir. Ich springe, mehrere Stufen auf einmal nehmend, ihr entgegen, will sie umarmen, meinen kleinen Bruder anfassen. Mama weicht zurück. Sie hält ihre Hand über das Köpfchen, als müsse sie das Baby vor mir schützen. »Lass das Kind und mich doch erst mal ankommen!« Enttäuscht trabe ich neben ihr die Treppen hoch. Die Begrüßung habe ich mir ganz anders vorgestellt.

In den nächsten Wochen und Monaten sehe ich Mama kaum. Ich habe das Gefühl, sie meidet mich. Manchmal, wenn die Tür zu ihrem Schlafzimmer offen steht, sehe ich, wie sie den Kleinen stillt, ihn küsst, ihre Wange an seine legt. Mich behandelt sie immer nur kühl und abweisend. Dafür ermahnt sie mich regelmäßig, froh und dankbar zu sein, dass Heinrich mich mitgeheiratet hat. Das sei schließlich nicht selbstverständlich. Nachts im Bett spiele ich immer dasselbe Spiel mit mir selbst: Bin ich da, oder bilde ich es mir nur ein? Bin ich, oder bin ich nicht, bin ich …? Wenn ich jetzt stürbe, tot wäre, einfach verschwände, es würde keinem auffallen.

Mein Wohnrecht verdiene ich mir mit Rollen in zahlreichen Filmen. *Als ich noch der Waldbauernbub war* nach der

Erzählung von Peter Rosegger wird auf einer Alm gedreht. Ich darf in der Schule fehlen und mit dem Filmteam und meiner Großmutter drei Wochen nach Österreich fahren.

Geld sehe ich nie. Auch wird kein Konto für mich angelegt. Wofür Mama und Heinrich meine Filmgagen ausgeben, erfahre ich nicht.

Wir essen zu viert immer in der Küche, obwohl im Wohnzimmer ein Esstisch für acht Leute steht. Mama, Heinrich und mein kleiner Bruder im Kinderstuhl sitzen um den Küchentisch herum. Sie lachen, plappern, haben Spaß miteinander. Für mich ist da kein Platz. Deshalb ziehe ich dreimal am Tag das Brett aus der Arbeitsfläche über dem Mülleimer heraus. Ich stelle meinen Teller drauf und schiebe den dreibeinigen Hocker unter meinen Po. Was ich esse, schmecke ich nicht. Dem Rest der Familie kehre ich den Rücken zu, nur die Wand leistet mir Gesellschaft. Für mich ist das normal, ich kenne es nicht anders.

Es ist ein heißer Spätsommertag. Meine Freundin Michaela und ich genießen den Nachmittag im Freibad. Wir wälzen uns im Gras, entspannen auf unserer Decke und tuscheln über die Leute. Manchmal nehmen wir all unseren Mut zusammen und springen vom Drei-Meter-Brett. Der Kiosk besitzt große Anziehungskraft: Horden von Kindern warten auf Bratwurst oder Pommes frites. Wir stellen uns an, um ein Capri-Eis zu kaufen. Das dauert nicht so lange. Die Eisschlange ist kürzer als die für Pommes frites.

Immer wieder kreuzt ein fremder Mann unseren Weg. Er ist alt, trägt schulterlange graue Haare und präsentiert seinen von jahrzehntelangem Sonnenbaden ausgedörrten Körper in einem violetten Stringtanga. Den Nabel seines faltigen Bauches schmückt eine rosa Hibiskusblüte, er benimmt sich ziemlich auffällig: Er gockelt vor uns Mädchen auf und ab, zwinkert uns zu. Wir drehen uns weg. Das scheint ihm zu gefallen, er kommt näher, spricht uns an, wird aufdringlich. Wir laufen über die Liegewiese zu unseren Handtüchern bei den Büschen. Er verfolgt uns. Schauen wir uns um, verschwindet er hinter einem Baum. Wir fühlen uns unwohl, der Badetag ist uns verdorben. Wir suchen unsere Sachen zusammen und wollen gerade gehen, als es schneidend aus den Lautsprechern schallt: »Das Mädchen Pola soll zur Kasse kommen!« Nach einer Schrecksekunde folge ich der Automatenstimme wie ferngesteuert. Meine Freundin und den Mann habe ich vergessen. Plötzlich stehe ich meinem Vater gegenüber. Der umarmt mich übertrieben stürmisch, zerrt mich am Arm zum Ausgang und drückt mich in eine Limousine mit Chauffeur. Ich schäme mich vor all den Kindern und schaue nicht aus dem Fenster.

Im Auto überschüttet er mich mit den üblichen Schmeicheleien: »Du mein Engelchen! Mein geliebtes Kindchen, du! Mein Püppchen! Ich bin auf der Durchreise in München, ich werde die Zeit mit dir verbringen!« Er verlangt, dass ich etwas Festliches anziehe, wir würden später mit seiner Agentin essen gehen. Also fahren wir nach Hause. Meine Mutter gibt mir mein Kommunionskleid und den passenden weißen Mantel dazu. Keiner fragt mich, ob ich das anziehen oder überhaupt mitgehen will. Bevor ich nachdenken kann, sitze ich wieder neben Babbo im Auto, und wir brausen davon.

Im Restaurant langweile ich mich. Die Begeisterung von Babbo und seiner Agentin über die kometenhafte Karriere meines Vaters und die Aussicht auf künftige Filmprojekte interessieren mich wenig. Ich grüble darüber nach, ob Mama meinen kleinen Bruder lieber hat als mich und ob sie gerade an mich denkt. Mit Flötenstimme preist die Agentin das köstliche Mahl – »mit Abstand das Beste, was ich jemals zu mir genommen habe!« –, dann schmeichelt sie sich bei mir ein: »Sag mal, Kleine, möchtest du ein Kinderstar werden?«

Ich habe keine Lust zu antworten. Anscheinend ist der Dame entgangen, dass ich für Kost und Logis bei Mutter und Stiefvater längst mit meinen Filmgagen zahle. Babbo streicht über mein Gesicht, als wäre ich ein Schoßhündchen, und lächelt abwesend. Die Agentin widmet sich eingeschnappt ihrem Eisbecher, und ich denke weiter darüber nach, wie es wäre, mit Mama weit weg zu gehen … nur wir beide.

Plötzlich reißt mich das Geschrei meines Vaters aus meinen Träumen, ich werde auf die Straße geschleift und versuche zu verstehen, was passiert ist. Er keift, brüllt, er beschimpft Lokalbesitzer und Kellner mit den übelsten Ausdrücken. Offenbar war irgendetwas nicht nach seinem Geschmack. Die Agentin hat es auf einmal furchtbar eilig, sie verabschiedet sich theatralisch und stöckelt davon in den frühen Abend.

Mein Vater kann sich nicht beruhigen. Er erklärt jetzt mir, was für Kretins, für Arschlöcher, für Analphabeten das doch seien. Die Ader auf seiner Stirn quillt gefährlich hervor. Hoffentlich platzt sie nicht! Eigentlich möchte ich jetzt auch nach Hause, aber er muss ganz dringend und sofort in sein Hotel und einen Anruf erledigen. Er tut so, als würde es um Leben und Tod gehen. Ich frage lieber nicht nach. Die Limousine schaukelt durch die Maximilianstraße. Wie für ein Fest poliert, glänzen Schaufenster und Fassaden im Licht der Abendsonne. Der Chauffeur bremst vor einem Palast aus Glas. Über dem Portal steht in goldenen Buchstaben Hotel vier Jahreszeiten. Zwei Männer in dunkelblauer Uniform, die aussähen wie Schiffskapitäne, hätten sie nicht einen Zylinder auf ihrem Kopf, stürzen herbei, reißen die Autotüren auf und verbeugen sich tief. Babbo lässt nicht zu, dass sie mir heraushelfen. Nur er darf das. Dann wühlt er aus seiner Hosentasche ein Bündel Geldscheine und stopft sie den beiden in die bereitgehaltenen Hände. Die Zylinder werden gleichzeitig gelüpft.

Ich fühle mich verloren in der riesigen Hotelhalle. In den zahlreichen Sofas und Sesseln lümmeln Menschen, die auf mich den Eindruck machen, als wüssten sie nichts mit sich anzufangen und wären auch lieber an einem anderen Ort. Der Fahrstuhl gleitet nach oben. Ich beobachte den sehr jungen Pagen in seiner roten Uniform. Er sieht affig aus mit der schiefen Camembertschachtel auf dem Kopf. Trotz unterm Kinn festgezurrter Goldkordel ist sie ihm übers linke Auge gerutscht. Die Nase in die Höhe gereckt, fixiert er mit wichtiger Miene die Schaltknöpfe vor ihm, als würde der Fahrstuhl sich nur seinetwegen bewegen. Er würdigt mich keines Blickes. Nur als ich an ihm vorbeigehe, blinzelt er mir unter der Mütze heraus zu.

Babbo stößt die Tür auf: ein Salon wie im Märchen. Die schweren meergrünen Vorhänge sind zugezogen, doch die untergehende Sonne bahnt sich den Weg durch einen Spalt. Alles glänzt und glitzert in diesem Raum. Die Bilder an den Wänden, das Holz der Möbel, Fenster- und Türgriffe, selbst Lichtschalter und Steckdosen. Überall liegen aufgeklappte Koffer. Kleidungsstücke, Tücher, Schuhe sind über den Boden verstreut. Vasen scheinen zusammenzubrechen unter der Last von Rosen und Lilien. Der Duft ist beißend und schwer, er ekelt mich. Babbo zeigt mir seine Schätze, lässt mich alles anfassen. Dann nimmt er sanft meine Hand und führt mich zu dem Bett, das sich hoch wie ein Thron in der Mitte des Salons breitmacht. Der Weg dorthin ist mühsam, wie in sumpfigem Wasser kommen meine Füße in dem weichen Teppich kaum vorwärts. Babbo lässt sich auf einem Berg von Kissen nieder, ohne mich loszulassen. Er zieht mich näher zu sich heran, presst meine Hand an seine Hose. Ich spüre etwas Hartes darunter. Sofort ziehe ich die Hand zurück, wieder ekle ich mich. Er küsst mein Ohr, riecht an meinem Hals, er atmet schnell und aufgeregt, ich fühle mich komisch. Langsam öffnet er Knopf für Knopf mein Kleid, schiebt die Träger von meinen Schultern. Leicht wie Papier fällt es zu Boden, lautlos. Dabei sieht er mich unentwegt an. Mit weinerlichem Gesicht streift er meinen Schlüpfer über die Beine, der fällt auf mein Kleid, das wie ein weißer Haufen meine Füße bedeckt. Nackt stehe ich vor ihm. Seine Lippen beben, er haucht seinen warmen Atem auf meine Haut, zieht mich zu sich aufs Bett. Ich friere, habe Angst. Ich versuche unter ihm wegzuschlüpfen, aber er hält mich eisern fest. Seine Zunge fährt hart über meine Brust, meinen Bauch, er drückt mit dem Kopf meine Schenkel auseinander. Ich reiße den Mund auf, ich schreie, kein Ton verlässt meine Kehle. Die Zunge wird fordernder, immer brutaler, es tut weh, ich liege starr. Sein Atmen wird laut, er stöhnt um sein Leben. Mir ist schlecht. Es wird still und schwarz. Mein Körper ist taub; ich bin tot. Ich gehe durch einen Spiegel ins Meer. Als jüngste Tochter des Meerkönigs verfolge ich die blauen Fische, will dem Geheimnis der Muschel auf die Spur kommen. Mit meinem Fischschwanz bin ich ziemlich schnell. Meine langen Haare schleifen über den Meeresboden.

Ich werde ins richtige Leben zurückgerissen, als man mir hastig die Unterhose hochzerrt, das Kleid über den Kopf stülpt, den Mantel überwirft. Ich trage heute mein weißes Kommunionskleid, das Zeichen der Reinheit.

Er schiebt mich zur Tür, dann hält er noch einmal inne, seine Hände ruhen auf meinen Schultern, sie sind schwer. Ich werde noch kleiner unter der Last, er sucht meinen Blick, hält ihn fest. Er beschwört mich, mit niemandem darüber zu sprechen, sonst komme er ins Gefängnis. »Hörst du, was ich dir sage, niemals!«, befiehlt er. Ich werde geschüttelt. Von ganz weit her höre ich das Hämmern seiner Stimme, aber es geht mich nichts an. Jetzt werde ich in den Fahrstuhl, dann in den wartenden Wagen gedrückt. Mir ist, als ob der Film rückwärts liefe.

Zu Hause abgeliefert, spreche ich kein Wort, gebe keine Antwort. Ich kann nicht. Ich sinke in mein Bett, in den Schlaf, falle in einen modrigen Schacht, falle, falle …

Auf den Bahngleisen liegt Pola. Tot. Neben ihr kniet Pola, beugt sich über sie, ganz nah an ihrem Gesicht, besorgt. Pola geht an ihnen vorbei, sieht sie ruhig und ernst an, dann verschwindet sie.

Vergeblich versucht man mich am nächsten Morgen für die Schule zu wecken. Auch den Tag über ist es nicht möglich. Man fragt sich, ob ich ernsthaft krank sei. Erst spät in der Nacht komme ich wieder zu mir. Ich versuche zu begreifen, wo ich bin. Vorsichtig öffne ich die Lider. Alles um mich wirkt fremd, unwirklich. Ich fühle mich wie in einer Glaskugel. Dann fasse ich einen Entschluss, stelle die Füße auf den Boden und stehe auf. Ich klemme mir das Kleid und den Mantel, die immer noch auf dem Boden vor meinem Bett liegen, unter die Arme. Durch den Türspalt horche ich, ob auch niemand im Flur ist. Dünn wie ein Schatten husche ich ins Bad, schließe mich ein. Ich muss mich beeilen, krame eine Nagelschere aus der Schublade, knie mich auf die kalten Fliesen und beginne auf das Knäuel aus Mantel und Kleid einzustechen. Voller Wut, immer verzweifelter steche ich zu, ich bin nur noch Hass. Erst als ein Gewirr aus Fäden und Fetzen vor mir liegt, bin ich erlöst. Das Zeichen der Reinheit gehört mir nicht mehr.

Jemand rüttelt ungehalten an der Tür. Panisch kratze ich die Fetzen zusammen, wickle sie in ein Handtuch, verschnüre es zu einem festen Paket und rufe, dass ich sofort fertig sei. Als sich die Schritte entfernen, drehe ich das Schloss, drücke die Klinke nach unten und horche, ob die Luft rein ist. Das Stoffpaket an meine Brust gepresst, schlüpfe ich ins Kinderzimmer und verstaue es in meinem Ranzen. Dann lege ich mich wieder ins Bett.

Am nächsten Morgen verlasse ich früher als sonst die Wohnung. Ich steige in den Bus zur Schule, bleibe sitzen, als wir sie erreichen, und fahre mit bis zur Endstation. Hier bin ich noch nie gewesen. Eine Gruppe von Hochhäusern in Grün, Lila, Gelb, Blau und Rosa erhebt sich vor mir. Die Farben sind blass. Beim Zählen der Stockwerke bis zwölf muss ich den Kopf weit in den Nacken legen. Mein Blick gleitet an den immer gleichen Fenstern vorbei wie ein Fahrstuhl und bleibt an einer der übergroßen Nummern, die auf jedes Haus gemalt sind, hängen. Darunter gähnt der Eingang wie ein alles verschlingendes Maul. Auf dem Platz davor Reihen von Mülltonnen. Fast alle quellen über vom Abfall, der sich auch auf dem Boden ausbreitet. Ich suche eine Tonne mit geschlossenem Deckel aus, ziehe den Stoffklumpen aus der Schultasche und versenke ihn im stinkenden Brei aus faulendem Müll. Als der Deckel zuschlägt, überfällt mich die Angst, und ich laufe, bis ich die Haltestelle erreiche. Fünf Minuten bis zur nächsten Abfahrt. Die Hauseingänge spucken vereinzelt Männer, Frauen und Kinder aus, die sich wie Roboter auf mich zubewegen. Noch nie habe ich einen Bus so sehr herbeigesehnt. Endlich kommt er und nimmt uns mit in die Stadt. An der Station »Heilig Blut« steige ich aus. Mein Ziel ist die Kirche auf der anderen Seite der Straße. Sie sieht nicht besonders einladend aus mit ihrer schmucklosen grauen Fassade und dem kantigen Turm. Nur die drei Fenster strahlen in kräftigem Blau. Mit all meiner Kraft stemme ich mich gegen das eiserne Portal und tauche ein in die Kühle, die nach Weihrauch und Holzbeize schmeckt. Einen Moment lang fängt mich die Stille hier drin ein. In der ersten Reihe kniet ein Mann, ins Gebet versunken. Ich knickse schnell in Richtung des Altars, wo ich den lieben Gott vermute, dann laufe ich nach links zu einem der Beichtstühle. Ich sehe mich um, prüfe, ob mich jemand erkennt, und schlüpfe hinein.

Der winzige Raum hüllt mich ein wie eine Decke. Ich will hier bleiben und auf den Pfarrer Oberbauer warten. Auch wenn es den ganzen Tag dauern sollte und die Nacht dazu. Der Priester erteilt uns Kindern Religionsunterricht in der Schule – er ist ein gütiger Mensch. Nur ihm werde ich das Geheimnis anvertrauen. Ich schiebe den Vorhang vor dem Fenster in der Tür des Beichtstuhls ein wenig zur Seite: Jesus hängt am Kreuz, die Dornenkrone bohrt sich schmerzhaft ins Fleisch, sein Kopf ist ihm auf die blutverschmierte Brust gesunken. Die Gestalt wirkt furchteinflößend, auch die Heiligenfiguren an der Wand kommen mir bedrohlich vor. Ich erwarte, dass eine von ihnen gleich blutige Tränen weinen wird. Ein Heiligenschein blitzt auf. Sofort lasse ich den Vorhang fallen.

Der Pfarrer muss gespürt haben, dass ich ihn dringend brauche, denn nach nicht allzu langer Zeit vernehme ich das vertraute Rascheln seines Gewandes. Ein Fensterchen in der Wand vor mir öffnet sich, und durch das Holzgitter kann ich seine Augen erkennen, die mich unverwandt ansehen: »Mein Kind, was führt dich zu mir? Was hast du auf dem Herzen? Sag mir, wie kann ich dir helfen?«

Ich mache den Mund auf, doch schließt sich plötzlich in meinem Hals eine Falltür, eisern und gnadenlos. Kein einziges Wort findet den Weg nach draußen. Ich kann nicht, ich bin stumm. Die warme Stimme des Priesters erreicht mich nicht mehr. Ich springe aus dem Beichtstuhl und laufe davon. Von diesem Moment an ist alles vergessen. Das Ereignis im Hotel existiert nicht. Es hat nie stattgefunden. Die Tür bleibt zu. Alles ist eingesperrt in meiner Seele. Gefühle und Schmerzen lösen sich auf wie Gerüche.

Selbst später beim Beichten wird mir nicht einfallen, was passiert ist.

Die Welt bleibt nicht stehen. Das Leben rollt weiter, als wäre nichts geschehen. Seit Babbo mich aus dem Schwimmbad geholt und ins Hotel vier Jahreszeiten mitgenommen hat, ruft er oft an und will mit mir sprechen. Dann raunt er mir ins Ohr, wie süß ich sei und wie sehr er sich nach mir sehne. Sein Flüstern wirkt bedrohlich auf mich, und das unangenehme Gefühl verschwindet erst wieder, wenn ich den Hörer auflege.

Seine Reisen unterbricht Babbo oft in München, um mich zu besuchen. Meistens bringt er mir Käthe-Kruse-Puppen mit, einmal, aus Spanien, eine Flamencotänzerin. Ihr Kleid ist rot mit schwarzen Punkten, es reicht in Stufen bis zu den Füßen. Ich hebe den Rock, um nachzuschauen, ob sie darunter nackt ist. Sie trägt eine Spitzenunterhose. Diese Besuche sind flüchtig wie ein Windhauch. Was von Babbo bleibt, sind die Puppen, ich klammere mich an sie.

Heute komme ich müde von der Schule nach Hause. Vor der Wohnungstür steht ein Riesenpaket. Mein Name ist in Druckbuchstaben quer über die Pappe geschrieben. Ich hocke mich davor, weil ich wissen will, was drin ist, und entdecke zwei Speichenräder, die aus dem Karton blitzen. Ein neues Fahrrad für mich! Von Babbo! Ich muss sofort Rad fahren! Als ich die Wohnungstür aufschließe, schlägt mir Ekelgeruch ins Gesicht. Es gibt drei Hassessen für mich: Wirsing, Rehragout und Fisch blau. In der Küche ragen ein Fischmaul und zwei weiße Augen aus dem blubbernden Wasser. Es hat keinen Sinn, Mama zu fragen, ob ich die Mahlzeit auslassen und gleich mein neues Fahrrad ausprobieren darf. Deshalb setze ich mich schnell vor mein Ausziehbrett und warte auf den Teller, den Mama vor mir abstellt. Ich beuge mich über ein Stück Fisch, eine Kartoffel und einen Haufen Salat. Ich liebe Mamas Salat, aber nicht einmal der schmeckt mir heute, ich will nur raus! Kartoffel und Fisch zerdrücke ich mit der Gabel und schlinge den Brei hinunter.

Es dauert ziemlich lange, bis ich das Fahrrad von der Pappe befreit und den Müll in der Tonne im Hof verstaut habe. Jetzt steht es vor mir in seiner Pracht. Mein Papa hat es extra für mich mit dem Flugzeug aus Berlin geschickt! »Um sechs bist du zu Hause!«, ruft mir meine Mutter hinterher, während ich die Stufen hinuntersteige. Das neue Fahrrad auf meiner Schulter kommt mir leicht wie eine Feder vor. Viel Zeit habe ich nicht, es zu genießen, aber mir kommt es vor wie eine Ewigkeit. Ich fliege durch die Straßen des Viertels, und als ich um sechs vom Rad steige, habe ich das Gefühl, ein Stück größer geworden zu sein.

Meine Freundin Michaela treffe ich meistens bei ihr zu Hause. Sie hat ein Schlafzimmer und ein Wohnzimmer für sich allein. Ihr Bett ist aus honigfarbenem Holz und hat die Form einer Muschel. Manchmal lege ich mich auf die Tagesdecke, rolle mich ein und stelle mir vor, ich sei eine Prinzessin. Michaelas Mutter, eine hagere Frau mit energischem Gesicht, ist nicht erfreut, wenn sie mich erwischt. Sie erklärt mir, dass Michaelas Zimmer in Empire eingerichtet ist. Alles Antiquitäten! Wenn sie mir die Tür öffnet, schaut sie immer prüfend an mir herunter. Ich schäme mich, weil meine Strumpfhosen geflickt sind. Aber dann lacht sie: »Komm, Michaela wartet schon!«

Meine Freundin zeigt mir oft ihre Fotoalben. Die Familie verbringt die Sommerferien in Saint-Tropez. Stolz präsentiert sie mir Bilder der Villa, vom Strand und von Pascal, ihrem Cousin. Michaelas Stimme verändert sich, wenn sie von ihm erzählt. Ihre Wangen färben sich rosa. Auf den Fotos ist ein etwa sechzehnjähriger Junge in Badehose und Strohhut zu sehen. Mal im Liegestuhl, mal Tischtennis spielend. Ich weiß nichts mit ihm anzufangen. Den Vater von

Michaela sehe ich fast nie. Er ist Arzt und ein hohes Tier bei der Bundeswehr. Michaela ist Einzelkind. Sie wird sehr geliebt und verwöhnt, das spüre ich.

In unserer Wohnung gibt es keine Antiquitäten, aber es werden oft Liederabende veranstaltet. Heinrich am Klavier, eine Geige und eine Bratsche begleiten Mama und einen Sänger. Die Vorstellung dauert meist bis spät in die Nacht. Die Nachbarn schlagen mit Besenstielen an die Wände.

Natürlich werden zu einem solchen Fest auch Gäste eingeladen. Zum Beispiel meine erste Lehrerin, Freunde von Heinrich und Mamas frühere Verehrer. Heinrich nennt sie »die ausgestopften Vögel«. Einer davon ist Onxganx. Er kommt immer schon am Nachmittag und steht gekrümmt und unbeholfen in der winzigen Küche herum, während Mama kalte Platten für den Abend vorbereitet. »Ich habe mir meinen Fraß selbst mitgebracht!«, sagt er jedes Mal und knallt die Aktentasche auf den Küchentisch. Die Risse und Furchen im speckigen Leder wirken wie Narben. Onxganx öffnet die Schlösser und klappt schwungvoll den Deckel auf. Plötzlich stinkt es nach Hafenbecken und ranziger Butter. Er zieht ein Paket, eingeschlagen in Zeitungspapier, hervor: »Fisch!«, ruft er. Mama schreit auf, ich halte mir die Nase zu und renne aus der Küche.

Es dauert Tage, bis der Gestank verflogen ist, obwohl Mama Tag und Nacht die Fenster aufreißt. Dabei schwört sie, dass sie ihm in Zukunft verbieten werde, sein Essen mitzubringen. Aber Onxganx lässt sich nicht davon abhalten.

Bevor der Abend losgeht, spüre ich eine Spannung im Raum wie kurz vor der Bescherung an Weihnachten. Ich sitze erwartungsvoll in einem Sessel und betrachte Onxganx, der sich auf das Sofa hat fallenlassen. Er hat die Augen geschlossen. Das Klavier beginnt, die Stimmen setzen ein. Mir läuft ein Schauer über den Rücken. Onxganx lächelt, vollkommen erfüllt lauscht er den Stimmen, der Musik. Onxganx ist immer der letzte Gast. Erst wenn alle anderen gegangen sind, bestellt er sich ein Taxi. Er zehrt lange von einem solchen Erlebnis.

Großvater kann nicht mehr als Arzt arbeiten und auch nicht allein leben. Deshalb nimmt ihn meine Großmutter wieder bei sich auf und versorgt ihn. Als er sich für ein paar Tage von Mama pflegen lässt, schickt sie mich einmal zu ihm ins Bett, ich soll dem armen Vaterle Gesellschaft leisten, der ist so allein! Ich zögere, bleibe auf der Bettkante sitzen, denn mein Großvater verbreitet den unangenehmen Geruch nach Zigaretten im ganzen Kinderzimmer, in dem ihn Mama untergebracht hat. Mein Bruder schläft in dieser Zeit bei Mama und Heinrich, ich auf dem Sofa im Wohnzimmer. Großvaters Gesichtshaut ist grau. Einige Finger haben sich vom Rauchen dunkelgelb verfärbt. Die Nägel sind lang und ebenfalls braungelb. Obwohl ich mich ekle, schlüpfe ich zu ihm unter die Decke. Kopfkissen und Bettdecke stinken nach Speichel und nächtlichem Schweiß. Ich würge, traue mich aber nicht, aufzustehen. Plötzlich spüre ich Hände unter der Decke, die nach mir suchen. Knochige Finger erwischen mich, grapschen zwischen meine Beine. Ich stürze aus dem Bett ins Bad, verstecke mich neben der Waschmaschine. Erst als längere Zeit nichts zu hören ist, wage ich mich zu Mama und frage, ob ich baden darf. Sie wundert sich zwar, hat aber nichts dagegen. Es dauert, bis die Wanne bis oben hin voll ist. Ich steige hinein und tauche unter, bis nur noch meine Nase aus dem Schaumgebirge schaut.

Babbo tritt im Deutschen Museum auf. Ein Rezitationsabend mit Monologen von Schiller, Gedichten von Baudelaire und Rimbaud. Er hat gestern angerufen und Mama und mir befohlen, in die Vorstellung zu kommen. Karten für uns lägen an der Abendkasse.

Mama und ich fahren mit der Straßenbahn zum Deutschen Museum. Wir nehmen in einer der ersten Reihen Platz. Ich bin total aufgeregt, ich habe Babbo noch nie auf der Bühne gesehen. Das Licht geht aus. Dann leuchtet ein Scheinwerfer Babbo an, der gerade vor den weinroten Samtvorhang schlüpft. Die Luft knistert. Babbo steht und schweigt. Ich betrachte die Staubkörnchen über mir. Babbo beginnt zu sprechen. Unterdrücktes Räuspern. Babbo spricht weiter. »Sein oder nicht sein …« Babbo schweigt. Das Räuspern und Hüsteln wird lauter. Sein Schweigen dehnt sich unerträglich, dann: »Die Drecksäue dahinten halten jetzt sofort die Schnauze, oder ich gehe nach Hause, und keiner kriegt sein Eintrittsgeld zurück!« Und als sei nichts gewesen, fährt er fort: »… das ist hier die Frage!« Das Publikum johlt, dann ist es still. Ich sinke tief in meinen Sitz und schäme mich zu Tode.

Nach der Vorstellung bahnen sich Mama und ich den Weg zu den Garderoben. Ich halte den Kopf gesenkt, will von niemandem gesehen werden. Wir klopfen, Babbo reißt die Tür auf, stürzt mir entgegen. Ich klebe an seiner Brust, er schlägt die Tür hinter uns zu. Es klopft erneut. Ein überlebensgroßes Ölgemälde steht vor der Tür. Darauf ist ein Kopf mit weit aufgerissenen Augen und dicken Lippen in knalligen Farben zu sehen. Hinter dem Bild lugt schüchtern das Gesicht eines Mannes hervor: »Herr Kinski, ich bin Ihr größter Bewunderer! Ich habe Sie in Öl verewigt!« Babbo schreit auf, als hätte er sich in ein Rattennest gesetzt: »Das ist ja widerlich! Schafft mir den Kerl aus den Augen! Dieser Kretin! Diesen Dilettantenschrott werft sofort auf den Müll!« Die Aufpasser drängen den Mann sofort aus der Tür, schicken ihn samt seinem Gemälde weg.

Später werden wir von den Aufpassern am Hinterausgang durch ein Spalier von Fans geleitet. Hände mit Stiften und Fotos strecken sich Babbo entgegen. Die Leute haben stundenlang hier draußen auf ein Autogramm gewartet. Babbo hält schützend eine Hand über mich und wehrt mit der anderen die Menschen ab, als wären sie Insekten. Ich werde ins tiefe Polster einer Limousine mit schwarzen Scheiben gedrückt. Mama sitzt neben dem Chauffeur. Mein Vater wirft sich neben mich auf die Rückbank. Der Wagen schießt los wie ein Pfeil, die enttäuschten Gesichter der Fans bleiben zurück. Babbo hält mich fest im Arm, und ich fühle mich furchtbar unwohl.

Der Käfer hat es gut! Er muss sich nicht mit Rechenaufgaben rumschlagen! Ich sitze im Kinderzimmer am Schreibtisch vor dem offenen Fenster und verfolge das schwarze Insekt, das sich müht, den Rahmen hochzuklettern. Noch einen Millimeter, geschafft! Nein! Es fällt zurück auf den Rücken, rudert mit den dünnen Beinen. Ich genieße kurz seine Hilflosigkeit, dann schubse ich es mit dem Fingernagel, bis es wieder steht. Das Tier reibt sich die Vorderbeine, sammelt sich und macht sich erneut auf den Weg, krabbelt hoch, fällt auf den Rücken, fleht zum Himmel. Es geschieht ihm ganz recht. Vorhin ist es auf meinen Bruchrechnungen herumspaziert und hat überall winzige Körner hinterlassen. Ich puste auf den Käfer, er schlittert wie auf einer Eisbahn übers Fensterbrett, ist weit weg von seinem Ziel. Aber er gibt nicht auf. Alles noch einmal von vorne, immer wieder, unermüdlich. Einfach ist sein Leben auch nicht! Der Käfer scheitert am Fensterrahmen, ich am Rechnen. Eine Zeitlang ist mir seine Gegenwart willkommen, er vertreibt meine Langeweile, lenkt mich von den Hausaufgaben ab. Ich beuge mich über den Tisch, schiebe mein Gesicht nah an ihn heran, so nah, dass ich meinen Mund aufsperren und ihn aufessen könnte, wenn ich wollte. Aber ich will nicht. Ich glotze den Käfer an, der Käfer glotzt zurück. Seine Fühler zittern. Dieser glänzende Panzer! Angewidert rücke ich ein Stück zurück. Was hast du hier zu suchen, dummer Käfer! Ein schneller Stoß gegen das Fenster, und vorbei ist es mit dir. Meine Finger jucken, ich forme aus Daumen und Zeigefinger ein L. Für den Käfer gibt es kein Entrinnen. Ich schlage das Fenster zu. Vorbei ist das Käferleben! Mein Blick wandert zu den Häusern gegenüber: Beige und stumpf stehen sie da. Geranien hängen aus den Blumenkästen auf den Einheitsbalkons. Braun-weiß gestreifte Markisen, Sonnenschirme, auch beige oder braun. Nur dass sich der eine aufgespannt präsentieren darf, während andere unbenutzt in der Ecke lehnen. Geraffte Gardinen, Orchideen und Gummibäume auf den Fensterbänken. Eine Frau erscheint, schüttelt ein Staubtuch aus, zupft an den Blüten. Sie schließt die Augen, reckt sich der Sonne entgegen. Bestimmt ist sie mit sich und ihrem Leben zufrieden. Ein Baby weint, sie lächelt und verschwindet. Mir geht dieser Abzählreim nicht aus dem Kopf: »Caterina Valente, hat 'n Arsch wie 'ne Ente, hat 'n Bauch wie 'ne Kuh – und jetzt bist es du ...« Ich flüstere den Text. Der Füller hüpft wie ein Taktstock auf und ab.

Plötzlich Geräusche in meinem Rücken. Ich drehe mich um, sehe, wie meine Mutter und Heinrich von einer unsichtbaren Macht rechts und links an den Türrahmen gepresst werden, dann drängt sich mein Vater an ihnen vorbei ins Zimmer. Er küsst mich unzählige Male auf den Kopf, verwuschelt meine Haare, presst mich an seinen Körper. Penetranter Parfümgeruch hüllt mich ein. Ich wehre mich nicht. Starr lasse ich die Liebkosungen über mich ergehen. Er zieht mich hoch und verkündet unter weiteren Küssen auf Augen und Mund, dass ich jetzt sofort mit ihm nach Berlin fliegen werde in sein Haus, zu seiner neuen Frau und seinem Kind. Der Füller fällt auf die Tischplatte, ich schaue hilfesuchend zu Mama, zu Heinrich, dann wieder zu Mama. Sie sehen mich nicht an, ihre Gesichter sind ausdruckslos. Babbo führt mich an ihnen vorbei aus dem Zimmer. Ich suche Mamas Blick, will, dass sie mich aufhält, dass sie ihm untersagt, mich mitzunehmen. Keine Regung. Sie steht nur stumm dabei. Willenlos folge ich meinem Vater aus der Wohnung. An der Schwelle drehe ich mich noch einmal zu Mama um. Sie hat den Kopf gehoben, blickt an mir vorbei, als würde ich hinter mir stehen, da werde ich auch schon weitergezogen, durchs Treppenhaus, ins Freie. Die Luft riecht frisch. Noch einmal schaue ich hoch zu unserer Wohnung, wünsche mir Mamas Gesicht am Fenster, dass sie sich weit über das Balkongeländer lehnt, mich ruft. Dass sie mir nachläuft, vier Stockwerke nach unten, schreit, mich packt, mich ihm entreißt. Nichts geschieht. Ich steige in ein wartendes Taxi, fühle mich unwirklich. Das Taxi bringt uns zum Flughafen. Kurze Zeit später sitze ich angeschnallt in einem Sessel, das Flugzeug rast über die Rollbahn, hebt ab, schießt steil in den Himmel, die Erde unter mir wird schief. Meine Finger krallen sich ins Polster, mir ist mulmig. Vielleicht komme ich nie mehr zurück! Ich fliege Berlin entgegen und suche tief unten auf der Erde mein Wohnhaus. Steht Mama auf dem Balkon und schaut mir nach? Ich fühle mich immer noch kraftlos, kann nichts sagen. Meinen Vater scheint mein Zustand nicht zu stören. Er schweigt und foltert meine Hand mit seiner Zunge.

Irgendwann ertrage ich das Geschlecke zwischen meinen Fingern nicht mehr. Ich reiße meine Hand aus seinem Mund, verstecke sie zwischen meinen Beinen. Ich habe Angst vor dem, was jetzt kommt. Packt er mich, schüttelt er mich, brüllt er mich an? Weil nichts passiert, wage ich einen schüchternen Blick, ohne den Kopf zu drehen. Er verzieht das Gesicht, als hätte ich ihm Schlimmes angetan, sieht aus dem Fenster, leidet. Ich weiß nicht, was ich tun soll. Da fällt mir ein, dass ich nichts mitgenommen habe, keine Jacke, keine Zahnbürste, nichts. Die Maschine setzt zur Landung an, rast über das Rollfeld, Bremsen heulen auf. Ich habe Angst und fange an zu weinen. Ein freundliches Stewardessengesicht mit Hütchen und Zahnreihen wie eine Perlenkette, umrahmt von knallroten Lippen, beugt sich über mich und versichert, dass alles in Ordnung sei. Inzwischen hat sich mein Vater schon erhoben: »Mein Püppchen, wir sind in Berlin!«, flötet er, schiebt mich durch den schmalen Gang hinaus, die Treppe hinunter, in den Bus, durch die Halle und dann in ein Taxi. »Griegstraße 14! Grunewald!«, schnauzt er den Fahrer an. Wir sitzen beide auf der Rückbank. Er drückt mich ständig an seinen Körper, ich spüre seine Wärme. Draußen dämmert es. Lichter fliegen vorbei. Als wir ankommen, ist es Abend geworden. Ein hoher Eisenzaun. Speerspitzen ragen in den Himmel. Sie drohen jedem Eindringling: Versuch es nur, es wird dich dein Leben kosten! Dahinter ein Schloss aus grauem Stein mit Fenstern so hoch wie Türen, aber nirgends ein Licht, kein einziges, nicht mal ein kleines. Ein Geisterhaus? Wo ist seine Frau, wo das Kind? Ich habe die beiden erst einmal zuvor in München gesehen. Ich will auf keinen Fall mit ihm allein sein in diesem Haus ohne Licht! Er wirft ein Bündel Scheine durchs Fahrerfenster ins Taxi, sucht in seinen Hosentaschen nach den Schlüsseln, findet sie nicht gleich, flucht, dann endlich schließt er das Tor auf. Es dauert eine Ewigkeit. Der Weg zum Haus ist kurz. Eine Steintreppe führt zur Eingangstür, auch sie hundertmal gesichert. Sie öffnet sich ins Nichts. Immer noch kein Licht. Ich fürchte mich, will zu meiner Mutter. »Pssst, keinen Laut! Du bist die Überraschung!«, raunt er. Es riecht wie in einer Kirche und in Tausendundeiner Nacht. Mir fällt das Atmen schwer. Er muss mich vor sich her schieben, denn ich habe Angst, einen falschen Schritt zu machen. Jetzt betreten wir ein Zimmer, Babbo lehnt mich an eine Wand. Sie ist feuchtkalt. Ich spüre seine Hände unter meinem Kleid, Finger schieben meinen Schlüpfer zur Seite. Seine Zunge, mir wird übel. »Du geliebtes Püppchen, du, ich habe mich so sehr nach dir gesehnt!«, flüstert er. Aus der Ferne sind Stimmen zu hören. Er lässt augenblicklich von mir ab und stürzt hinaus. Langsam gewöhnen sich meine Augen an die Dunkelheit. Überall Fenster, die bis zur Decke reichen. Ich sehe mich schemenhaft in einem Spiegel, hinter einer Tür versteckt. Alle Wände sind Spiegel, auch die Decke. Ein Spiegelsaal, er ist vollkommen leer. Was soll ich hier, ich will wieder nach München! Licht wird angeschaltet, die Tür fällt zu, und ich stehe im Scheinwerferlicht vor meiner Stiefmutter und meiner Schwester. »Oh, wie süß, wie entzückend!«, piepsen sie. Sie gaffen mich an. Ich schäme mich, die beiden fassen mich an, streicheln meine Arme, meine Wangen. Als ich spüre, dass sie mir nichts Böses tun wollen, beruhige ich mich etwas.

Meine kleine Schwester will mir unbedingt alle Zimmer zeigen. Der Spiegelsaal hier dient meinem Vater zum Proben seiner Rollen. Durch eine Flügeltür gelangt man in ein Esszimmer, in dem ein wuchtiger Eichentisch steht. Außerdem gibt es mehrere Schlafzimmer, ein Bad, eine Küche und noch einige Türen, die aber abgeschlossen sind. Licht wird fast nirgends angemacht, es kommt nur indirekt von irgendwoher.

Meine Stiefmutter haucht, sie wolle das Kind zu Bett bringen, und trippelt mit der Kleinen davon. Ich traue mich nicht, aufzusehen, denke ganz fest an Mama, es nützt nichts. Er legt seinen Arm um meine Schulter, zwingt mich zum Esstisch. Er kniet sich vor mich auf den Boden, zieht mich aus, behutsam. Er sieht meine Angst, schüttelt den Kopf, lächelt, quält mich weiter. Aus der Tiefe des Hauses dringt kaum hörbar ein Schlaflied. Wer singt für mich? Ich weine leise, Tränen laufen über mein Gesicht. Dann spüre ich nichts mehr, komme erst wieder zu mir, als eine Hand meinen Mund verschließt, schwer wie eine Eisentür. Ich muss geschrien haben. Meine Beine werden auseinandergedrückt. Seine Zunge bohrt sich zwischen meine Schenkel. Ich wehre mich mit all meiner Kraft, strample wie verrückt. Er lässt von mir ab: »Warum denn nicht, das ist doch süß! Komm, stell dich nicht so an!«

»Das nächste Mal!«, flehe ich. Mein Vater lässt nicht von mir ab, trägt mich nackt in ein Zimmer, legt mich in ein Bett, deckt mich zu. Mir ist nicht kalt, mir ist nicht heiß, ich fühle nichts. Aus der Ferne die immer gleiche Melodie. Ich summe mich selbst in den Schlaf.

Während der folgenden Tage in Berlin spielt er Katz und Maus mit mir. Ständig tanzt er um mich herum, nutzt jede Gelegenheit, mich zu streicheln, an sich zu drücken, zu küssen, anzufassen. Ich weiche ihm aus, wenn er im Vorbeigehen, wie zufällig, mit seiner Hand über meine Beine, meinen Po streift. Wann immer ich kann, gehe ich ihm aus dem Weg. Wenn ich ihn höre, drücke ich mich in eine Nische, verschwinde hinter einer Zimmertür, einer Kommode oder zwischen Büschen im Garten. Kommt er näher, mache ich schnell die Augen zu. Vielleicht sieht er mich dann auch nicht! Kann sein, dass es nützt, denn oft schleicht er wie ein Raubtier an mir vorbei, während ich zum lieben Gott bete.

Mein Vater spürt, dass ich ihn meide. Es macht ihn rasend, und er verfolgt mich umso hartnäckiger. Wenn er mich dann erwischt und niemand ihn zu stören droht, quält er mich besonders lang. Seine Frau ahnt nichts, sie ist völlig arglos.

Auf den Spaziergängen im Grunewald müssen Biggi und ich uns wie zwei Geliebte rechts und links eng an ihn drücken und werden abwechselnd von seinen feuchten Lippen geküsst. Wenn der Augenblick es zulässt, winde ich mich aus der Umklammerung und laufe voraus. Mein Vater beklagt sich lautstark: »Immer läuft sie weg!«

Die andere Seite von Berlin: Mein Vater kauft mir in edlen Geschäften die schönsten Dinge der Welt, einen kirschroten Redingote-Mantel, ein froschgrünes und ein rosafarbenes Kleid aus Seide, ein nachtblaues Samtkleid und so viele Schuhe, dass ich jeden Tag ein anderes Paar anziehen kann. Baskenmützen in allen Farben und vieles mehr. Ich bin stolz, so schöne Kleider habe ich noch nie besessen. Immer wieder zieht es mich in den Spiegelsaal. Ich tanze, bewundere mich von allen Seiten. Manchmal trifft mich die Gegenwart meines Vaters wie ein Blitz. Ich habe ihn nicht kommen hören. Er steht einfach hinter mir, sieht mich an, lächelt stumm und abwesend.

Nachts werde ich oft von Geschrei aus dem Schlaf gerissen. Mein Vater brüllt, meine Stiefmutter jammert, weint. Ich kann nur Wortfetzen hören, das Geräusch von Körpern, die auf den Boden schlagen, ersticktes Wimmern. Dann steige ich aus dem Bett, taste mich durch schwarze Watte. Ich stoße gegen eine Kommode, kauere mich dahinter und warte. Lieber Gott, bitte lass es vorübergehen! Nicht immer schaffe ich es, wach zu bleiben, schlafe im Sitzen ein.

Am schönsten ist Berlin, wenn wir zum Reitstall fahren. Dort stehen die Pferde: Kosak, der Hengst, jung, wild, ungezähmt. Nur mein Vater kann ihn reiten. Prinz, ein Wallach, gehört Biggi. Wir verbringen dort täglich ein paar Stunden, und ich bin vor meinem Vater sicher. Mir sind Pferde unheimlich, aber mein Vater hebt mich jedes Mal auf den Rücken von Prinz, und ich muss mich von ihm tragen lassen. Die Angst lässt nach, aber ob mir Reiten Spaß macht, weiß ich nicht. Mein Vater verlangt, dass ich in München in der Universitätsreitschule am Englischen Garten Unterricht nehme. Er werde das selbstverständlich bezahlen! Dafür lässt er mir noch in Berlin Jackett und Hose nähen und wunderschöne Stiefel nach Maß anfertigen. Das Leder ist so weich wie das von Handschuhen. Wenn die Sachen fertig sind, werden sie mir nach München geschickt. Aber den Samthelm werde ich jetzt schon mitnehmen.

Im Schlaf spüre ich etwas Nasses im Ohr: Mein Vater raunt: »Komm, mein Engelchen, wir müssen zu den Pferden!« Ich schlage um mich und sitze auf der Stelle aufrecht im Bett. Draußen ist es noch nicht hell, aber ich gehorche und ziehe mich an. Biggi und meine Schwester schlafen noch, er möchte mit mir allein fahren. Mir ist unwohl zumute, als ich mich neben ihn in den Sportwagen setze. Er gibt Gas, lässt seine Hand auf meinem Schenkel liegen: »Mein geliebtes Püppchen, mein Engelchen …« Die Fahrt zum Reitstall dauert nicht lange, aber mein Vater rast derart durch die Kurven, dass mir kotzübel ist, als wir ankommen. Er ist aufgeregt, läuft um das Auto herum, reißt die Tür auf und hilft mir hinaus. »Komm, komm, beeil dich!« Er läuft in Richtung der

Ställe, ich versuche, mit ihm Schritt zu halten. Vorbei an den Koppeln, der Weide. Tautropfen glitzern auf den Grashalmen, kein Mensch ist zu sehen. Wie getrieben eilt er weiter. »Komm, komm!«, drängt er gereizt, ich hetze hinter ihm her. Der Abstand zwischen uns wird größer, er dreht sich um, stürzt auf mich zu, packt mich an der Schulter und zerrt mich zu einem Stall. Mit einer einzigen Bewegung schiebt er das Tor auf. »Komm! Komm endlich rein!«, schnauzt er. Mir ist schwindlig, ich tue, was er verlangt. Denn was mein Vater sagt, ist Gottes Wort auf Erden. »Er gehört dir, mein Püppchen!«, schmeichelt mein Vater. »Sein Name ist Löwe, ich lasse ihn dir nach München schicken!« Vor mir steht ein Pferd, riesengroß, dunkelbraunes Fell, schwarze Augen. Was soll ich denn mit einem Pferd? Ich weiß nicht, was ich sagen soll. Er lässt mich allein, Gott sei Dank! Unbeholfen mache ich ein paar Schritte auf das Tier zu, streichle es. Dann höre ich das Gebrüll meines Vaters, vergesse Löwe und renne hinaus. Er hat inzwischen Kosak aus dem Stall geholt und versucht, ihn zu reiten, reißt am Zaumzeug. Kosak wiehert kläglich. Er stolpert mehr, als dass er läuft. Auf seinem Rücken tobt ein Dämon in Gestalt meines Vaters. Der Hengst scheut. Mein Vater schlägt ihm seine Hacken in die Flanken. Das Tier, schweißnass, schreit vor Schmerz. Mein Vater schlägt besinnungslos auf es ein. Das Pferd bäumt sich auf, wirft seinen Reiter ab und galoppiert davon, als sei ihm der Teufel auf den Fersen. Er streift eine Stalltür, reißt sich die Flanke auf. Blut spritzt auf den Kies. Mein Vater wühlt sich aus dem Dreck, flucht, brüllt dem Pferd die ordinärsten Ausdrücke hinterher. In seinen Mundwinkeln bilden sich Schaumklümpchen. Mittlerweile rotten sich Schaulustige zusammen. Sie raunen, kichern, empören sich, und ich möchte am liebsten unsichtbar sein.

Heute darf ich zurück nach München. Endlich! Während des Flugs überfallen mich wirre Gedanken. Freue ich mich wirklich auf zu Hause? Auf die enge Wohnung? Mamas und Heinrichs Kälte? Wenn ich jetzt abstürze, würden mich weder Mama noch Heinrich vermissen. Im Gegenteil, sie wären mich endlich los! Und Babbo? Der wäre unglücklich! Er liebt mich nämlich unendlich, sagt er. Er möchte mich Tag und Nacht um sich haben. Am liebsten wäre ihm, ich würde zu ihm ziehen.

Mama steht am Ausgang. Ich stürze ihr entgegen, klebe an ihrem Hals, atme den Geruch ein, den ich so sehr vermisst habe. Sie macht sich steif, drückt mich ein Stück von sich weg und sagt: »Da hat jemand angerufen. Du sollst wieder in einem Film spielen, ich weiß nicht genau, worum es geht. Morgen holen sie dich ab für Aufnahmen.« Ich schaue auf das Päckchen, das ich den ganzen Flug über in den Händen gehalten habe. Das Seidenpapier ist zerdrückt, die Schleife hängt schief. Dann halte ich es ihr entgegen.

Die Wohnung, die Atmosphäre hier kommen mir fremd vor, obwohl alles unverändert ist. Ich dränge Mama, endlich das Päckchen aufzumachen. Mein Geschenk ist ein Spitzennachthemd mit dazu passendem Morgenmantel. Babbo und ich haben es gemeinsam ausgesucht. Sie betrachtet sich im Spiegel. Es gefällt ihr.

Der Regisseur holt mich von der Schule ab. Gemeinsam mit dem Kameramann fahren wir zum Oktoberfest. Er erklärt mir die Geschichte: Ein Mädchen, etwa elf Jahre alt, treibt sich allein auf dem Oktoberfest herum. Sehnsüchtig sieht es den Kindern zu, die im Kettenkarussell fliegen oder im Riesenrad sitzen und München von weit oben betrachten können. Oder es schielt neidisch auf die Mädchen und Jungen, wie sie an ihrer Zuckerwatte schlecken. Diese Elfjährige wird wiederum von einem älteren Herrn beobachtet. Er nähert sich ihr, spricht sie an. Zuerst zögert das Kind, denn die Mutter hat es ermahnt: »Lass dich nie von einem Fremden ansprechen ...« Aber dann kann es den Versuchungen von Lebkuchenherz, Karussell und Achterbahn nicht widerstehen. Am Schluss lockt der Mann das Kind hinter die Schaustellerwagen ...

Während der folgenden Drehtage fühle ich mich komisch.

Ich weiß, dass der Mann ein Schauspieler ist, trotzdem ist er mir unheimlich. Vor allem, als er in der Geisterbahn seine Hand auf meinen Schenkel legt, ist mir mulmig. Und hinter den Wagen, wenn er die Knöpfe meines Mantels öffnet, bekomme ich richtig Angst. Ich renne schreiend davon.

Der Film wirke sehr echt und authentisch, heißt es, als er zu Ende gedreht ist. Er wird zur Abschreckung in Schulen gezeigt. Von der Gage sehe ich wie üblich keinen Pfennig.

Die Reitstunden wälzen sich zäh dahin, Pferde bleiben mir fremd. Als ich einmal in die eitrige Wunde eines Gauls fasse, ist mein Ekel so stark, dass ich die Stunde abbreche und die Reitschule verlasse. Auf Löwe warte ich vergeblich. Er kommt nie in München an. Mein Vater faselt etwas von Krankheit, ich glaube ihm kein Wort. Aber es ist nicht schlimm, denn ich habe sowieso keine Lust auf Pferde und Reiten.

Wenn Mama und Heinrich ausgehen, soll ich den Schlaf meines kleinen Bruders bewachen. Etwa eine halbe Stunde nachdem sie die Wohnung verlassen haben, hole ich ihn schlafend aus seinem Bettchen und stelle ihn im Flur direkt unter die grelle Deckenlampe. Es macht mir Spaß, zu sehen, wie er hilflos torkelt, zurück ins Kinderzimmer will. Ich schneide ihm den Weg ab und geleite ihn in mein Bett. Dort darf er sich dann breitmachen. Mama erzählt, dass sie mich an den Rand des Bettes gekauert fanden, während er quer über mir lag.

Nachts liege ich oft wach, kann nicht schlafen. Mir geht die Szene mit dem Pferd Kosak nicht mehr aus dem Kopf, als mein Vater völlig durchgedreht ist. Warum? Mich beschleicht das Gefühl, dass es an mir lag, dass ich dafür verantwortlich bin.

Außer meinen Puppen, dem Fahrrad und ein paar Büchern gehört mir nichts in dieser Wohnung. Seitdem mein Brüderchen auf der Welt ist, teilen wir uns mein ehemaliges Zimmer. Das heißt, es ist jetzt sein Kinderzimmer. Ich habe dort einen Schlafplatz, aber noch nicht einmal einen eigenen Schrank. An seinem Tisch darf ich Hausaufgaben machen.

Meine Puppenkinder bringe ich jeden Abend ins Bett. Sie liegen nebeneinander auf meinem Kopfkissen. Es macht mir nichts aus, dass ich keinen Platz habe. Hauptsache, sie sind ganz nah bei mir, und ich kann sie riechen.

Seit ich wieder zurück in München bin, wird Mama von meinem Vater mit Briefen bombardiert. Oft bettelt und fleht er, meistens aber erteilt er Befehle. Er graviert seine Forderungen ins Papier: »Ich fühle eine so unendlich tiefe Liebe zu diesem Kind, dass ich fast wahnsinnig werde! Als Vater habe ich das Recht, meine Tochter zu sehen, wann immer ich will!«

Auch mich überschwemmt er mit Postkarten, fast immer sind es Gemälde oder Fotos von kleinen Mädchen, z. B. *Die Infantin* von Velázquez, Ballettmädchen von Renoir, Alice im Wunderland. »Sie sind wie Du!«, schreibt er. Und: »Ich vergehe vor Sehnsucht nach Dir, mein Engel!«

»Meine Liebe zu Dir ist unendlich!«

»Mein Geliebtes, Du musst sofort für immer zu mir kommen!«

»Ich erfülle Dir jeden Wunsch!«

»Ich kaufe Dir die ganze Welt!«

Als würde er eine Gebetsmühle drehen, wiederholt er immer die gleichen Worte. Für mich ist jede einzelne Karte ein Schatz. Ich lese sie immer wieder und genieße, wie er um mich wirbt. Ich habe einen Vater, der mich liebt. Eine Ahnung von Glück breitet sich in mir aus. Gleichzeitig machen mir seine Liebesbeteuerungen Angst. Ich spüre etwas Gewalttätiges in ihnen, aber ich schlucke mein Unbehagen schnell hinunter. Mama erinnert mich immer noch regelmäßig daran, dass ich Heinrich dankbar sein muss, hier mit ihnen in dieser Wohnung leben zu dürfen.

Mein Vater ist überraschend nach Rom gezogen. Er schreibt: »Mein Püppchen, Du musst unbedingt sofort zu mir kommen! Rom ist die phantastischste Stadt der Welt! Wir wohnen auf den Hügeln. Von den Fenstern aus kann man den Vatikan sehen! Komm, mein Geliebtes, komm schnell!!!!!!!!!« Zu jeder Tages- und Nachtzeit ruft er meine Mutter an, beschwört sie, wie wichtig es für mich sei, engsten Kontakt zum Vater zu haben. Mir schwärmt er von der Stadt und seiner Wohnung vor, beschreibt mir die Sonne, das Meer … Ich stelle mir vor, wie hell es dort sein wird, alles ist neu. Bestimmt kauft er mir wieder viele Kleider und andere Schätze. Ich liebe, was er für mich aussucht. Wenn ich von seinen persönlichen Dingen etwas schön finde, schenkt er es mir auf der Stelle. Er will unbedingt, dass ich zu ihm komme! Er ist mein Vater! Er liebt mich!

Auch ich sehne mich nach ihm und bettle bei Mama, mich fahren zu lassen. Kurz vor Weihnachten sagt sie endlich ja. Mein Vater schickt das Ticket. Heiligabend und die Feiertage muss ich noch in München verbringen, aber am 31. Dezember werde ich nach Rom fliegen!

Ich bin so aufgeregt, dass ich schon eine Woche vorher meinen Koffer packe. Mehrmals am Tag lese ich das Flugticket. Ich habe Angst vorm Fliegen, aber ich lasse mir vor Mama nichts anmerken, sonst überlegt sie es sich vielleicht noch mal.

In der letzten Nacht vor meiner Reise träume ich von Flugzeugen, die senkrecht vom Himmel stürzen. Was, wenn es wirklich passiert? Wenn ich meine Mama nie mehr wiedersehen werde?

Gegen fünf Uhr stehe ich auf, dusche und ziehe mich an. Das blaue Samtkleid. Eigentlich ist es zu kurz, weil mein Vater alles zu knapp kauft. Aber alle anderen Sachen aus

Berlin hat Mama Heinrichs Nichten geschenkt. Gefragt wurde ich nicht. Die Angst vorm Fliegen ist jetzt verschwunden. Ich könnte in die Luft springen vor Freude, laufe vor Mamas Zimmer auf und ab. Die Minuten, bis ich an die Tür klopfen und sie wecken darf, werden zur Ewigkeit. Warum bewegt sich Mama denn so langsam? Warum macht sie jeden Handgriff wie in Zeitlupe? Ist das Absicht, um mich zu ärgern, oder bilde ich es mir nur ein, weil ich es nicht erwarten kann, abzureisen?

Mamas Freundin Miez, die gegenüber wohnt, fährt uns mit ihrem Auto zum Flughafen. Die Verabschiedung ist kurz. Sie warten noch, bis ich durch die Absperrung geschleust werde, dann gehen sie. Ich sehe Mama nach, ob sie mir winkt, aber sie dreht sich nicht mehr um. Ab jetzt muss ich allein weitergehen, allein einsteigen, allein fliegen, allein abstürzen ... Quatsch!

Durchsage aus dem Lautsprecher: Die Passagiere müssen sich anschnallen. Die Maschine rast los, sie hebt ab, meine Finger verkrampfen sich zu einem Gebet: »Lieber Gott, bitte, bitte, lass mich zu Mama zurückkommen!« Eine Stewardess mit Hütchen auf der Hochfrisur hat Mitleid mit dem einsamen Kind in der ersten Klasse und arrangiert für mich einen Aufenthalt im Cockpit. Ich darf hinter dem Kapitän sitzen. Er erklärt mir die Lichter und Knöpfe vor und über mir. Vor lauter Stolz kann ich ihm kaum zuhören. Plötzlich setzt er mir einen Kopfhörer auf. Die Crew lacht sich schief. Überhaupt haben sie viel Spaß bei ihrer Arbeit.

Zum Landen muss ich wieder auf meinen Platz zurück. Im Strom der anderen Fluggäste gelange ich in die Halle. Menschen schwirren um mich herum. Sie alle haben ein Ziel. Nur ich stehe hier allein, ratlos, halte Ausschau nach meinem Vater. Er wollte mich doch abholen! Vielleicht streitet er gerade mit Biggi und hat mich vergessen. Da entdecke ich ihn, aber er sieht mich nicht. Sein Gesicht wirkt schlaff, er sieht böse aus. Am liebsten würde ich umkehren, mich verdrücken, im

Klo verstecken. Dann würde er von Schalter zu Schalter laufen, nach mir fragen, die Angestellten anschnauzen, weil sie ihm keine befriedigende Auskunft geben können. Er würde toben vor Wut, hin und her rennen, und irgendwann würde er sich laut pöbelnd trollen. Ich würde vorsichtig den Kopf rausstrecken, sehen, ob die Luft rein ist, und dann laufen, laufen, immer weiter. Raus aus dem Flughafen, weiter über Felder, über Sand bis zum Meer. Aber ich muss meine Spuren verwischen, sonst folgt er mir. Er findet mich überall auf der Welt. Da erspäht er mich schon in der Menge der Passagiere, ich winke, sein Mund verzieht sich zu einem Lächeln. Wir laufen uns entgegen, er schnell, ich zaghaft. Er umschlingt mich, bedeckt mich mit Küssen, Küssen, Küssen … Er verwuschelt schon wieder meine Haare! Ich kann das nicht leiden! Er hält mich fest im Arm, lässt mich nicht los, während er mit einer Hand nach meinem Koffer greift.

Es fällt mir schwer zu laufen, so sehr hängt er sich an mich. Ich spüre die Blicke der Menschen. Bestimmt schauen sie alle auf uns. Es ist mir so peinlich! Draußen öffnet er mir die Tür seines Sportwagens, küsst mich mit offenen Lippen. Ich steige ein und wische mir heimlich die Nässe mit dem Handrücken vom Mund. Er rutscht auf den Fahrersitz, und wir rasen nach Rom. Mein Vater hält immer noch meine Hand, er sieht streng geradeaus, manchmal lächelt er mich an, manchmal flucht er. Sonst sagt er nichts. Doch, einen Satz sagt er immer wieder: »Ich habe mich so unendlich nach dir gesehnt!«

Allmählich werden die Häuser weniger, die Bäume mehr. Der Wagen fliegt die vielen Kurven hinauf, schließlich durch ein Tor. Wir sind da. Zwei mehrstöckige Häuser strahlen weiß aus üppigen Pflanzen. Schon die Eingangshalle glänzt in Marmor. Sechs Stockwerke mit dem Fahrstuhl. Hoffentlich bleiben wir nicht stecken! Ich höre auf zu atmen, bis sich die Türen öffnen. Es riecht nach feinem Leder, nach Parfüm, nach Geld und Luxus. Mein Vater schließt die Wohnung auf.

Ich habe es gewusst: sonnendurchflutete Räume, alle ineinander übergehend. Der Teppichboden wie ein Sandstrand, silbrig gegen das Licht, nur wenige Möbel. Eine Bank fällt mir auf, meergrün bezogen, sie sieht wahnsinnig alt aus. Ein paar Stühle, auch meergrün, ein Tisch. Auf dem Boden Bilder und Stapel von Büchern. Ich laufe zum Fenster. Mein Vater hatte recht: Die Kuppel des Vatikans thront über dem Häusermeer. Ich stelle mir vor, ich sei ein Vogel hoch oben auf einem Baum.

Da werde ich von hinten überfallen von meiner Schwester und von Biggi. Während wir uns herzen und lachen, fällt mein Blick auf meinen Koffer. Er liegt mit offenem Maul auf dem Tisch. Mein Vater beugt sich darüber, zieht mit spitzen Fingern ein Kleidungsstück nach dem anderen heraus und schleudert es über seinen Kopf nach hinten. Dabei murmelt er Worte, die ich nicht verstehe, und sein Tonfall ist böse.

»Was machst du da! Das sind meine Sachen!«, schreie ich, falle auf die Knie und suche die Kleider zusammen.

»Alles hässlich!«, brüllt er mich an. »Das wird alles weggeworfen!« Ich lasse den Haufen fallen. Tränen laufen mir übers Gesicht, ich stürze in den Flur, suche das Bad, knalle die Tür hinter mir zu und schließe zweimal ab. An der Wanne sinke ich zusammen, schluchze hemmungslos laut. Ich will es nicht, aber ich kann nichts dagegen tun, es bricht aus mir heraus. Ich hasse ihn! Warum bin ich zu ihm gefahren? Was soll ich hier? Er ist so böse! Er hat kein Recht, meine Sachen wegzuwerfen! Wenn ich bloß Geld hätte! Dann würde ich sofort abhauen und zurück nach München fahren, mit dem Zug. Hinter der Tür höre ich die schmeichelnde Stimme meines Vaters: »Mein Geliebtes, mach auf, ich kaufe dir die schönsten Kleider! Hier in Rom gibt es die teuersten und besten Geschäfte der Welt!« Ich rühre mich nicht von der Stelle, gebe ihm keine Antwort. »Püppchen, mach jetzt sofort auf!« Seine Stimme wird drohend. Widerwillig lasse ich ihn herein. Er setzt sich auf den Wannenrand und zieht mich auf seinen Schoß. Seine Zunge wühlt in meinem Ohr. Ich will flüchten, aber er hat es wohl geahnt, denn er hält mich fest. Panik überfällt mich, ich sträube mich. Er lächelt schmierig, streichelt meine Beine, fasst zwischen meine Schenkel, küsst mein Gesicht nass ... Warum bin ich gekommen? Ich will weg hier, will zu Mama!

Mein Vater lässt mich los, er hat entschieden, dass wir jetzt sofort in die Stadt fahren müssen, um Kleider zu kaufen.

Er scheucht uns wie eine Hühnerschar aus der Wohnung, kurz darauf quetschen wir vier uns in dieses Miniauto: Biggi, er und ich vorne, meine Schwester auf dem Notsitz. Der Motor heult auf, wir rasen in Richtung Innenstadt. Ich habe keine Lust, mit ihm Frieden zu schließen, drehe mich weg, wenn er sich an mir reibt.

Das Einkaufen wird zur Tortur. Mein Vater schleift mich von einer Boutique zur nächsten. Verkäuferinnen verzerren ihre Münder zu einem Dauerlächeln, fletschen Zähne. Sie sind sonnengebräunt und stark geschminkt, und sie bewegen sich auf Stilettos, als wären sie darin geboren. Berge von Kleidern, Hosen, Blusen, Hosenanzügen, Mänteln werden herbeigeschleppt. Ich glaube, alles, was im Geschäft ist, und das Lager dazu. Mein Vater sucht aus, sortiert, und ich muss unzählige Fummel an- und wieder ausziehen. Das meiste ist nicht schön genug für mich, er hat an jedem Stück etwas auszusetzen. Außerdem findet er alles viel zu groß. Gefällt ihm ein Kleid, dann wird der Schneider gerufen. Für mich bedeutet das Stillstehen, breitbeinig mit ausgestreckten Armen, unerträglich lange, während so ein Männlein oder Weiblein hockend um mich herum grätscht wie eine Spinne, die ihr Netz spinnt. Ich höre auf zu atmen, solange es geht. Dann kann ich nicht mehr, pruste los. Die Nadeln spritzen in alle Richtungen.

Nach vielen Stunden darf ich mich aus der Zwangshaltung lösen. Ich habe keine Ahnung, was er gekauft hat. Auch werde ich kein einziges Mal gefragt, ob mir etwas gefällt, ob ich es möchte. Es ist mir egal, ich will nur raus hier. Die Beine gehorchen mir nicht mehr, ich wanke aus dem Geschäft. Es dämmert schon, aber draußen pulsiert das Leben. Überall Menschen, die in Trauben zusammenstehen, schwatzen, Espresso trinken, obwohl Winter ist. Männer, Frauen, Kinder tanzen, heute ist Silvester! Irgendjemand hat auf einen Schlag alle Lampen der Stadt angeknipst. Gerne würde ich mittanzen und -feiern.

»Wir essen im Lieblingsrestaurant des Papstes!«, kommandiert mein Vater und treibt uns zu Fuß durch die Altstadt. Das Knattern von Motorrollern, Gelächter ist zu hören. Die Gasse öffnet sich vor uns zu einem Platz mit Brunnen. Eine Gruppe Jugendlicher erscheint von rechts, sie überqueren den Platz, kurz darauf sind sie hinter Häuserecken verschwunden. Ihr Lachen hallt noch nach. Mein Vater stoppt vor einem Haus, von dessen Wänden an vielen Stellen der Putz abgebröckelt ist; durch die Mauerschichten kann man einen Blick in vergangene Jahrhunderte werfen.

Ein Türsteher nickt, öffnet uns schwungvoll und geschmeidig, um zu gefallen. Mein Vater belohnt ihn mit Geldscheinen. Die Verbeugung ist tief und heuchlerisch. Als wir an ihm vorbei sind, drehe ich mich um: Da steht er schon wieder.

Auftritt im Restaurant! Der Besitzer stürmt meinem Vater entgegen, die Arme ausgebreitet, den Kopf schiefgelegt. Er bleckt das Gebiss, sie fallen sich in die Arme, pressen mehrmals abwechselnd die Backen aneinander, als wären sie engste Freunde, küssen sich. Mir wird schlecht von so viel Falschheit. Sie verzerren ihre Gesichter zu Grimassen, palavern auf Italienisch, das heißt mein Vater tut so, als ob er es fließend sprechen könnte. Er sucht nach Worten, sie stoßen holprig aneinander, füllt die Pausen mit viel äh, äh, äh … Es hört sich an wie leeres Geschwätz. Meine Beine tun weh, ich kann nach diesem Boutiquenmarathon nicht mehr stehen, ich habe Hunger. Jetzt winselt dieser Typ auch noch uns Mädchen an: »O, che belle bambole!« Ich schäme mich, schaue mich um. Köpfe beugen sich rasch über ihre Teller. Der Restaurantbesitzer muss mein Flehen gehört haben, endlich hat er Erbarmen und geleitet uns wie eine Königsfamilie durchs Lokal, vorbei an vollbesetzten Tischen.

Das Raunen wird leiser. Ich fühle mich angegafft. Wieder begegnen mir Augenpaare: neugierig, misstrauisch, blasiert, abschätzig. Wir werden zu einem Tisch in einer ruhigen Ecke geleitet. Ich falle sofort auf einen Stuhl. Jetzt bin ich in Sicherheit! Leuchter, um einiges größer als mein Vater, stehen vor dem Tisch. An ihren Armen brennen weiße Kerzen. Auch von Wandleuchtern tropft Wachs. Von Gemälden glotzen die Fratzen verblichener Päpste. Mein Blick wandert zur Decke: Bögen, die in Säulen übergehen. Wir befinden uns in einem Gewölbe. Vielleicht war das mal eine Kirche. Es ist kühl hier drin. Mein Vater fährt sich unentwegt mit den Fingern durch die schulterlangen Haare. Bestimmt werden sie ganz fettig davon. Er bestellt für uns alle, natürlich.

»Das Beste der Welt!«

»Das Lieblingsgericht des Papstes!«

Ich halte es nicht mehr aus vor Hunger. Ich schnuppere in die Richtung, aus der die Gerüche kommen, und wünsche mir nichts mehr als Spaghetti mit Butter und Parmesan.

Endlich, da kommen sie! Kellner tänzeln wie auf dem Laufsteg auf uns zu, eingewickelt in weiße bodenlange Schürzen. Die Haare schwarz, ölig, glänzend. Über ihren Köpfen balancieren sie Platten und Schüsseln. Sie umkreisen uns. Von allen Seiten werden Tellertürme, beladen mit Krebsen und spinnenartigem Getier, vor unsere Nasen geschoben, es riecht nach Fisch. Fühler und Scheren hängen über den Rand, ich schüttle mich vor Ekel. Immer noch mehr von diesem Spinnenzeug wird vor uns aufgetürmt. Von Spaghetti mit Butter weit und breit nichts zu sehen. Mein Magen krampft vor Hunger. Ich suche verzweifelt nach etwas Verlockendem auf der festlichen Tafel, aber da ist nichts! Mein Vater erklärt uns mit wichtiger Miene, dass dies Hummer und Langusten seien. Die anderen Köstlichkeiten: Muscheln, Seeigel, Flusskrebse, Austern. Die müsse man roh genießen. Er macht vor, wie man das Zeug öffnet, bohrt mit einer Zange in die Schale – es knackt kurz und trocken. Zum Vorschein kommt rosafarbene Wabbelmasse, die er in seinen aufgesperrten Schlund gleiten lässt. Ich würge.

Plötzlich hält er mir einen Berg glasig grauer Kugeln auf einem Esslöffel direkt vor den Mund. Es stinkt bestialisch nach Fisch. Ich halte die Luft an und blicke auf zu meinem Vater, der mich ungeduldig anfunkelt. Mechanisch öffne ich ein wenig die Lippen. »Mach den Mund auf!«, schnauzt er. Ich ziehe vorsichtig die Zähne auseinander. »Weiter!« Sein Nasenflügel zuckt, das bedeutet Gefahr! Ich gehorche. Der Haufen wird mir in den Mund geschoben. Meine Backen blähen sich, ich habe Angst zu ersticken. »Schluck es runter! Das ist Kaviar! Der teuerste der Welt!«, donnert Babbo. Mir ist das egal. Ich habe noch nie etwas so Widerliches geschmeckt. Die Kugeln knirschen, sie bewegen sich weder vorwärts noch rückwärts. Instinktiv greife ich nach dem Wasserglas, sauge möglichst viel ein, meine Backen blähen sich noch mehr. Mit einem einzigen Schluck würge ich die Masse hinunter. Ein Schweißtropfen fällt auf die Tischdecke. Während ich mich langsam erhole, legt mein Vater immer mehr von den Meerestieren und dem Schwabbelfleisch auf den Teller vor mir. Ich weiß, ich muss mir etwas einfallen lassen, denn essen werde ich das Zeug auf keinen Fall. In Momenten, in denen mein Vater nicht auf mich achtet, packe ich eines der Stücke und lasse es von der Stoffserviette auf meinem Schoß unauffällig auf den Boden rollen, während ich ihn lächelnd fixiere. Ständig kaue ich Weißbrot, um vorzuspielen, ich würde die Meeresfrüchte essen. Auf diese Weise leere ich den ganzen Teller. Ich lehne mich erleichtert zurück, leider hat mein Vater falsch verstanden und belohnt mich mit einer zweiten Portion. Tränen der Verzweiflung steigen mir in die Augen, ich wische sie schnell weg, damit er nichts bemerkt. Also alles noch mal von vorne: Brot kauen, Ekelzeug vom Teller ziehen, lächeln und fallen lassen. Ein bisschen mulmig ist mir schon. Unter meinem Stuhl versammelt sich eine beachtliche Menge von Meerestieren.

Ich bin sehr konzentriert bei der Arbeit, es wird geschwiegen und gegessen. Plötzlich ein Knall, dumpf und böse: Mein Vater schlägt mit der Faust auf den Tisch. Krebsschalen fliegen, Gläser klirren. Er reißt sich die Serviette vom Hals, fährt hoch, als hätte er eine Ratte gesehen. Sein Stuhl stürzt um, auf seiner Stirn quillt die Zornesader. Vielleicht platzt sie, und er fällt tot um! Nein, so etwas darf man nicht denken! Schuldgefühle plagen mich, aber nur kurz, dann setzt jäh ein solch unglaubliches Gebrüll ein, dass überall Messer, Gabeln und Löffel fallen gelassen und Weinflaschen umgestoßen werden. Dann Stille, gespenstisch und bedrohlich. Die Augen meines Vaters treten weit aus ihren Höhlen, Schaumklumpen bilden sich in den Mundwinkeln. Ich starre ihn an, seine Nasenflügel zittern, die Oberlippe zuckt unkontrolliert. Bebend vor Zorn zerrt er Geldscheine tief aus seinen Hosentaschen, schleudert sie mit einer Armbewegung von sich, als wollte er jemanden niederschlagen. Die Scheine flattern unbeeindruckt in die Fischteller. Er befiehlt uns, mit ihm sofort dieses Pissloch zu verlassen. Dann stößt er, immer noch schreiend, mit der Hüfte gegen eine Tischkante. Er flucht, schnaubt, rudert wild mit den Armen und jagt zum Ausgang. Mit einem Ruck springen auch wir drei auf, stürzen ihm nach. Wir wissen, dass wir ihm auf der Stelle zu folgen haben. Wie eine Entenfamilie stolpern wir hinter ihm her aus dem Restaurant, begleitet von Augen, überall Augen ... Ich bin rot und heiß vor Scham. Jeder Schritt ist eine Qual. Blicke bohren sich schmerzhaft in meinen Rücken. Ich wünsche mir sehnlichst, auf der Stelle im Boden zu versinken. Draußen beginne ich zu zittern. Ich schäme mich vor all den Menschen da drin. Nie wieder werde ich zu meinem Vater fahren! Lieber bin ich in München allein!

Auf dem Weg zum Auto und während der Fahrt pöbelt mein Vater immer weiter. Er rast, als würden Mörder uns verfolgen. Die Finger ineinandergekrampft, flehe ich zum Himmel: »Lieber Gott, bitte lass uns keinen Unfall haben!« Allmählich begreife ich den Grund für seinen Hass: Ein Gast am Nebentisch hat einen Augenblick zu lange zu uns herübergesehen.

Zu Hause entspannt sich die Situation etwas, mein Vater streift sich die Kleider vom Leib, steigt über sie hinweg, schlüpft in einen Morgenmantel und wirft sich in einen Sessel. Seit wir die Wohnung betreten haben, stehe ich mit zusammengepressten Beinen auf derselben Stelle, weiß nicht, wie ich die Stimmung deuten soll. Wird er gleich aufspringen, mich packen, schütteln, anschreien, dass ich Schuld hätte am Glotzen dieses Arschlochs? Dass irgendetwas an meinem Verhalten ihn gereizt hätte? So wie er Biggi beschuldigt hat, damals in Berlin, sie sei absichtlich mit gespreizten Beinen ins Taxi gestiegen, um den Blick des Dreckskerls von Fahrer unter ihren Minirock zu locken. Ich muss dringend pinkeln, wage es aber nicht, mich zu rühren. Plötzlich spüre ich es nass und warm zwischen meinen Schenkeln. Ich presse meine Hände gegen meinen Schlüpfer, stürze ins Klo, schaffe es gerade noch, nicht auf den Teppich zu pinkeln.

Er hat wohl nichts bemerkt, bis ins Bad höre ich sein hysterisch wieherndes Gelächter. Ich drücke die Klinke nach unten und mache einen langen Hals in die Richtung, aus der das Lachen kommt: Alle drei kleben an einem der hohen Mansardenfenster und kichern über das, was sie draußen sehen. Mich packt die Neugierde, ich schleiche mich an. Mein Vater dreht sich nach mir um, er legt seinen Arm um meine Schulter, drückt mich gegen das Fensterbrett: »Das gibt es nicht! Das ist nicht zu fassen! Schau doch mal!« Unter uns auf einer großen Terrasse wird eine Silvesterparty gefeiert. Herren im Smoking, Damen in bonbonfarbenen Cocktailkleidern halten Gläser an dünnen langen Stielen zwischen den Fingern. Auf Hochfrisuren und graumelierten Schläfen sitzen Papphütchen, festgezurrt mit Gummibändern unterm Kinn. Einige ältere Herren pusten in Papierpfeifen, diese strecken sich, geben ein ärmliches Tröten von sich und rollen sich wieder zusammen. Die ganze Gesellschaft wirkt lächerlich und infantil, wir biegen uns vor Lachen. Wenn der Blick einer Person unser Fenster streift, ducken wir uns blitzschnell hinter die Fensterbank. Ist die Luft rein, schieben wir uns Millimeter um Millimeter wieder nach oben. Die Party strebt ihrem Höhepunkt zu. Die Gäste werden immer enthemmter, so mancher Herr stolpert über eine halb entblößte Dame.

Mitternacht! Der Himmel brennt über Rom, explodierende Farben erhellen den Vatikan. Wir trinken Champagner. Ich bin angetrunken und müde, bitte darum, schlafen gehen zu dürfen. In meinem Bett wühle ich mich tief in die Kissen. Ich sehne mich nach Mama. Raketen knallen in meinem Kopf. Ich reiße die Augen auf, die letzten Funken des Feuerwerks spritzen zu mir herein. Ein Schatten huscht am Fenster vorbei. Sofort bin ich hellwach. Der Schatten kommt auf mich zu. Ich beiße in meine Lippe, schmecke warmes Blut. Der Schatten beugt sich über mich, ich will schreien, der Schatten legt seine Hand auf mein Gesicht. Es ist mein Vater. »Bitte nicht! Das nächste Mal, ich verspreche es, das nächste Mal bestimmt!«, wimmere ich. Jede Nacht, wenn alle schlafen, kriecht er zu mir unter die Decke. Ich zittere vor Angst, ich ekle mich vor ihm, noch mehr vor mir selbst. Ich will sterben. Ist er aus meinem Zimmer verschwunden, renne ich ins Bad, umklammere die Kloschüssel und kotze, kotze, bis nicht mal mehr Galle kommt. Ich kotze bis zur Besinnungslosigkeit. Ich muss die Schuld aus mir herauskotzen. Dann schrubbe ich mich mit einer Bürste von oben bis unten, immer wieder. Ich knie in der Wanne, flehe mit zum Himmel gefalteten Händen, dass Gott mir verzeihen möge!

Eingerahmt von meinen Koffern warte ich im Flur auf meinen Vater. Er wird mich gleich zum Flughafen fahren. Biggi schläft noch, meine Schwester lässt meine Hand nicht los: »Ich will nicht, dass du weggehst!« Ich drücke sie an mich. Ein Glücksgefühl durchströmt mich, als ich an all die Kleider in den Koffern denke. Ich werde sie in München tragen und genießen. Die Zeit in Rom habe ich ausgehalten. Jetzt fängt das Leben neu an. Mein Vater schiebt mir ein Bündel großer Scheine in die Tasche: »Für dich, mein Engel!« Er schickt meine Schwester zurück in ihr Zimmer.

Das Flugzeug wartet.

In München kommt mir alles eng und spießig vor. Die Wohnung, die Möbel, die Mahlzeiten. Mamas Kälte und Strenge. Heinrich, der in Trainingshose und Rippunterhemd durch die Wohnung rennt und ständig vor sich hin redet. Der am Sonntag noch schnell die letzten zehn Minuten der katholischen Messe mitnimmt, damit der liebe Gott ihm einen Platz im Himmel reserviert. Nur sein Klavierspiel kann ich ertragen.

Die Welt meines Vaters gefällt mir viel besser.

Mama muss in die Elternsprechstunde. Die Lehrer sagen, dass ich Phantasie und Wirklichkeit nicht auseinanderhalten könne. Und dass ich sehr begabt, aber auch faul sei. Für Letzteres sperrt mich Mama einen Nachmittag lang ins Kinderzimmer. Ich schlage mit den Fäusten gegen die Tür, sie verlässt die Wohnung.

Ich komme mit dem Leben in München nicht mehr zurecht, werde frech und renitent. Nachts im Bett stelle ich mir vor, tot zu sein. Einfach verschwinden, ohne jemals sichtbar gewesen zu sein.

Englischunterricht, 3. Klasse Gymnasium. Ich quäle mich durch die letzte Stunde, die sich endlos zieht. Ich rutsche auf meinem Stuhl herum, verbiege mich in alle Richtungen, und ständig schaue ich auf meine Armbanduhr: Der Minutenzeiger scheint sich überhaupt nicht vorwärtszubewegen. Eigentlich hasse ich Armbanduhren. Meine Großmutter hat sie mir geschenkt, und deshalb trage ich sie manchmal, obwohl ich sie mir am liebsten vom Arm reißen würde, auch heute, denn das Starren auf die Zeiger macht alles nur noch schlimmer. Der Lehrer wird von mir auf seine Umrisse reduziert, die an den Rändern zerfließen. Seine Stimme kommt von ganz weit her. Ein Fenster steht offen, Frühlingsluft weht herein. Sie lockt mich hinaus in die Wärme. Die Füße jucken in den Schuhen, auch sie wollen raus. Noch vier Minuten und sechsunddreißig Sekunden, dann ist Schulschluss. Dann werden Michaela und ich zum Eisessen gehen. Das ist fest vereinbart. Michaela ist meine beste Freundin, seit Mama Heinrich geheiratet hat und wir hierhergezogen sind. Wir sind unzertrennlich. Und wenn man uns an einem Tag aus irgendeinem Grund nicht zueinander lässt, schreiben wir uns Briefchen. Micha ist frech und lustig wie ich. Wir lachen über fast alles, und jede ist für die andere der Schrein für die tiefsten Geheimnisse: Welche Jungen wir süß finden und wer eine von uns angelächelt hat.

Ich spüre, dass mich jemand beobachtet, drehe den Kopf und schaue in Michas feixendes Gesicht zwei Bänke weiter. Sie hüpft von einer Pobacke auf die andere und deutet sehr auffällig auf die Uhr an ihrem Arm. Der Drang, laut loszulachen, steigt mir die Kehle hoch. Ich schlucke ihn runter, es funktioniert nicht, ich bin kurz vorm Platzen. Um mich abzulenken, schaue ich angestrengt aus dem Fenster, aber dann streift mich Michaelas Blick. Sie zieht eine Grimasse. Das

Brennen im Hals wird unerträglich. Ich kann nicht mehr und pruste los. Jetzt sehe ich auch den Lehrer wieder sehr deutlich. Klein und stämmig steuert er auf mich zu: »Pola, du wirst heute eine halbe Stunde nachsitzen!« Für mich klingt das wie ein Todesurteil. Tränen tropfen auf mein Heft, die Buchstaben lösen sich in der Tinte auf, es ist mir egal! Ich will endlich raus hier und Eis essen gehen! Die Klingel reißt mich hoch – Schulschluss! Die Mädchen jauchzen auf, werfen die Schultaschen über ihre Schultern, reißen Stühle um. Sie jagen hinaus. Nur der Lehrer und ich sind noch im Klassenzimmer – und Micha bleibt auf ihrem Stuhl sitzen und verkündet bestimmt, dass sie mit mir nachsitzen werde. Ich muss in meine Tränen hinein lachen, ich liebe sie dafür! Dem Englischlehrer ist das egal. Er trägt uns auf, ein Kapitel zu übersetzen, und rauscht hinaus. Meine Freundin setzt sich neben mich in die Bank: »Dieser Idiot! Komm, wir schaffen den Scheiß in einer Viertelstunde!« Wir arbeiten wie Dampfmaschinen und sind tatsächlich schnell fertig. Nachdem wir die Blätter aufs Pult geworfen haben, fliegen wir aus der Tür, die Treppe hinunter bis vors Schulportal. Micha grinst mich an, ich grinse zurück: Schwabing und die Eisdiele Cortina in der Leopoldstraße warten auf uns. Arm in Arm schlendern wir über den Schulhof. Ein kurzer Halt, ich muss endlich meine Füße befreien, laufe barfuß über den Kiesweg. Welche Jungs werden da sein? Welche dummen Ziegen werden sich wichtigmachen und rumzicken? Mein Körper steht unter Strom.

Dann erregt ein Mann meine Aufmerksamkeit. Er läuft auf der Straße vor dem Tor zum Schulhof auf und ab. Wie ein Löwe im Käfig: von links nach rechts, von rechts nach links. Er schiebt einen riesigen himmelblauen Kinderwagen vor sich her. Eigentlich sieht er aus wie ein amerikanischer Straßenkreuzer mit Schutzblechen und überall Chrom. Der Fremde saugt nervös an seiner Zigarette, er scheint sie aufzufressen! Dann wirft er den Kopf in unsere Richtung. Sein

Blick sticht mir direkt in den Hals; augenblicklich schnürt es mir die Kehle zu. Ein Gefühl, als würde alle Kraft aus mir herausgesaugt. Der Mann mit dem himmelblauen Kinderwagen ist mein Vater! »Hat er schon wieder ein neues Kind?«, höre ich mich sagen. Er erkennt mich, fällt beinahe über seine Füße, stolpert auf mich zu. Micha löst sich von mir, tritt zur Sicherheit einen Schritt zur Seite. Hände bohren sich in meine Schultern, ich werde gezerrt, gequetscht, geküsst, bis ich keine Luft mehr bekomme. Wie eine Marionette lasse ich alles mit mir geschehen. In mir toben Enttäuschung, Freude, Unbehagen, Spannung, alles zugleich. Meine Freundin zieht sich noch weiter zurück und verdrückt sich seitwärts wie ein Krebs um die nächste Straßenecke. Als mein Vater den Griff um meine Schultern etwas lockert, mache ich meinen Hals lang, ich möchte das Baby sehen. Zwischen den Spitzenvorhängen entdecke ich nur Kissen und Decken, sonst nichts. Da ist niemand drin. Ich schaue noch einmal genauer hin, aber da ist nichts. Der Kinderwagen ist leer. »Wo ist das Kind?«, frage ich verstört. Er reagiert nicht auf mich: »Mein Engel, er gehört dir, für deine Püppchen! Ich habe ganz München nach einem Puppenwagen abgesucht! Sie waren alle hässlich! So habe ich dir diesen phantastischen Kinderwagen gekauft! Den schönsten und teuersten, den es gibt. Er kommt aus Italien! Komm, mein Geliebtes, wir bringen ihn nach Hause zu Mama, dort steht mein Jaguar. Morgen früh fährst du mit mir nach Rom!« Er nimmt meine Hand, legt sie auf den Bügel, umschließt sie fest mit seiner. So schieben wir gemeinsam, ein Mann und ein Kind mit Schulranzen auf dem Rücken, einen leeren himmelblauen Kinderwagen durch die Straßen. Mein Kopf sinkt tief auf die Brust. Ich ziehe die langen Haare wie Vorhänge vor mein Gesicht. Auf keinen Fall darf mich einer meiner Freunde sehen! Bis nach Hause wage ich es nicht, aufzublicken. Das Gefühl, alle würden mir hinterherglotzen, lässt mich nicht los.

Zu Hause trägt er den Kinderwagen vier Stockwerke hoch,

behutsam, als wäre er ein Heiligtum, und stellt ihn mitten in den Flur. Mama ist entsetzt, fängt sofort an zu schimpfen, dass der Wagen wieder runtermüsse in den Keller, sie habe hier keinen Platz dafür. Mich trifft das nicht, ich weiß mit diesem Ungetüm ohnehin nichts anzufangen. Außerdem würde ich meine Puppenkinder nicht darin spazieren fahren, niemals! Ich würde mich zum Gespött von ganz München machen, wenn ich einen himmelblauen Kinderwagenstraßenkreuzer durchs Viertel schaukelte, mit Puppen drin statt eines Babys.

Mein Vater schmollt. Verwunderlich, dass er nicht rumbrüllt, Mama und ihren Mann als Spießer beschimpft. Nein, er benimmt sich zahm und gehorsam, weil er genau weiß, dass es von der Laune meiner Mutter abhängt, ob er mich morgen mitnehmen kann. Mama stopft einen Klumpen Kleider in die Reisetasche und streckt sie mir entgegen. Automatisch nehme ich sie ihr ab. »Ihr könnt bei meiner Schwester übernachten. Rotraut hat euch für heute Nacht zu sich eingeladen. Hier geht es nicht. Am besten, ihr fahrt jetzt gleich, sie erwartet euch schon.« Verwundert sehe ich sie an. Hat sie mit meinem Vater schon alles vereinbart? Stimmt es, dass ich morgen mit ihm nach Rom fahre, jetzt, während des Schuljahres? Warum werde ich nie gefragt, ob ich das will? Warum entscheiden sie alles hinter meinem Rücken? Oder sind sie machtlos gegen ihn?

Meine Mutter verabschiedet sich kurz und knapp von mir und ist verschwunden. Einen Moment bleibe ich stehen und schaue auf die geschlossene Tür. Es geht alles so schnell, und ich möchte nicht weg.

Ich steige in Babbos Auto. Der Innenraum ist winzig und eng. Ich kann noch nicht mal meine Beine ausstrecken. Die Fahrer der anderen Autos können uns auf den Kopf spucken. Ich fühle mich wie in einer Sardinenbüchse.

Meine Tante Rotraut erscheint mit Apfelgesicht und Pfirsichhaut, lacht und gurrt in allen Tonlagen. Ich habe mich immer wohlgefühlt in ihrer Altbauwohnung mit den hohen Decken und den Antiquitäten. Sie führt uns stolz in ihr Schlafzimmer, das sie für meinen Vater und mich hergerichtet hat. Gegenüber dem Himmelbett steht jetzt noch ein Feldbett. Ich will nicht mit ihm in einem Zimmer schlafen! Wuttränen laufen mir übers Gesicht. Rotraut legt den Arm um mich: »Herzilein, was ist denn? Ist dir das Bettchen zu klein?«

»Nein!«, fahre ich sie an. Bitterer Geschmack macht sich auf meiner Zunge breit. Ekel fließt mir die Kehle hinunter und dreht mir den Magen um. Ich habe Angst. Ich laufe hinaus. Man ruft meinen Namen.

Nachdem ich mir im Bad Massen von Wasser ins Gesicht geworfen habe, folge ich den Stimmen in die Küche. Die beiden sitzen am gedeckten Tisch in einer Wolke aus Qualm. Mein Vater zündet immer eine Zigarette an der noch nicht zu Ende gerauchten anderen an. Rotraut legt Schnittchen auf meinen Teller. »Herzilein, du musst was essen! Du brauchst Kraft, wenn ihr morgen früh nach Rom fahrt!« Das Wort Rom löst einen Würgereiz in mir aus. Ihr zuliebe beiße ich einmal ab und kaue lange und gründlich, aber ich kann den Brei nicht schlucken, als hätte ein Deckel meine Kehle verschlossen. Der Brei wird zum Brocken. Wenn ich etwas gefragt werde, schiebe ich das Ding in eine Backe, lächle verbindlich und versuche, deutlich zu antworten. Mein Vater redet auf meine Tante ein, sie müsse ihm unbedingt Geld leihen. Ich kann nicht mehr länger zuhören. Die Müdigkeit gewinnt, mein Oberkörper rutscht auf die Tischplatte.

Rotraut weckt mich, schiebt ihren Arm unter meinen, bringt mich ins Bett. Als sie meine verdreckten Fußsohlen entdeckt, schreit sie kurz und spitz auf. Dann breitet sie eine Decke aus Moos und Erde über mich: warm und schwer. Ich fühle mich geborgen bei ihr.

Ein Wildschwein verfolgt mich, kommt näher, wirft mich um, fällt über mich her, reißt Stücke aus meinem Fleisch.

Hände zwischen meinen Schenkeln, Finger bohren sich tief in mein Inneres. Eine Zunge verstopft meine Ohren. Mit all meiner Kraft stoße ich das Wildschwein von mir, springe aus dem Bett, in Todesangst jage ich aus dem Zimmer, stürze zu meiner Tante ins Bett. Sofort sitzt sie aufrecht und hellwach. Meine Zähne schlagen aufeinander, ich beiße mir auf die Lippe. Das Blut schmeckt nach Metall. Mein Körper wird geschüttelt wie im Fieber. »Herzilein, du hast schlecht geträumt! Schlaf bei mir!« Sie drückt mich an ihren großen Busen.

Eigentlich ist es ja toll! Ich muss nicht zur Schule gehen, darf nach Rom brausen in einem schnellen Auto. Mein Vater hat das Verdeck geöffnet, der Wind nimmt mir den Atem.

Wir haben den Brenner schon weit hinter uns gelassen und fahren gerade an einer grausigen Unfallstelle vorbei, aber er nimmt den Fuß nicht vom Gas. Ich spüre meine linke Hand nicht mehr, sie ist taub, seit Stunden steckt sie in seiner Hand wie in einem Schraubstock fest. Er denkt nicht daran, sie loszulassen. Hoffentlich komme ich jemals wieder zurück zu meiner Mama! Die Hand, die mir bleibt, verkrampfe ich zur Faust, heimlich, er darf nichts merken.

Langsam wird es richtig heiß, wir sind kurz vor Rom. Seine Hand liegt mittlerweile auf meinem Knie. Manchmal rutscht sie höher. Ich habe Durst, aber ich sage lieber nichts.

Erst als wir den Fahrstuhl betreten, sagt er mir, dass wir ganz allein in der Wohnung sind. Biggi und Nastassja sind nach Capri vorausgefahren. Mein Blut rast heiß durch die Adern, ich bekomme keine Luft! Türen öffnen sich. Die Wohnung duftet nach Maiglöckchen, die Frühlingssonne macht sie noch schöner. Der Vatikan liegt friedlich da, die Kuppel des Petersdoms glänzt. Angst krallt sich tief in meinen Nacken. Mein Bauch krampft. Es wird immer schlimmer. Mein Vater steckt mir eine Tablette zwischen die Lippen, reicht mir ein Glas Wasser, beobachtet mich. Ich spiele ihm vor, dass ich sie runterschlucke. Er wendet sich zufrieden ab, ich spucke die aufgeweichte Pille aus.

Am Abend krümme ich mich vor Schmerzen, ich habe Angst zu sterben. Mein Vater fährt mich ins Krankenhaus. Er befürchtet, es könnte eine Blinddarmentzündung sein. Nach gründlicher Untersuchung darf ich wieder gehen: alles in Ordnung! Ich fühle mich wie neugeboren, will nur schlafen, schlafen. Glücklich, weil ich nicht sterben muss, wühle ich mich tief in die Kissen. Selbstverständlich schlafen wir im Bett meines Vaters.

Das Prinzenpaar des Rattenstaats feiert Hochzeit. Es steht hoch oben auf der Treppe des Palastes, winkt seinem Volk, alle sind sie gekommen. Auch meine Mutter lässt sich dieses Ereignis nicht entgehen. Sie weint immer bei solchen Anlässen. Ich entdecke sie und ihre Schwestern in der Menge. Die Rattenbraut kichert ständig. Ihr Schleier aus flüssigem, rosafarbenem Gummi fließt über die Treppe hinunter, wickelt sich um meinen Körper, wird hart, ich kann mich nicht bewegen.

Die Hände meines Vaters fesseln mich, er drückt sich von hinten an mich, immer enger, schiebt einen Arm zwischen meinen Pobacken nach vorne. Mit einem Ruck schüttle ich ihn ab: »Ich will nicht!« Stille. Es knistert. Das Bett wackelt, er erhebt sich. Sein Schatten schleicht die Wand entlang, gebückt. Jetzt sehe ich seine Umrisse am Fenster. Aufrecht, die Arme verschränkt, den Kopf nach hinten gebogen: »Was soll das heißen, du willst nicht?!«

»Ich will nicht, ich will nicht, es tut mir weh!«

»Bist du blöd! Hier in Italien, überall auf der Welt ist es völlig normal! Nur in diesem spießigen Deutschland, in dem du lebst, zicken sie rum! Du darfst nur nie in deinem Leben ein Wort darüber verlieren, hörst du, niemals, zu niemandem!« Ich nicke. »Jetzt mach nicht so ein Theater! Es gibt doch nichts Schöneres, mein Engelchen!«

»Nein, nein, ich kann nicht!«, schreie ich. Im Mondlicht sehe ich seine Nasenflügel zittern, die Lippe zuckt gefährlich. Ich drehe mich zur Wand, ekle mich.

»Ach, lass mich doch in Ruhe! Arschloch! Schlampe!« Er knallt die Tür, ich zucke zusammen, bin endlich allein. Schuldgefühle quälen mich: dass ich ihn enttäuscht habe, dass ich es überhaupt zugelassen habe. Ich weine hemmungslos. Wo ist meine Mama? Warum holt sie mich nicht raus hier? Ich will nicht mehr leben! Mein Vater lässt sich nicht blicken. Wahrscheinlich legt er sich in ein anderes Bett, oder er schleicht herum, findet keine Ruhe, raucht hundert Zigaretten. Auf keinen Fall darf ich einschlafen! Ich habe Angst, dass er wiederkommt. Oder vielleicht wache ich gar nicht mehr auf.

Es wird blau im Zimmer, die ersten Vögel zwitschern. Ich sehe das Gesicht meines Vaters vor mir, schemenhaft, verschwommen. Er trägt einen schneeweißen Anzug. Ich spüre feuchte Lippen auf meinen, eine Zunge drängt sich vor. Sein Geruch ekelt mich. Ein Gemisch aus geputzten Zähnen, Nikotin und Parfüm steigt mir in die Nase, mir wird schlecht. Ich hetze nackt ins Bad, stecke den Kopf unter die Wasserleitung, schaufle mir eiskaltes Wasser in den Mund, über die Haare, immer mehr Wasser. Das Becken läuft über, ich tauche unter. Wie lange kann man ohne Luft auskommen? Wie lange dauert es, bis man ertrinkt?

»Bist du wahnsinnig geworden? Was machst du denn da?!«, höre ich meinen Vater durch die Wasserwand. Ich werde an den Haaren an die Luft gerissen. »Was soll das! Ich habe dir Kleider ausgesucht! Hier, zieh dich an!« Ich nehme ihm die Sachen ab, bedecke Brüste und Scham damit, trau mich nicht, ihn anzusehen.

»Ich möchte mich allein anziehen!« Wutschnaubend verlässt er das Bad, knallt die Tür hinter sich zu, dass Waschbecken und Armaturen vibrieren.

Wir fahren mit dem Rapido nach Neapel, dort werden

wir das Schiff nach Capri nehmen. Während der Eisenbahnfahrt sitze ich meinem Vater gegenüber. Ich kann seinen beleidigten Blicken nicht ausweichen. Ich fühle mich gefangen, möchte fliehen. »So etwas wie gestern machst du nie mehr!« Die Stimme durchbohrt mich. Ich krümme mich, als ich nicke.

Ich stapfe durch einen Haufen von rosa Plastikbabypüppchen. Alle ohne Arme und Beine. Es knackt bei jedem Schritt. Ich muss sie alle in meinen hellblauen Kinderwagen packen, muss sie retten vor dem Riesentier, das sie zertreten, zermalmen wird. Sobald der Wagen voll ist, leert er sich von selbst. Der Puppenberg wird immer größer. Ich muss mich beeilen, ich stopfe, stopfe, ein weißes, viel zu enges Kinderhemdchen klebt an mir wie eine zweite Haut. Das Riesentier kommt näher ...

Der Weg zur Schule mit dem Fahrrad ist nicht mehr so einfach wie früher. Überfällt mich ein Gedanke, der mir Angst macht, muss ich anhalten, einige Meter zurückfahren und das Gedachte rückgängig machen, sonst wird etwas Schlimmes passieren. Deshalb komme ich manchmal viel zu spät zur Schule.

Meine Puppenkinder bringe ich immer noch jeden Abend ins Bett. Nur kann ich mich nicht entscheiden, wer wo liegen soll. Wenn ich darüber einschlafe, habe ich Glück.

Morgen werde ich für sechs Wochen nach Madrid fliegen. Mein Vater will das so, er dreht dort einen Film. Seit Tagen flattere ich wie ein Huhn durch die Wohnung.

»Ich muss noch etwas Wichtiges erledigen!«, rufe ich Mama zu und bin in ein paar Sätzen auf der Straße. Im Zwielicht sieht das Grün der Schafwiese giftig aus. Ich spüre das nasse Gras an meinen Knöcheln. Die Abendsonne scheint auf das Zelt des kleinen Zirkus, der jedes Jahr für drei Wochen hier gastiert. Zwei Lamas, ein zahnloser Löwe, ein Vogel Strauß. Mit dem Esel ziehen sie tagsüber durch die Straßen und betteln um Geld fürs Winterfutter. Der Clown reißt am Eingang die Karten ab. Gerade balanciert er vor dem Zelt auf einem Seil, das etwa fünfzig Zentimeter über dem Boden gespannt ist. Ein Typ mit Kruselhaaren bis in den Nacken und tätowierten Armen schiebt die Schiffschaukeln an. Der Geruch nach Pferdescheiße und Sägemehl kriecht mir in die Nase. Auf einem der drei Ponys sitzt ein Kind. Die Tiere traben müde ihre ewig gleichen Runden, geführt von einem lustlos wirkenden Mädchen. Es träumt bestimmt von einem Märchenprinzen, der es entführt. Mein Ziel ist das kleinste Riesenrad der Welt. An ihm hängen nur drei Kabinen. Selbst am höchsten Punkt kann man das Türchen öffnen und rausspringen. Von weitem sehe ich ihn. Ruben, sechzehn Jahre alt, bringt das Riesenrad zum Laufen und wieder zum Stehen. Als ich ihn zum ersten Mal sah, habe ich mich in seine grünen Augen verliebt. Die Wimpern sind dunkle Fächer und werfen in den Augenwinkeln Schatten. So lange habe ich das Riesenrad umkreist, bis er mich endlich ansprach. Ein paarmal erst haben wir uns getroffen hier auf dem Zirkusplatz. Jetzt sitzen wir nebeneinander auf einem Balken. Manchmal berühren wir mit den Fingerspitzen den Arm des anderen, sehen uns verlegen an. Oder wissen im Augenblick nichts zu sagen und betrachten unsere Füße. Er stottert ein bisschen, aber das stört mich nicht. Ich erzähle ihm meistens von der Schule, den Strebern und dem Lieblingslehrer. Er spricht, wenn überhaupt, nur vom Zirkus.

Wir wissen beide, dass wir uns erst nächstes Jahr wiedersehen werden. Wenn ich aus den Ferien zurückkomme, hat der Zirkus sein Zelt längst abgebaut.

»Ich hab nur kurz Zeit, ich fliege morgen!«

»Ach so. Ja, ich weiß.« Er lächelt, schiebt ein Päckchen in meine Hand, küsst mich kurz und fest auf den Mund und läuft davon. Fast falle ich vom Balken, so aufgeregt bin ich. Jetzt ist es ganz sicher, ich bin verliebt! Ist auch höchste Zeit, ich bin schon dreizehn.

Zu Hause angekommen stürze ich in mein Zimmer und öffne langsam meine Hand. Rotes Seidenpapier, rundum mit Tesafilm verklebt. Millimeter um Millimeter reiße ich die Hülle von dem Geschenk. Zum Vorschein kommen zwei Passfotos von Ruben, eines lachend, eines ernst, und ein silbernes Schild, in das sein Name eingraviert ist. Es muss mal an einem Kettchen befestigt gewesen sein.

Meine Mutter ruft mich zum Essen. Hektisch vergrabe ich meinen Schatz in meiner Umhängetasche.

Mama, Heinrich und mein kleiner Bruder sitzen vereint um den Küchentisch. Ich hole Teller und Tasse aus dem Geschirrschrank, nehme eine Scheibe Brot aus dem Korb zwischen ihnen, ziehe meinen Essplatz über dem Mülleimer heraus und schiebe den dreibeinigen Hocker unter meinen Po. Ich schaue auf meinen Teller, dann zur heiligen Familie. Mamas Augen treffen mich kurz und kalt. Eigentlich habe ich gar keinen Hunger. Also stelle ich alles zurück und verabschiede mich fürs Bett. Der Kleine wirft sich mir entgegen, umschlingt meine Beine. Ich drücke ihn fest an mich.

»Wenn du dich weiterhin ständig mit Heinrich streitest, musst du ins Internat!«, teilt mir Mama kühl und eher beiläufig mit. Es ist acht Uhr morgens, und wir sitzen in der Straßenbahn auf dem Weg zum Flughafen. Meine Mutter hält meinen kleinen Bruder zärtlich umarmt auf ihrem Schoß. Ein messerscharfer Schmerz fährt mir in den Magen. Mir schießen die Tränen in die Augen. Wie durch ein Fenster, über dessen Scheibe innen das Wasser in Strömen läuft, sehe ich, wie sie ihr Kinn auf den Kopf meines Bruders legt und lächelnd aus dem Fenster blickt. Dabei summt sie leise vor sich hin.

In Trance sitze ich im Flugzeug, steige in Frankfurt um und werde in Madrid ausgespuckt. Mein Vater stellt fest, dass ich zauberhaft aussähe, gar nicht verschwitzt wie die anderen Passagiere! Biggi und Nastja nehme ich kaum wahr. Im Taxi geht es zum Hotel. Alles ist groß, herrschaftlich, alte, reich verzierte Gebäude, hupende Autos – mein Vater flucht. Der Fahrer ist verunsichert, dreht sich mehrmals ängstlich um. Dann hält er vor einem Turm: Hotel Torre de Madrid, 36 Stockwerke hoch. Ich bin mir sicher, dass die oberen Zimmer über den Wolken liegen. Die Fahrt in den 36. Stock dauert. Ich halte die Luft an, solange ich kann, mehrmals. Nastja lässt meine Hand schon seit dem Flughafen nicht mehr los, und Babbo mustert mich mit einem schwammigen Zug um den Mund. Biggi lächelt ins Leere.

Wir sind da. Es ist kein Hotelzimmer, sondern eine Luxussuite, bestehend aus mehreren ineinander übergehenden Zimmern, Bädern, einer Küche. Der sogenannte Wohnraum, weit wie eine Halle, hat verschiedene Ebenen und ist an einer Breitseite völlig verglast mit Blick über die Stadt und auf die Berge. Ich komme mir vor wie auf dem Dach der Welt. Lange Zeit bin ich völlig gefangen von dieser Aussicht und merke nicht, dass mein Vater meinen Koffer geschnappt hat und wie üblich durchwühlt. Diesmal habe ich mir genau überlegt, was ich einpacke und was ich vor seinen Klauen schützen will.

Also durchsucht er jetzt meine Handtasche, auch das Portemonnaie aus Krokoleder, das er mir mal geschenkt hat. Er fingert in allen Fächern, zieht Bildchen und Namensschild von Ruben heraus und sagt in spöttischem Ton: »Wer ist dieser Kretin? Das muss ich leider wegwerfen!« Dann zerreißt er die Fotos vor meinen Augen und wirft sie gemeinsam mit dem Schild angewidert in den Papierkorb unter dem Tisch. Er genießt, er wirkt zufrieden, fast fröhlich.

Ich stehe wie versteinert da, dann stolpere ich zur Toilette, schließe mich ein und breche heulend zusammen. Lange hänge ich schluchzend über der Schüssel und schmiede Rachepläne, von denen ich weiß, dass sie niemals Wirklichkeit werden.

Das Flamencolokal ist nicht mehr als ein enger Raum. Im Halbdunkel stehen kleine runde Tische vor Sofas. Die Luft riecht abgestanden und stickig, das Atmen fällt schwer. Auf der hellerleuchteten Bühne Gitarristen, ein Tänzer und Tänzerinnen. Ein Rausch von wirbelnden Stoffen, Farben, Punkten, Spitzen zieht an mir vorbei. Das Klacken der Kastagnetten, wütendes Stampfen der Füße in beschlagenen Schuhen. Sie wollen die Erde festtreten. Ich bin immer noch traurig und nicht besonders interessiert an diesem Theater, und trotzdem muss ich gemeinsam mit meiner Schwester immer wieder kichern über die stolzen, zur Fratze verzerrten Gesichter der Tänzer. Zum Glück bemerkt mein Vater nichts, sonst würde er uns wieder anschreien, uns als blöde Landeier beschimpfen.

Später im Hotel, als alle schlafen, krieche ich unter den Tisch zum Papierkorb. Licht kommt nur aus der Küche, aber es genügt. Das Schild habe ich schnell gefunden, aber auch die Fotoreste will ich unbedingt zurückhaben. Vorsichtig, um ja kein Geräusch zu machen, leere ich den Inhalt auf den Boden, breite ihn auseinander und sammle alle Schnipsel auf. Die zerknüllten Papiere werfe ich zurück in den Korb.

Schritte, die näher kommen, die Füße meines Vaters laufen am Tisch vorbei, sie verschwinden im Bad. Er hat mich nicht gesehen. So schnell ich kann, rutsche ich unter dem Tisch hervor. Er kommt zurück, sieht mich, lächelt mich an: »Da bist du ja, mein Engel!« Dann zieht er mich hoch, legt seinen schweren Arm um meine Schulter und schiebt mich in die Küche. Er schließt die Tür.

Im Morgengrauen schreibe ich einen Brief an Mama: dass es hier unerträglich sei, dass ich nie mehr zu ihm fahren werde!

Wir verlassen das Hotel gegen Mittag, ich gebe den Brief heimlich an der Rezeption ab. Mein Vater hat entschieden, dass wir zur Schneiderin müssen, damit auch ich bald aussehe wie eine kleine blonde Flamencotänzerin. Und unbedingt brauche ich neue Schuhe. Obwohl ich sie hässlich finde und nichts damit anzufangen weiß, zwingt er mir eine Reihe von Sandaletten aus goldenem, silbernem und schwarzem Lackleder mit hohen Pfennigabsätzen auf. Später im Hotel quält er mich stundenlang mit »Laufen üben«: Er schiebt in der Wohnhalle Sessel, Sofa und Tische zur Seite, und ich stakse auf diesen Prothesen auf und ab, angefeuert von seinem Gemecker. Nie mache ich es richtig. Immer wieder von vorne, bis ich meine Füße nicht mehr spüre und nur noch stolpere. Schließlich entlässt er mich maulend: In meinem Alter müsse man doch auf hohen Absätzen gehen können! Darauf bestehe er.

Ich versuche, mich halb schlafend mit dem Tag anzufreunden. Am Frühstückstisch empfängt mich mein Vater perfekt gekleidet und mit verbitterter Miene. Was habe ich nun wieder verbrochen?

Der Portier habe meinen Brief zurückgebracht, und da er dachte, er sei an ihn adressiert, habe er das Kuvert geöffnet und meine Klagen gelesen.

Als Sünderin stehe ich vor ihm und warte auf die Beschimpfungen und Drohungen, die gleich über mich hereinbrechen werden. Gefährliches Schweigen zerschneidet den Raum zwischen uns, doch anstatt loszubrüllen, spielt er plötzlich den Gebrochenen, tief Verletzten. So zwingt er mich, ihn zu trösten, zu beteuern, wie schön es bei ihm sei und dass ich so etwas niemals mehr tun werde. Nur zögerlich gibt er die Pose des Gekränkten auf und bittet mich wieder, zu ihm zu ziehen. Der Gedanke, ihm pausenlos ausgeliefert zu sein, ist mir unerträglich. Wie alles um ihn herum bin ich sein Eigentum. Er kontrolliert mein Leben wie ein Diktator. Was ich trage – vom Schlüpfer bis zum Haarband –, was ich kaufe oder besitze, was ich esse und trinke, was ich lese. Womit ich mich beschäftige, mein Lebensgefühl, meine Meinung zu allem und jedem. Er bestimmt, welche Menschen mir gefallen dürfen und welche nicht, und dass alle Männer außer Sir Laurence Olivier und einige Verstorbene Kretins sind. Ich glaube, es macht ihn rasend, dass er nicht auch noch die Gedanken kontrollieren kann.

Das hemmungslos laute Schreien meiner Stiefmutter weckt mich mitten in der Nacht. Meine Schwester liegt eng an mich geschmiegt in meinem Arm. Sie hat sich am Abend vor den pausenlosen Streitexzessen zwischen Biggi und meinem Vater zu mir geflüchtet. Ich steige aus dem Bett, wanke in den Flur. Was ist passiert? Biggis Mutter ist gestorben. Der Bote hat soeben das Telegramm gebracht. Ein paar Stunden später fliegen Biggi und meine Schwester nach Berlin.

Nun gibt es kein Entrinnen mehr. Tagsüber spielt mein Vater den Revolutionär in *Doktor Schiwago*, der für Freiheit und Menschenrechte kämpft, und abends macht er sich über sein Kind her. Ist er außer Haus, darf ich die Suite nicht verlassen, nur in den Swimmingpool auf dem Hoteldach lässt er mich. Dort verbringe ich Stunden im Liegestuhl oder im Wasser, lasse mich auf den Grund des Beckens sinken und versuche herauszufinden, wie lange es dauert, bis man ertrinkt. Wenn er zurückkommt, bin ich in seiner Gewalt, immer. Nachts stehle ich mich aufs Klo und ramme mir die Finger so lange in den Hals, bis ich kotze. So habe ich das Gefühl, einen Teil der Sünde loszuwerden. Trotzdem werden die Schuldgefühle stärker, vor Gott, vor Biggi, und die Angst vor Bestrafung und Tod nimmt zu.

Nach etwa einer Woche kehren Biggi und Nastja endlich zurück, und auch der Film ist abgedreht. Die Zeit im Hochsicherheitstrakt neigt sich dem Ende zu.

Von Madrid fliegen wir nach Paris. Statt zu landen, kreist das Flugzeug über der Stadt, die Stewardessen verschwinden im Cockpit. Ich suche die Nähe meines Vaters, schiebe meine Hand in seine. Der schüttelt mich ab und bellt: »Hab selber Angst!« Heimlich falte ich meine Hände unter meinen Knien und flehe zu Gott, er möge uns sicher runterbringen, bitte! Ich verspreche, zum Dank in der Kirche eine Kerze anzuzünden. Kurz darauf setzen wir auf der Landebahn auf. Mit der Kerze lasse ich mir Zeit, aber ich vergesse sie nicht.

Mein Vater zeigt uns in Paris das Nuttenviertel Pigalle und kauft Biggi und mir Reizwäsche: Nylonschlüpfer in Rot, Schwarz, Dunkelviolett, manche unten offen. Oder Dreiecke mit Bändern. Sie verdecken kaum das Nötigste. Im Hotel Napoleon ziehe ich einen Schlüpfer nach dem anderen an, kreise vor dem Spiegel in meinem Schlafzimmer mit den Hüften. Das Fenster steht offen. Auf dem Gerüst am Haus gegenüber entdecke ich Bauarbeiter. Ich tanze mit nacktem Oberkörper, lasse die Hüften weiter kreisen, aber die Arbeiter bemerken mich nicht. Ich recke die Arme in die Luft, drehe mich immer schneller, meine Haare fliegen um mich herum. Ich gerate in eine Art Rauschzustand. Schrilles Pfeifen lässt mich auf der Stelle innehalten. Ich wage einen Blick zum Gerüst: Die Männer stehen da, auf die Metallstreben gestützt, und glotzen zu mir herüber. Plötzlich schäme ich mich fürchterlich, ducke mich unter das Fenster und will nie wieder auftauchen. Das Gelächter der Kerle macht alles noch schlimmer. Auf allen vieren krieche ich zu meinem Bett und schlüpfe unter die Decke. Später wickle ich mich bis zum Hals in das Leintuch und schließe das Fenster, ohne noch einen Blick nach draußen zu werfen.

Biggi, Nastja und ich haben sturmfrei. Mein Vater dreht in London. Ein herrlicher Zustand! In den Tag hineinleben, ohne ständig beobachtet und gemaßregelt zu werden. Der Rolls-Royce samt Paolo, dem Chauffeur, steht uns zur Verfügung. Dieses Mal kann ich es kaum erwarten, dass das Flugzeug am Flughafen in Rom endlich zum Stehen kommt. Mit Biggi und Nastja werde ich all das machen, was ich mir ausgemalt habe. Endlich ausgehen, wann immer und wohin wir wollen. Uns frei bewegen, ohne seine ständigen Kontrollblicke. Keine Angst haben vor seinen Pöbeleien. Mich nicht schämen, dass er die Straße unterhält mit seinem Proletenton, dass er tobt und brüllt wie ein Affe.

Drei Prinzessinnen werden aus dem Rolls-Royce gleiten. Der Chauffeur muss uns in seiner sandfarbenen Livree die Türen öffnen. Wir werden von Geschäft zu Geschäft schlendern, uns Restaurants aussuchen, in denen es keine Spinnen und Krebse zu essen gibt, sondern Spaghetti und Pizza. Danach werden wir uns unter die fröhlichen Menschen mischen, mit ihnen lachen und tanzen. Und Paolo wird warten müssen, bis wir ihn rufen, damit er uns nach Hause fährt.

Ich spüre Gummibällchen unter den Fußsohlen, als ich Biggi und meiner Schwester entgegenhüpfe. Der Rolls-Royce steht direkt vor dem Ausgang des Flughafens, er verursacht ein Verkehrschaos. Und der Chauffeur denkt nicht im Traum daran, uns in den Wagen zu helfen. Beim Einsteigen bleckt er nur kurz die Zahnreihen und fährt los. Die Leute sollen wohl denken, dass er der Boss ist und wir seine Frauen. Egal. Hauptsache, wir haben Spaß! Biggi will sofort in die Stadt fahren, um mir Kleider zu kaufen, denn Babbo hat es ihr aufgetragen und ihr dafür viel Geld gegeben.

Lustvoll wühle ich mich durch Berge von Kleidern und suche all das aus, was ich schön finde. Meine Stiefmutter bremst mich manchmal, erinnert mich an meinen Vater und daran, wie zornig er sein werde, wenn ihm etwas nicht gefällt. Doch mich interessiert das nicht in diesem Moment. Als wir auf die Straße treten, sind die Laternen schon eingeschaltet. Natürlich stürzt kein Chauffeur auf uns zu, um uns Tüten und Kartons abzunehmen. Wir schleppen unser Gepäck selbst über die Piazza di Spagna. Dort protzt das schwarze Ungetüm von Auto, alle Türen stehen offen. Der Chauffeur, das sehe ich erst jetzt, trägt keine Uniform. Sein weißes Hemd ist bis zum Bauchnabel aufgeknöpft, zwischen der üppigen Brustbehaarung glänzt aufdringlich ein großes goldenes Kreuz an einer fetten Gliederkette. Er liegt hingegossen auf der Lederbank, ein Bein aufgestellt, das andere hängt lässig nach draußen, er raucht und lässt sich von der gaffenden Menge bewundern. Vor allem genießt er sichtlich das aufreizende Defilieren der Frauen vor der Windschutzscheibe. Wir lassen auffällig laut Schachteln und Tüten vor der Fahrertür auf den Boden fallen. Der Herr öffnet müde ein Augenlid, muss sich jetzt aber doch erheben. Betont cool öffnet er mit einer Hand den Kofferraum und wirft den Plunder hinein. Die andere Hand steckt die ganze Zeit über in seiner Hosentasche. Ich glaube, er bewundert meinen Vater sehr.

Gerade ist die Sonne untergegangen, und man könnte glauben, ganz Italien ist auf die Straße gelaufen, um sich zu zeigen. Die Menschen stehen in Gruppen vor den Bars, erzählen sich wichtige Dinge und lachen. Diese Lust am Leben macht auch mich fröhlich. Am liebsten möchte ich baden in dieser Unbeschwertheit. Wir finden drei freie Plätze in einem Café und bestellen die größten Eisbecher auf der Karte. Motorroller knattern durch die Menge, die Leute springen nicht mal zur Seite. Alles ist so unkompliziert. Plötzlich, von einer Sekunde zur anderen, sind sie alle verschwunden. Die Cafés, die Plätze leer, als wäre es nie anders gewesen, eine Vision! Die Mama hat zum Abendessen gepfiffen.

Wir drei sind die letzten, die Kellner klappern mit den Tassen, kehren den Müll zusammen. Sie pfeifen ein Liedchen. Es wird Zeit, nach Hause zu fahren. Kaum sind wir eingestiegen, knallt Paolo die Tür zu und tritt aufs Gas. Mit quietschenden Reifen rasen wir davon.

Biggi schließt auf. Hinter mir keucht Paolo mit den Tüten. Er tut so, als würde er das ganze Auto hochschleppen. Es sind aber nur Tüten und ein kleiner Koffer. Nachdem er alles mit großen Gebärden und viel Stöhnen im Flur abgestellt hat, verzieht er sich ganz schnell.

Die Wohnung ist so still und leicht ohne Babbo. Noch im Hineingehen schlüpfe ich aus den Schuhen, meine Jacke rutscht von den Schultern, vor dem Bad streife ich in einer einzigen Bewegung Jeans, T-Shirt, Strümpfe, Schlüpfer ab. Ich genieße es, alles liegenzulassen und in die Wanne zu steigen. Mein Vater würde mich so lange anschreien, bis ich mich unter dem Badeschaum verkröche und ertränke. Ich bin so unendlich froh, dass er in London ist.

Biggi ruft mich zum Abendessen. Wir sitzen im sogenannten Salon an einem ovalen Tisch mit weißen Stühlchen, die mit glänzendem Stoff bezogen sind. Biggi sagt: »Achtzehntes Jahrhundert!« Damit kann ich wenig anfangen. Aber das Essen schmeckt toll. Ich kann gar nicht aufhören! Obwohl es nur ein paar banale Toasts mit Schinken und Käse sind. Gegessen wird mit den Fingern. Krümel fallen unter den Tisch. Auch Schlürfen ist erlaubt und Ellenbogen auf dem Tisch und Sprechen mit vollem Mund. Meine Schwester und ich benehmen uns besonders schlecht und haben viel Spaß dabei.

Das Telefon läutet. Schon an der Art des Klingelns wissen wir, dass es er ist. Sonst ruft ja auch keiner hier an. Er spricht mit jeder von uns, will genau wissen, wo wir heute waren, was wir gemacht haben, wer uns gesehen hat, wen wir getroffen haben, was wir jetzt gerade tun. Wir lügen ihn an, alle drei. Ich habe schnell gelernt, was ich sagen darf, ohne ihn zornig zu machen, und was ich auf jeden Fall verheimlichen muss. Manchmal habe ich deswegen ein schlechtes Gewissen, aber es geht schnell wieder vorbei.

Die Wohnung meines Vaters liegt wunderschön in einem Park mit Swimmingpool und Tennisplatz. Dieser Tennisplatz übt eine große Anziehungskraft auf mich aus. Dort spielt ein Typ mit schulterlangen goldblonden Haaren. Ich habe mich erkundigt: Er heißt Stelvio, ist Schauspieler, 27 Jahre alt und der schönste Mann, den ich in meinem Leben gesehen habe. Den muss ich unbedingt kennenlernen!

Den Großteil meiner Zeit verbringe ich vor dem Spiegel. In ständig wechselnden Outfits gehe ich zum Tennisplatz in der Hoffnung, dass *er* dort ist. Sobald ich ihn entdecke, spaziere ich unauffällig in seiner Nähe auf und ab, werfe die Mähne nach hinten und tue so, als hätte ich Wichtigeres zu tun, als ihn zu bemerken. Dabei entgeht mir keiner seiner Blicke, keine Bewegung. Wenn er mit einer Frau spricht, bin ich eifersüchtig, reiße mir die Bänder aus den Haaren, stapfe zornig zwischen den Büschen davon. Ich bin mir meiner Wirkung bewusst, spüre, dass er mir nachschaut.

Heute Nachmittag habe ich mich besonders auffällig angezogen: Hot Pants, rote Bluse, bauchfrei geknotet. Die hüftlangen Haare habe ich zu einem hohen Pferdeschwanz gebunden. Meine Füße stecken in Sandalen mit Pfennigabsätzen. Biggi hat sie mir geliehen. Hochkonzentriert setze ich einen Fuß vor den anderen und schiebe dabei die Hüften von rechts nach links. Es soll aussehen, als würde ich schon mein Leben lang in diesen hochhackigen Schuhen laufen. Ich darf jetzt keinen Fehler machen, auf keinen Fall darf ich umknicken oder stolpern. So stakse ich zum Platz. Der Blonde ist schon da, er lehnt lässig an der Bar, als hätte er auf mich gewartet. Kaum sieht er mich, lächelt er, läuft mir entgegen: »Hallo, wohnst du hier? Bist du öfter am Platz? Spielst du Tennis? Nein, willst du es lernen? Möchtest du etwas trinken? Ich heiße Stelvio, und du?« Ich finde jede seiner Fragen aufregend. Natürlich will ich was trinken! Und natürlich soll er mein Tennislehrer sein, das ist mein Traum! Er bestellt eine Cola für mich und fragt: »Wie alt bist du eigentlich?«

»Sechzehn«, lüge ich und spüre, dass ich rot werde. Ich bin in Wirklichkeit gerade erst vierzehn. Ganz unbeabsichtigt rutscht mir die Bluse von der Schulter. Sein Blick ruht einen Augenblick zu lange darauf, und natürlich entgeht mir nicht, dass ich ihm gefalle. Ich genieße das Gefühl und beginne ein Spiel. »Ich glaub, ich geh mal wieder.«

»Bitte noch nicht! Ich muss leider gleich eine Tennisstunde geben, aber hast du vielleicht Lust, danach ans Meer zu fahren?«

»Ich weiß noch nicht, ob ich Zeit habe«, sage ich kokett.

»Ach bitte, ich würde mich sehr freuen. Die Sonnenuntergänge hier sind phantastisch!«

»Ja, mal sehen.«

»Um sieben Uhr hier?«, fragt er.

»Vielleicht.« Ich werfe noch einen Blick über die nackte Schulter und bemühe mich, möglichst gekonnt mit den Hüften zu wackeln, als ich aus der Bar gehe.

Punkt sieben Uhr bin ich am Treffpunkt. Ein kleiner roter Sportwagen hält direkt vor mir. Stelvio strahlt mich an, öffnet mir die Tür.

Ich kann es nicht fassen. Ich sitze mit dem schönsten Mann Roms im Auto, und er fährt mich in den Sonnenuntergang!

»Das wird dir gefallen. Nirgendwo sonst hier hat man einen solchen Blick aufs Meer.«

Ich bin so aufgeregt, dass ich nicht weiß, was ich sagen könnte.

»Du bist sehr hübsch«, sagt er plötzlich und schaut mich lange von der Seite an. Das macht mich verlegen. Bitte jetzt nicht rot werden, bete ich, aber ich glühe schon wieder. Ich bohre die Fingernägel in meine Schenkel, will mich an irgendetwas festhalten.

Dann sind wir da. Wohin ich schaue, nur Meer. Weit weg ein paar Autos am Strand. Die Sonne ist schon fast untergegangen. Das Licht wird blau, der Himmel kommt näher.

Eigentlich dachte ich, dass wir aussteigen und den Strand entlanglaufen werden, aber dafür hat Stelvio keine Zeit. Kaum hat er den Wagen ruckartig abgebremst und an der Mauer abgestellt, wirft er sich auf mich, reißt meine Bluse auf, verbeißt sich in meinen Hals und meine Brüste, greift zwischen meine Beine, während er mit der anderen Hand an seinem Gürtel zerrt. Er packt meinen Kopf mit beiden Händen, drückt ihn brutal in seinen Schoß, zwingt mich, seinen Schwanz in den Mund zu nehmen, ich bekomme kaum Luft. Er dirigiert meinen Kopf, dabei stöhnt und keucht er wie ein Bulle. Dieses Gebrüll kenne ich. Als er fertig ist, schiebt er mich weg und hat es sehr eilig, zurück in die Stadt zu kommen. Keine Berührung, kein Wort während der Fahrt.

Ich stehe verstört vor meiner Stiefmutter und frage sie, ob man schwanger werden kann, wenn man den Schwanz von einem Mann in den Mund nimmt und dieses eklige weiße Zeug schluckt. Sie lacht mich aus, dann blickt sie mir entsetzt ins Gesicht: »Was hast du mit deinem Mund gemacht, mit deinem Hals?«

Im Spiegel sehe ich, dass meine Ober- und Unterlippe verschwollen und zerbissen sind. Mein Hals ist ein Schlachtfeld, übersät von dunkelroten Bisswunden und Saugmalen. Morgen kommt mein Vater aus London zurück. Der bringt mich um, wenn er mich so sieht! Ich werde panisch. Biggi verspricht, mir zu helfen, und sucht Abdeckstift, Make-up und Puderdose.

In der Morgendämmerung schmiert und klopft meine Stiefmutter Schicht um Schicht der beigen Paste auf Bisswunden und Knutschflecken, tupft Puder darüber, bis nur noch Schatten davon zu ahnen sind. Ich soll meinen Hals möglichst wenig bewegen, damit die Schminke nicht abbröckelt. An meinem Mund versucht sie sich vergeblich. Paste und Puder machen alles nur noch schlimmer.

»Du sagst, du bist hingefallen und hast dir in die Lippen gebissen!«

Es klingelt Sturm, das Gewitter bricht über uns herein! Türen werden aufgestoßen, mein Vater wirft Koffer, Taschen, Jacke, Schuhe weit von sich, fliegt uns entgegen. Wir stürzen übereinander, lachen verkrampft und angestrengt. Es regnet Küsse, ich drehe den Kopf zur Seite. Hoffentlich fallen ihm meine verschwollenen Lippen nicht auf.

Babbo bringt uns Geschenke mit. Er klappt den Deckel einer purpurroten Schachtel auf: Sie sieht aus wie ein großes Buch. Darin liegen auf Seidenpapier dreißig Zigaretten, jede in einer anderen Farbe mit goldenem Filter. »Mein Püppchen, da kannst du zu jedem Kleid die passende Zigarette rauchen!«, schwärmt er. Das ist der Beginn meiner jahrelangen Nikotinsucht.

Natürlich ist er völlig aufgebracht wegen meiner Lippen, glaubt mir aber meine Ausrede. Dafür ist meine Stiefmutter das Ziel seines Zorns: Sie hätte nicht das ganze Geld in ein paar Tagen ausgeben dürfen! Sie verteidigt sich, die beiden brüllen sich an, der Streit läuft völlig aus dem Ruder. Biggi schließt sich mit Nastassja im Kinderzimmer ein. Er tritt die ganze Nacht gegen die Tür, keine Reaktion. Als er merkt, dass er nicht weiterkommt, rutscht er auf Knien vor mir, beschwört mich, sie zum Aufmachen zu bewegen. Er wird mir die ganze Welt dafür kaufen – wieder mal. Es widert mich an, aber ich muss mich vor die Tür kauern, bitten und flehen, er hockt neben mir und überwacht mich.

Später, nachdem sich die Tür geöffnet hat, er Biggi zum Frieden gezwungen hat und sie irgendwann schlafen gegangen sind, wenn alles still ist, dann sehe ich sein Gesicht im Dunkeln näher kommen und höre seine Stimme: »Es ist das Natürlichste auf der Welt! Aber du darfst mit niemandem darüber sprechen, hörst du! Niemals! Das ist unser Geheimnis! Mit niemandem! Niemals, sonst komme ich ins Gefängnis!«

Er lässt keine Gelegenheit aus: wenn die anderen im Nebenzimmer spielen; wenn sie in der Badewanne liegen; wenn Biggi und meine Schwester schlafen.

Die Ferien sind schon seit zwei Wochen vorbei, und ich bin immer noch in Rom. Mein Vater dreht in Cinecittà. Endlich ist er beschäftigt genug und lässt mich gehen. Biggi bringt mich mit Nastja und Chauffeur zum Flughafen. Jetzt trägt er wieder die Livree mit Goldknöpfen und die Mütze. Er wirkt gedemütigt. Ich habe kein Mitleid mit ihm.

Die Maschine füllt sich, überall Menschen um mich herum, die sich setzen, näher rücken, ich fühle mich beengt. Die Stewardessen beginnen die Türen zu verriegeln. Ich bin eingeschlossen. Plötzlich stellt sich die Gewissheit ein: Wenn ich sitzen bleibe, wird dieses Flugzeug abstürzen. Ich muss raus! Auf der Stelle!

Tränen laufen mir übers Gesicht, versickern im Stoff. Ich springe auf, steige über Passagiere, rufe um Hilfe, Panik fasst mich an, Todesangst. Stewardessen bemühen sich liebevoll um mich, wollen mich beruhigen: »Wir sind doch alle da!« Es nützt nichts, die »Gewissheit« zwingt mich auszusteigen, das Flugpersonal muss mich zurückbringen. Die Stewardessen öffnen die Riegel, die Gangway wird wieder herangefahren, eine Hand schiebt mich nach draußen. An der Luft habe ich das Gefühl, dem Tod noch einmal entronnen zu sein. Man bringt mich zurück in die Halle, ich fahre mit dem Taxi nach Hause. Biggi glaubt einem Geist gegenüberzustehen, als ich vor der Tür stehe. Sie hat mich doch vor einer Stunde einsteigen sehen.

Am Nachmittag fahre ich mit dem Chauffeur, mit Biggi und meiner Schwester in die Innenstadt, frage bei Lufthansa nach, ob die Maschine sicher in München gelandet sei. Etwas schnippisch fragt die Dame hinter dem Schreibtisch zurück: »Selbstverständlich, warum denn nicht?«

Im Reisebüro kaufen wir eine Eisenbahnfahrkarte für den nächsten Tag: Schlafwagen, 1. Klasse. Eine Kabine mit Bad für mich allein. Ich werde mir Essen bestellen, mich ins Bett legen, essen und lesen. Ein Luxus!

Nachts, als alle schlafen, holen mich die peinigenden Finger meines Vaters von weit her. Ich stammle, kratze die Wörter zusammen: »Bitte das nächste Mal, bitte, bitte!«

Im Schlafwagenabteil richte ich mich gemütlich ein, stelle die Zahnbürste in den Becher am Waschbecken, arrangiere Parfümflakons, Seidenbänder, ein paar Bücher auf dem Tisch. Ich drapiere einige Lieblingskleidungsstücke wie zufällig hingeworfen auf meinem Bett – so wie ich es bei meinem Vater gesehen habe.

Der Zug verlässt den Bahnhof, ich atme tief durch, hinter meinen geschlossenen Augen dreht sich die Welt. Plötzlich schießt eine Fantasie dazwischen: Was ist, wenn der Zugführer ohnmächtig wird? Rasen wir dann führerlos in den Abgrund? Die Tür werde ich auf keinen Fall von innen verriegeln, vielleicht klemmt sie, und ich komme nicht mehr raus hier. Ich muss den Schaffner suchen, ihm meine Befürchtungen mitteilen. Ich laufe durch den Waggon, an allen Kabinen vorbei. Die meisten Türen sind geschlossen, nur wenige stehen offen. Ich werfe einen Blick hinein. Aber der Schaffner ist nicht zu sehen. Ich laufe weiter durch die Waggons. Ich beeile mich, durch die quietschenden, wackligen Verbindungsteile mit den klemmenden Türen zu kommen, halte die Luft an. Was, wenn der Zug jetzt an dieser Stelle auseinanderbricht? Da kommt mir der kleine Mann in Uniform entgegen, er schiebt einen Getränkewagen vor sich her.

Ich habe keine andere Wahl, ich muss vor ihm den ganzen Weg zurücklaufen. Als ich vor meiner Kabine stehe, habe ich mich wieder beruhigt. Ich weiß, ich kann im Zug bleiben, ich werde in München ankommen.

Die Atmosphäre in München ist zunehmend vergiftet. Nach jedem Aufenthalt in Rom wird die Kluft zwischen Mama, Heinrich und mir größer. Mama ist mir fremd geworden. Ihre Ablehnung, ihre Feindseligkeit schmerzen trotzdem. Sie spürt die Verbindung zwischen meinem Vater und mir. Wenn wir uns begegnen, sieht sie mich an, als könne sie an meinem Äußeren etwas ablesen. Einmal starrt sie mich lange an. Dann sagt sie: »Du bist eklig!«

Mein Vater ruft mich an, stöhnt, wie sehr er sich nach mir sehnt, und fragt, ob ich Geld brauche, obwohl er mir vor der Abreise große Scheine in die Tasche gesteckt hat. Ich sage ihm, dass ich nichts mehr habe, und er verspricht, einen großen Betrag in einem Luftpostkuvert zu schicken. Ich stelle mir vor, das Geld mit meiner Freundin auf den Kopf zu hauen. Als es nach einer Woche immer noch nicht angekommen ist, frage ich bei Mama und Heinrich nach, ob sie einen Luftpost-Expressumschlag gesehen hätten. Heinrich erklärt mir kühl, dass er ihn aufgemacht und das Geld an sich genommen habe. Mein Vater würde noch Alimente schulden.

Ich kann es nicht fassen, knalle die Tür, rufe sofort in Rom an und petze schluchzend, dass Heinrich das Geld gestohlen hat. Mein Vater beruhigt mich. In Zukunft werde er diese Briefe nur noch an die Adresse meiner Freundin schicken.

Der Spiegel ist ein fester Bestandteil meines Tagesablaufs geworden. Ich betrachte mich prüfend von oben bis unten, registriere jede kleine Veränderung, schiebe meine Hüften von links nach rechts. Drehe mich um und schaue über meine Schulter. Ich finde mich hübsch. Dann bringe ich meine Puppenkinder ins Bett.

Nachts verzweifle ich über dem Gedanken, sterben zu müssen. Ich fürchte mich vor dem Tod, vor dem Nichts, vor

Bestrafung, vor Gott. Einfach vergehen, weg sein, das kann ich mir nicht vorstellen. Und mich quält die Gewissheit, schuld zu sein an all dem Schlimmen, das auf der Welt geschieht. Das Flugzeug wäre abgestürzt, wenn ich drin sitzen geblieben wäre, das weiß ich genau.

Die Spannung zwischen Mama, Heinrich und mir steigert sich zur Feindseligkeit. Beide wollen oder können mein Benehmen nicht verstehen, deuten es als reine Renitenz. Ich werde zunehmend unverschämt, beschimpfe sie als Spießer und Arschlöcher, lasse mir nichts mehr vorschreiben oder antworte einfach nicht. Ich weiß, dass ich sie mit meinem Schweigen zur Weißglut bringe – mir gibt ihre Reaktion ein Gefühl von Macht.

Eines Abends beantworte ich keine der Fragen meiner Mutter, beschimpfe sie aber mit den übelsten Ausdrücken. Da packt meine Mutter plötzlich meine alte Reitpeitsche und schlägt auf mich ein. Ich flüchte nur mit Unterhose und Hemd bekleidet ins Treppenhaus. Sie verfolgt mich rasend vor Wut, prügelt mich, als wolle sie mich totschlagen. Ich fliehe aus dem Haus zu Michaela. Ihrer Mutter ist das Entsetzen ins Gesicht geschrieben, als ich vor der Tür stehe. Die blutunterlaufenen Striemen an meinen Beinen schwellen gerade zu fetten Wülsten.

Bei Michaela kann ich ein paar Tage bleiben, danach nimmt mich meine Tante Rotraut bei sich auf. Die Wohnung meiner Mutter betrete ich nicht mehr. Währenddessen reist mein Stiefvater ins Allgäu, um das passende Klosterinternat zu finden. Das Angebot meines Vaters, die Kosten für eine teure Internatsschule in der Schweiz zu übernehmen, schlagen sie aus: »Zu weit weg, zu wenig Kontrollmöglichkeit.« Sie wissen, dass es auch mein Wunsch gewesen wäre, die American School of Switzerland zu besuchen.

Mein Vater ist außer sich über diese Entscheidung. Er schickt mir 2000 Mark in einem Brief, adressiert an die Eltern meiner Freundin. Ich beschließe, im Klosterinternat mit niemandem ein Wort zu reden, kaufe mir ein mohnrotes Lambswool-Twinset, einen rotkarierten Schottenkilt, ein

Eau de Toilette und einige Paar Schuhe: Ballerinas in rosafarbenem Lackleder, Puppenschuhe mit Riemchen und hohen Absätzen – wie bei ihm! Ich streichle über jedes einzelne Stück, bevor ich die Sachen in einen Karton packe, Paketschnur darumwickle und mit mindestens zwanzig Knoten verschnüre. Keiner darf mir meine Schätze wegnehmen. Unter der Kellertreppe im Haus meiner Tante ist ein gutes Versteck dafür. Aber ich bin unruhig. Immer wieder steige ich die Stufen hinunter, sehe nach, ob nicht ein Dieb meine Kiste gestohlen hat. Als es mich auch vom Esstisch mehrmals in den Keller treibt, fragt mich meine Tante, warum ich denn ständig aufs Klo renne.

Nachts kommt die Verzweiflung als Rabe zu mir, der seine Krallen in meine Brust bohrt. Ich muss ins Internat. Meine Mutter will mich loswerden. Dann hat die heilige Familie endlich ihre Ruhe vor mir.

Da machen Sie sich mal keine Sorgen, liebe Frau. Wir werden der Dame die Bockigkeit schon austreiben! Darin haben wir Erfahrung, wir haben schon ganz andere Fälle geknackt! Die wird sprechen, glauben Sie mir!« Die Oberin schiebt meine Mutter resolut aus der Tür. Ich stehe verloren in der Mitte des Raumes. Die Schnüre des Kartons schneiden tief ins Fleisch. Ich halte mich mit beiden Händen daran fest. Der Koffer steht neben mir, als würde er nicht zu mir gehören. Ich bin machtlos gegen den Schmerz – gerade hat mich meine eigene Mutter hier abgeliefert, lässt zu, dass mich diese fette Nonnenqualle mit ihren stechenden Schweinsaugen begafft, mich mustert mit einem sadistischen Zucken um die fleischigen Lippen. Sie wölben sich bläulich glänzend mit tiefen Rissen. Ich ekle mich vor ihr. Die gelben Zähne scheinen aus einem einzigen Block zu bestehen. Und diese Hände, schwammig und feucht, ich weigere mich, sie anzufassen. Trotz der hohen Fenster ist das Büro dunkel. Der honigfarbene Holzboden ist so glatt poliert, dass ich mich darin spiegele. Ringsum sind schwere Eichenmöbel an die Wände geschoben. Eine plumpe Kommode verschönern eine Häkeldecke in Unterhosenbeige und ein freudloses Blumengesteck zwischen zwei nie angezündeten weißen Kerzen. Darüber ein Farbfoto des Papstes im Rahmen. Mein Blick streift eine Art Schrein mit Glastür, dessen Inhalt von einem violetten enggerafften Vorhang verborgen wird, wandert zurück zum wuchtigen Schreibtisch zwischen den beiden Fenstern und bleibt an der Wand dahinter hängen: Dort hängt Jesus am Kreuz, groß und einschüchternd. Es riecht nach Kernseife und Bohnerwachs und nach dem Angstschweiß unzähliger Kinder.

Die Augen der Qualle hängen an meinem Minirock: »So, Fräuleinchen, als Erstes wirst du den Saum deines Rockes, falls man dieses ordinäre Stück Stoff überhaupt so nennen kann, herauslassen. Und zwar während die anderen Mädchen zu Abend essen! Damit du morgen früh bei der Vorstellung der Neuen im Festsaal anständig gekleidet bist. Außerdem wirst du dir jeden Morgen einen Zopf flechten. Hosen sind generell nur mit Rock darüber erlaubt. Und jetzt werde ich dir unsere Schulordnung …« Ihre Konturen, ihre Stimme verschwimmen, sie ist mir egal, alles ist mir egal, ich höre sie nicht mehr.

Ich komme zu mir, weil mein Arm weh tut. Die fetten Finger der Oberin bohren sich ins Fleisch, sie zerrt mich die Treppe nach oben, weiter durch Flure mit vielen Türen. Meine Schritte spiegeln sich im Linoleum. Vor einer Tür hält sie an, stößt sie auf, schubst mich ins Zimmer und schlägt die Tür wieder zu. »In einer Stunde gibt es Abendbrot! Danach ist dein Rock verlängert! Nähzeug befindet sich in der Tischschublade!«, keift sie von draußen.

Ich sehe mich um. Auch hier ist es düster. Ein schmaler Schlauch, jeweils zwei Betten drücken sich hintereinander an die Wand, vier Nachtkästchen, vier Holzspinde, ein Tisch in der Mitte, vier Stühle, ein Waschbecken – sonst nichts. Überall Fotos, Plüschtiere, Andenken an Familie und Freunde. Als ob das den Horror lindern könnte! Ich sinke auf einem der Betten in mich zusammen und weine hemmungslos laut. Ein Gemisch aus Tränen und Rotz läuft über Wangen und Kinn, tropft auf die Hände in meinem Schoß. Hier kann man nur sterben! Plötzlich erscheint ein Gesicht im Türspalt, rot und rund wie ein Apfel, strahlt mich an: »Wer weint denn da so laut? Du bist eine von den Neuen?« Mit dem Kopf schiebt sich ein Körper in Schwesterntracht ins Zimmer, setzt sich neben mich aufs Bett. »Ich bin Bernhardine, die Küchenschwester«, tröstet mich die warme Stimme. »Warum sitzt du hier allein im Dunkeln?«

Mehrmals öffne ich den Mund, stoße Wortbrocken hinaus, die keinen Sinn ergeben. Anscheinend hat sie mich verstanden und Mitleid mit mir. Sie hilft mir, den Rock auszuziehen, schneidet mit einer Schere in den Saum und reißt am Faden. Dann nimmt sie das Nähzeug aus der Schublade, fädelt ein, und nach wenigen Minuten hat sie den Rock verlängert. Ich staune, wie freundlich sie zu mir ist.

Nachdem ich mich wieder angezogen habe, erzählt sie mir von den Mädchen, die mit mir im Zimmer wohnen. Am Fenster links schläft Annika, sie sei sehr krank, habe oft Anfälle, auch nachts. Das müsse ich wissen, damit ich nicht erschrecke, wenn ich davon wach werde. Außerdem sind da noch Britta und Steffi, aber ich höre nicht mehr zu, fliege davon in meinen Träumen … »Du findest mich in der Küche oder im Klostergarten, wenn du mich brauchst.« Dann ist sie verschwunden.

Eigentlich will ich einfach sitzen bleiben, mich nicht mehr bewegen. Da wird die Tür aufgerissen, und die Mädchen, mit denen ich in der nächsten Zeit zusammenleben muss, trampeln herein. Sie stehen breitbeinig um mich herum, beäugen mich. Eine bohrt sich mit den Fingern in den Zähnen. Sie begutachten mich von oben bis unten, meine Sachen, alles, was neu ist im Zimmer. Sie fragen, woher ich komme, wie alt ich bin, wie ich heiße und was ich ausgefressen habe, dass ich ausgerechnet hier gelandet sei. Ich hole Papier und Stift unter dem Kopfkissen hervor und schreibe nur das Nötigste. Sie wechseln halb belustigte, halb mitleidige Blicke. Eine fragt: »Bist du stumm?« Ich schüttle den Kopf. »Warum sprichst du dann nicht?« Ich gebe keine Antwort. Nach mehreren Anläufen, mehr aus mir rauszulocken, trollen sie sich beleidigt. Sie lassen sich auf ihre Betten fallen und beachten mich nicht mehr. Mir ist das nur recht.

Trotz allem habe ich plötzlich großen Hunger. Aber es gibt nichts mehr, die Küche ist geschlossen. Mir fällt Bernhardine ein, die Küchenschwester. Sie hat gesagt: »Wenn du mich brauchst …« Ich brauche sie sehr in diesem Moment, aber ich traue mich nicht. Und bei diesen Ziegen werde ich ganz bestimmt nicht um ein Stück Schokolade betteln! Irgendwann füge ich mich in mein Schicksal, rolle mich auf der Decke vollkommen angezogen zusammen und schlafe, bis ein grellgelber Blitz durch meinen Kopf fährt. Es ist die elektrische Klingel, gellend laut, mit der man hier geweckt wird. Mit einem Ruck sitze ich aufrecht auf dem Bett. Die schweißnassen Kleider kleben an mir wie eine zweite Haut. Getrocknete Rotze im Mundwinkel. Wieder schüttelt mich der Schmerz und die Sehnsucht nach meiner Mama. Viel Zeit dafür bleibt mir nicht. Aufstehen, Gesicht waschen, Haare zusammenbinden, angezogen bin ich ja schon. Der Rock reicht mir jetzt bis übers Knie, es sieht beschissen aus!

Irgendeine hakt sich bei mir unter, schleift mich in den Speisesaal: hohe Decken, der überlebensgroße Jesus ans Kreuz genagelt. Die langen Tische sind alle besetzt. Kalt ist es hier drin, es erinnert mich an eine Kirche. Man weist mir einen Stuhl zu, überall Mädchen, die Brot, Butter, Marmelade in sich reinstopfen und Malzkaffee trinken. Der Geruch von Kernseife und Unschuld widert mich an, aber das unbekümmerte Schnattern und Klappern versöhnt mich etwas. Ich fühle mich so fremd hier! Warum hat Mama mich hier abgeliefert, abgestellt wie ein Möbelstück, das sie nicht mehr braucht, auf den Sperrmüll geworfen. Mein Hals ist völlig zu, ich kann nichts essen. Viele Augenpaare glotzen mich an, es wird geflüstert. Ich tue so, als würde ich es nicht bemerken.

Eine Klingel bestimmt das Ende der Mahlzeit. Alle Mädchen stehen auf, stapeln ihr Geschirr, traben damit zur Küche. Ich mache es ihnen nach. »Hände waschen, Betten machen, dann alle in den Festsaal zur Vorstellung der Neuen!«, verordnet die schneidende Stimme einer Betschwester. Im sogenannten Festsaal sind einige Sitzreihen aufgestellt. Ganz vorne gähnt eine Bühne, auf der sich zehn Stühle verlieren. Schon wieder Jesus am Kreuz, dieses Mal baumelt er an Seilen von der Decke. Neun Mädchen nehmen nacheinander ihre Plätze auf der Bühne ein. Sie wissen wohl schon, wie hier alles funktioniert. Ein Stuhl ist noch leer. Ich schlendere mit gespielter Lässigkeit dorthin. Die Oberin hält eine Ansprache, ich höre nicht zu. »Mein Name ist Bettina Moorbach, und ich komme aus Kempten!« Die Erste in der Reihe ist aufgesprungen, tritt hilflos von einem Fuß auf den anderen und nimmt verlegen wieder Platz. Als ich dran bin, bleibe ich sitzen, hole Papier und Stift aus meinem Ärmel, schreibe Pola Nakszynski darauf und halte den Zettel in die Höhe. Die Oberin schluckt: »Steh auf und sag uns, wie du heißt und woher du kommst!« Ich erhebe mich betont langsam, halte erneut das Papier hoch. Stille im Saal. »Zum letzten Mal: Du sagst jetzt laut und deutlich deinen Namen und deine Herkunft!«, keift die Nonne. Kein Ton kommt über meine Lippen. Der Koloss bebt, ich halte ihrem Blick stand. »Raus!«, schreit sie. Ihre Stimme überschlägt sich. »In dein Zimmer! Das wird Konsequenzen haben!« Ich schlendere Richtung Ausgang, unterdrücktes Kichern begleitet mich hinaus.

Im Zimmer bin ich allein. Ich ziehe die Bluse aus und falte sie Kante auf Kante zusammen. Dann hole ich meinen Karton unter dem Bett hervor, reiße an den Schnüren, bis sie zerspringen, und wühle meinen Kopf in Cashmere-Twinset, Schottenkilt und schwarze Schlaghosen. Gierig atme ich den Duft nach Wolle und Parfüm ein. Dann lege ich mich neben den Karton auf den Boden, streiche mit den Fingerspitzen der linken Hand über die Haut meines rechten Armes, ganz zart, von oben nach unten, dann umgekehrt. In letzter Zeit mache ich das öfter. Ich schließe die Augen und genieße das schöne Gefühl, gestreichelt zu werden.

Es klingelt zum Schulaufbruch. Erschrocken springe ich auf und beeile mich mit dem Anziehen: Ich werde heute zum ersten Mal das Twinset tragen und die Schlaghose. Rock darüber sieht lächerlich aus, aber besser als gar keine Hose. Und Schlaghose muss sein!

Die Klosterschule mit Internat liegt am anderen Ende der Stadt auf einem Hügel. Da dort im Moment kein Platz frei ist, sind alle neuen Schülerinnen hier im Heim für berufstätige Mädchen und junge Frauen untergebracht. Bis zur Schule sind es zwanzig Minuten. Wieder werde ich untergehakt und diesmal durch die Straßen Kaufbeurens geführt. Viel Interessantes kann ich nicht entdecken: spießige Häuser, spießige Geschäfte, spießige Menschen. Vielleicht werde ich die Eisdiele im Ortszentrum mal aufsuchen.

Vor dem Klostertor bleibe ich stehen, will nicht weitergehen, muss von den anderen geschubst und gezogen werden. Ein Strom von Mädchen wälzt sich durch das hohe Treppenhaus. Hier drin riecht es noch penetranter nach Kernseife und Unschuld. Als ich das Klassenzimmer betrete, weiß ich: Wir sind nicht auf der Erde, um Spaß am Leben und Lernen zu haben, sondern um zu büßen und zu leiden. An den gelblich beigen Wänden hängt kein einziges Bild, im Raum nur Stühle, Bänke, ein Lehrerpult, eine Tafel. So traurig wie hier hat Jesus am Kreuz noch nie ausgesehen. Unter ihm steht eine Lehrnonne, klein, mager, eine Gräte. Ihre Mundwinkel hängen bis zum Knie, sie trägt den Karfreitag im Gesicht. Natürlich muss ich in der ersten Reihe sitzen. Natürlich ruft sie zuerst mich auf. Ich bleibe sitzen, sage nichts. Nach mehreren vergeblichen Aufforderungen holt sie die Rektorin, eine noch fettere Qualle als die Oberin im Heim, mit noch stechenderen Augen. Sie droht und droht und droht mit immer noch Schlimmerem. Ich presse die Lippen aufeinander, lehne mich zurück. Das macht sie rasend. Sie stürzt auf mich zu: »Du wirst jetzt sofort nach Hause gehen ins Heim, dich bei der Frau Oberin melden und ihr mitteilen, dass du eine Woche Stubenarrest hast! Und dann kannst du dir überlegen, ob du in Zukunft den Mund aufmachst.« Ihr Krötengesicht kommt gefährlich nah an mich heran, ich rieche ihren schlechten Atem. »Glaub mir, Fräuleinchen, dich werden wir knacken!« Dann packt sie mich am Arm und wirft mich aus der Klasse. Meine Schultasche rutscht mir auf dem Linoleumboden hinterher.

Auf dem Weg zurück lasse ich mir Zeit. Ich studiere die Schaufenster der spießigsten Geschäfte, schaue jedem Hund und jedem Kinderwagen nach, und in der Eisdiele Stromboli bestelle ich den größten Eisbecher auf der Karte. Was habe ich denn zu verlieren? Ich muss die Zeit, die mir noch in Freiheit bleibt, genießen!

Als ich im Heim ankomme, sind schon alle telefonisch informiert. Standpauke, Stubenarrest, Strafarbeiten. Bernhardine ist wie die zwölfte Fee bei Dornröschen. Sie mildert jede Sanktion, die über mich verhängt wird mit ihrer Güte, tröstet mich, wenn ich weine, lässt mich während meines Stubenarrests doch raus, damit ich meinen Vater anrufen kann. Das ist die offizielle Version, aber sie weiß, dass ich die Zeit nutze, um in die Stadt zu laufen. Diese wird zum Angelpunkt all meiner Gedanken, Träume, Sehnsüchte. Bernhardine ist meine Komplizin. Meist ist die Haustür angelehnt, damit ich unbemerkt hineinschleichen kann, wenn ich abgehauen bin oder zu spät nach Hause komme. Sie hat auch die Aufsicht über die Studierzeit am Nachmittag, verrät mich aber nie, wenn ich nach der Pause nicht mehr erscheine und stattdessen herumstreune. Mein Lieblingsort ist die Eisdiele Stromboli. Dort lerne ich auch die Typen kennen, mit denen ich knutschend in Hauseingängen oder Treppenhäusern von Hausfrauen und anderen frommen Bürgern der Stadt erwischt und an die Oberin verpetzt werde. Die bestraft mich wieder mit Stubenarrest …

Bernhardine ist der einzige Mensch im Internat, mit dem ich spreche. Allen anderen gebe ich nur knappe Antworten oder sage gar nichts. Selbst mit den Kerlen, die ich heimlich treffe, wechsle ich kaum ein Wort. Sie begehren meinen Körper, ich fordere dafür Aufmerksamkeit und Zärtlichkeit. Wenn einer mich anfasst, fühle ich mich am Leben. Ich werde geliebt. Wir küssen, wir streicheln uns, ich reize ihn immer mehr, wir steigern uns von Treffen zu Treffen, und wenn er sich vor Lust nicht mehr halten kann, bin ich verschwunden. Dann überkommt mich eine unbeschreiblich tiefe Traurigkeit, ich fühle mich benutzt, bin eine leere Plastiktüte. Anfangs flehe ich Mama noch an, mich bitte, bitte, bitte wieder abzuholen, ich sei so unglücklich, so verzweifelt hier! »Das hast du dir selbst zuzuschreiben«, ist ihre Antwort. Meine Briefe werden weniger. Das Bild meiner Mutter wird unschärfer, verblasst. Bald denke ich kaum noch an sie.

Wenn es mich zu Bernhardine zieht, warte ich an der Küchentür, bis sie mit ihrer Arbeit fertig ist, oder suche sie im Klostergarten. Meist finde ich sie dort kopfüber in einem Beet graben. Ich betrachte sie so gerne, mit welcher Hingabe sie jede einzelne Blume pflegt. Wenn sie mich bemerkt, strahlt mich ihr Sonnengesicht breit an, und sie winkt mich zu der Bank an der hohen Gartenmauer. Dort sitzen wir über ihren Korb gebeugt, ich eng an Bernhardine geschmiegt, und sie erklärt mir jedes Kraut und seine Bestimmung, führt mich ein in die Welt der Heil- und Giftpflanzen. Mich fasziniert der schmale Grat zwischen Heilung und Vergiftung. Eine Spur zu viel, und die Wirkung führt zum Tod. Ich erschrecke über mich selbst.

Das Leben im Kloster ist eintönig und lähmend: aufstehen, waschen, beten in der Kapelle, Frühstück, Betten machen, Schule, Mittag essen, Zimmer aufräumen, Hausaufgaben, Abend essen, beten, ins Bett. Und jeden Montag nach dem Abendessen Silentium, das heißt bis 22 Uhr Sprechverbot. Das fällt mir ja nicht schwer! Bis jetzt halte ich mein Schweigen durch.

Eines Morgens stehe ich kurz vor dem Frühstück immer noch in Unterwäsche vor meinem Schrank und wühle in meinen Klamotten. Ich kann mein Lieblingskleid nicht finden. Eine Betschwester raschelt heran, der Rosenkranz an ihrem Gürtel schwingt hin und her, der Schlüsselbund rasselt. »Ei, was ist denn das! Hopp, hopp, zieh dich an!«, schnarrt sie durch die offene Tür. In zwei Schritten ist sie neben mir, starrt in das Chaos im Schrank, greift in die Haufen und reißt alle Kleidungsstücke auf den Boden. »Nach dem Frühstück räumst du den Schrank neu ein! Stück für Stück! Kante auf Kante! So eine Sauerei!«

»Blöde Ziege!«, fluche ich tonlos.

»Ja, hörst du schlecht, du sollst dich anziehen!«, blökt sie. Statt zu gehorchen, ziehe ich Papier und Stift aus der Unterhose und schreibe: Mein Kleid ist weg!

»Was heißt hier weg?« Ich zucke die Schultern. Sie denkt kurz nach: »Komm mal mit!«, läuft ins Zimmer nebenan, steuert auf ein Bett zu, schlägt die Decke zurück. »Ist es das?« Ein zitterndes Mädchen liegt da, steif wie ein Stock, die Arme an den mageren Körper gepresst, sie trägt mein Kleid. Die Schwester zerrt die Arme aus dem Bett, schlägt ihr ins Gesicht, mehrmals. Ich kann das nicht ertragen, renne in mein Zimmer. »Du ziehst das sofort aus, du wirst es der Besitzerin gewaschen und gebügelt zurückgeben! Das gibt acht Wochen Stubenarrest!«, höre ich die Betschwester bellen. Die Schläge, die schneidende Stimme – ich spüre die heimliche Lust der Nonne. Das Mädchen weint leise. Ich will das Kleid nicht mehr zurück.

Es kostet mich viel Kraft, nicht zu sprechen. Nicht die Nonnen haben meinen Willen gebrochen, sondern das Leben verspricht mir, erträglicher zu werden, wenn ich das Schweigen beende. Ich schicke Hilferufe nach Rom oder an den Ort, an dem sich mein Vater gerade aufhält. Vom Münzapparat aus melde ich R-Gespräche an, er ruft immer zurück. Ich klage über die Zustände im Internat, dass ich es hier nicht mehr aushalte und abhauen oder mich umbringen werde. Mein Vater tobt. Er verspricht mir, mich rauszuholen, beschwört mich aber, bis zum Ende des Schuljahres durchzuhalten.

Bald würde ich ja zu ihm kommen und dann würde er mich nicht mehr weglassen.

Heute habe ich Geburtstag, das muss gefeiert werden! Wie so oft habe ich Hausarrest. Egal, dann steigt die Party eben hier drin im Knast. Ein Freund besorgt mir eine Flasche Cinzano. Nach dem Abendessen, als die Luft rein zu sein scheint und alle Betschwestern zur Messe geeilt sind, hole ich die Flasche aus dem Versteck und verziehe mich mit Geli, einer Leidensgenossin – sie hat auch Hausarrest –, in deren Zimmer. Anfangs sitzen wir nebeneinander hinter der Tür auf dem Boden und nippen vorsichtig an ihrem Zahnputzbecher. Es schmeckt süß und ekelhaft, aber wir wollen doch meinen Geburtstag begehen. Geli packt die Flasche, prostet mir zu, trinkt einen großen Schluck – sie schüttelt sich. Ich mache es ihr nach, unterdrücke den Würgereiz. Wir drehen das Radio lauter, fangen an zu tanzen, trinken abwechselnd aus der Flasche. Das Zeug schmeckt immer besser. Wir drehen uns eng umschlungen, singen laut mit den Rolling Stones »Angie!« und saufen, bis die Flasche leer ist. Plötzlich hallt eine Stimme von weit her: »Was ist denn hier los!« Das Radio verstummt schlagartig. Verschwommen sehe ich einen Pinguin, der aufgeregt schnattert: »Sofort ins Bett!« Ich platze vor Lachen, torkle hinter dem Tier her in den Flur. Jetzt fängt es schon wieder an zu zetern. Das ist dermaßen komisch, ich kann mich nicht mehr aufrecht halten, falle der Länge nach vor dem Pinguin platt auf den Boden. »Pfui! Du bist ja vom Teufel besessen!« Der Körper bäumt sich, ein Ruck, Röcke werden gerafft, der Rosenkranz tobt am Gürtel, der Koloss setzt sich in Bewegung, die gestärkten Stoffmassen knattern wie ein Segel im Wind. Wogendes Fleisch, umflattert von schwarzen Tüchern, wälzt sich in Richtung Kapelle und zieht eine Schleppe von Kernseife und Kamillentee hinter sich her. Die Nonnenschuhe machen tock-tock. Dann weiß ich nichts mehr.

Morgengeräusche schmerzen. Was ist das für ein Gestank? Wo bin ich? Lastwagen fahren durch meinen Kopf. Meine Augen verkrustet, mein Gesicht, meine Haare verschmiert mit Schleim und Brocken. Ich klebe am Kissen fest. Es stinkt so bestialisch, wie ich es noch nie gerochen habe. Langsam tauche ich auf aus meinem Dämmerzustand: Ich schwimme in meiner Kotze!

Mir ist sterbensübel. Meine Augen bewegen sich in nervösen Zuckungen unter den Lidern. Vergeblich versuche ich sie zu öffnen. Ich lasse sie lieber zu. Das Zimmer dreht sich wie ein Karussell. »Steh auf! Wir müssen zur Schule! Es ist schon spät!« Eine Zimmernachbarin schüttelt mich an der Schulter. Mit der Kraft meiner beiden Arme richte ich mich auf, schaue mich um. Das Drehen wird schneller, ich bin ein Kreisel. An den Rändern des Gesichtsfeldes trudeln Gestalten vorbei, Trugbilder. Versuche ich, sie zu fassen, ist da nichts. »Geh und dusch dich, wir müssen in zwanzig Minuten los!«

Vorsichtig, Zeh für Zeh, stelle ich die Füße auf den Boden. Die Kühle kriecht von den Sohlen hinauf zu den Schläfen, meine Augenhöhlen schmerzen. Da gibt der Boden plötzlich nach, ich krache gegen das Kopfteil, falle zurück ins Bett. Jemand zieht mich hoch, stützt mich über den Flur in den Duschraum. Ich sehe nichts als Dampf. Mir wird schwindelig, ich kann nicht stehen. Meine Helferin setzt mich direkt unter einen Brausekopf, dreht die Hähne auf. Fast bleibt mein Herz stehen, der erste Strahl ist eiskalt! Ich schreie wie am Spieß. »Halt doch den Mund! Willst du, dass alle Betschwestern zusammenlaufen?!«, zischt sie. Der Inhalt einer Shampooflasche ergießt sich auf meinen Kopf, brennt in meinen Augen. Finger kratzen energisch über meine Schädeldecke. Dann spülen sie meine Haare notdürftig aus, werfen mir ein Handtuch ins Gesicht und schieben mich zurück ins Zimmer. Dort wird mir ein heulender Fön entgegengehalten. Ich will ihn greifen, da verstummt er. Eine Krähe mit flatternden Flügeln, nein, die Oberin hat das Kabel aus der Wand gerissen, baut sich bedrohlich vor mir auf: »Du wirst mit nassen Haaren in die Schule gehen! Wenn du krank wirst, dann ist das Gottes Strafe!« Ich fange schallend an zu lachen, wie eine Verrückte, kann nicht aufhören. Als hätte sie den Teufel gesehen, rafft die Nonne ihr Gewand zusammen, Fleischmassen geraten in Schwingung, und mit zum Himmel erhobenen Armen flieht sie in die Kapelle. Ich lache immer noch.

Vor dem Fenster fallen jetzt dicke Schneeflocken. Meine Arme werden in Mantelärmel gestopft, Hände bemühen sich, mir Stiefel anzuziehen, die triefenden Haare verstecken sie unter einer Wollmütze – sie stinken immer noch! Rechts und links untergehakt, werde ich durchs Schneegestöber den Berg hinaufgezogen. Die Flocken schmelzen auf meinem Gesicht, es tut mir gut. Geli überholt mich, sie sieht ziemlich schlecht aus. Ihre gebleichten Haare hängen ihr fettig ins Gesicht wie Schnittlauch. »Da oben melden wir uns sofort krank und legen uns in die Krankenstation. Gefährliches, höchst ansteckendes Virus! Ich kann nicht mehr«, flüstert sie mir zu. Ich nicke und muss schon wieder lachen.

In der Schule schlafen wir während der Unterrichtszeit auf einer Bahre in der Krankenstation unseren Rausch aus. Der Alkoholexzess wird zum Skandal im Kloster. Jede Nonne, jeder Pfarrer, jede Putzfrau, alle wissen davon. Sie treten einen Schritt zur Seite, wenn sie mir begegnen. Bin ich vorbei, glotzen sie mir nach, zerreißen sich das Maul. »Hure!«, zischen sie oder: »Die ist vom Teufel besessen!« Nur Bernhardine schaut mich traurig an: »Musste das sein?«

Es folgen noch mehr Ausgangssperren, noch mehr Stubenarrest.

Etwa vier Wochen vor den Sommerferien halte ich es nicht mehr aus, packe wahllos ein paar Klamotten in einen Plastiksack und verlasse das Wohnheim. Bernhardine stecke ich ein Briefchen ins Kräuterbeet. Ich laufe zum Bahnhof und kaufe eine Fahrkarte nach München, einfache Fahrt. Dort angekommen, klingele ich bei meiner Freundin Michaela. Sie starrt mich verdutzt an, als ich sie noch vor der Begrüßung frage, ob ich bei ihr wohnen kann. Dann erscheint Michaelas Mutter, sie hat Mitleid mit mir, nimmt mich in den Arm und führt mich in die Wohnung.

Das Leben hier ist in Ordnung, alles stimmt. Morgens, nach dem Baden, öffnet meine Freundin ihren Barockschrank. Ein Anblick wie im Märchen: Hemdchen, Höschen, Blusen, Pullover Kante auf Kante in Fächer geschichtet. Es riecht nach blütenfrischer Unterwäsche, nach weißen Kniestrümpfen, nach heiler Welt. Michaela wählt mit spitzen Fingern die Kleidung für den Tag. Ich staune mit offenem Mund, bewundere sie, denn ich schnappe mir immer nur, was mir gerade zwischen die Finger kommt, und werfe es mir über. Vor allem aber: Ein Leben in solch einer Geborgenheit und Ordnung wünsche ich mir auch.

Michaelas Mama spricht mit meiner Mutter und meinem Stiefvater, bietet den beiden an, dass ich bei ihnen bleiben könne, bis ich nach Rom fahre. Anfangs sind sie empört über meine Unverfrorenheit, einfach aus dem Internat auszureißen und bei Fremden unterzukriechen. Aber welche Alternative gibt es? Schließlich räumen sie ein, dies sei »die sauberste Lösung«. Sie sind mich los, und ich bin sicher untergebracht.

Der Expressbote bringt ein Luftpostkuvert aus Rom, adressiert an Signorina Pola Nakszynski, c/o Familie K. Es ist sehr dick. Ich rieche dran, versuche zu ertasten, was drin ist, reiße es schließlich gierig auf: Ein Flugticket erster Klasse und 2000 Mark für mich zum Ausgeben. Für drei Wochen! Ich spüre die Sonne, kann Rom schon riechen! Als Erstes locke ich Michaela in die Stadt, kaufe ihr Schuhe, ein Kleid, Geschenke für ihre Eltern. In der Eisdiele bestellen wir uns die größten Eisbecher und schmieden Pläne für die nächsten Wochen. Michaela muss zwar noch in die Schule gehen, aber nachmittags bereiten wir uns das Paradies. Geld genug haben wir ja. Nur ins Schwimmbad gehe ich nicht mehr gerne. Ich mag mich nicht ausziehen, denn ich fürchte, dass die Lippen meines Vaters, jede seiner Berührungen sichtbar sind auf meiner Haut.

Ich habe mich daran gewöhnt, allein durch die Welt zu fliegen, meinem Vater hinterher, und fühle mich ziemlich selbständig. Heute habe ich sogar vergessen, Angst zu haben. Kaum habe ich meinen Kakao getrunken, setzen wir auch schon zur Landung an.

Erhaben wie eine Königin schreite ich die Gangway hinunter. Die Augustsonne brennt vom Himmel, mir ist heiß, natürlich bin ich wieder viel zu warm angezogen. Mit den anderen warte ich am Gepäckband auf meinen Koffer. Dann gehe ich durch die Absperrung beim Zoll und lasse mich durch die Halle treiben. Am liebsten würde ich jetzt an der Bar einen Espresso trinken und mindestens zwei Zigaretten rauchen. Das macht man nämlich so mit fünfzehn Jahren, wenn man allein unterwegs ist.

Da entdecke ich in der Menge Babbo, Biggi und Nastja, die mir heftig winken, lachen und vor Freude kleine Tänzchen aufführen. Sie stürmen mir entgegen, umarmen und küssen mich alle gleichzeitig und erzählen mir, dass wir in eine neue Wohnung fahren.

Draußen wartet der Wagen meines Vaters, ebenfalls neu: ein schwarz funkelnder Rolls-Royce Silver Cloud, eine Limousine so hoch und breit wie ein Haus. Um hineinzugelangen, müssen wir ein Treppchen hochklettern. Der Innenraum ist mit vanillefarbenem, duftendem Leder ausgeschlagen.

Meine Schwester und ich nehmen gerade auf dem Luxussofa hinten Platz, da setzt mein Vater dieses Schiff derart ruckartig in Bewegung, dass wir mit großer Wucht in die Polster gedrückt werden. Ich genieße es, darin zu versinken, immer tiefer zu rutschen. Aber selbst als nur noch mein Kopf auf der Sitzfläche liegt, ich ein Bein auf den Boden stelle, das andere waagrecht in der Luft halte und die Fußspitze strecke wie eine Balletttänzerin, kann ich den Sessel gegenüber nicht berühren. Schnell schlüpfe ich aus Strümpfen und Schuhen und streichle mit den nackten Füßen den seidenweichen Teppichboden. Besonders aufregend finde ich die Knöpfe und Schalter in der Türverkleidung. Drücke ich kurz den einen, öffnet sich leise surrend ein Fenster, ein anderer lässt es anhalten, ein dritter schließt es wieder. Ich muss sie alle ausprobieren. Mal heben und senken sich die Sessel, mal fährt einer in Zeitlupe nach vorne, dann wieder zurück. Auch die Bar aus rötlichem Wurzelholz und blank wie ein Spiegel reagiert auf Knopfdruck. Kristallgläser erheben sich vor uns und verschwinden wieder. Ich kann nicht aufhören zu spielen. Plötzlich setzt sich behäbig die Trennscheibe zwischen Fahrer- und Fahrgastraum in Bewegung. Mein Herz hört auf zu schlagen. Mit zittrigen Fingern versuche ich dies rückgängig zu machen, kann aber den entsprechenden Schalter nicht finden. Erbarmungslos strebt die Scheibe nach oben und rastet schließlich geräuschvoll ein. Mein Vater schleudert die Mähne, funkelt bitterböse und gestikuliert in unsere Richtung. Da ich durch das Glas nichts hören kann, hat diese grimassierende Fratze etwas ungeheuer Komisches, aber mir ist nicht zum Lachen.

Meine Schwester und ich drücken uns tief in die Kissen und schmiegen uns aneinander. Draußen fliegen Häuser, Bäume, Kirchen, auch das Kolosseum vorbei. Mein Vater bremst ab, und das Schiff schaukelt durch ein Portal in einen verwunschenen Park. Uralte riesige Bäume, aufgereiht wie ein Empfangskomitee, begrüßen uns. Die Äste verschlingen sich ineinander und wachsen in den Himmel. Einige von ihnen haben es sich anders überlegt und stürzen kopfüber zurück auf die Erde. Ich bin in einem Zaubergarten: Pflanzen dicht an dicht, nur wenn der Wind sie sachte streift, geben sie für einen Wimpernschlag den Blick frei auf die Häuser dahinter. Die Karosse kommt vor einem weißen Tor zum Stehen. Ich bin wieder angekommen in der Welt meines Vaters.

Säle, kühl, hell, edle Möbel aus dem 18. Jahrhundert, eine Barockbank, ein paar Stühle bezogen mit silbrig grüner Seide, auf der sich Paradiesvögel präsentieren. Überall kleine Tische mit Büchern darauf, aufgeschlagen hingeworfen, als wäre der Leser gerade unterbrochen worden. Von den Wänden schauen überlebensgroße Fotos meines Vaters in Goldrahmen auf mich herab. Eine Marmortafel, blutrot, meterlang, auf weißen goldverzierten Beinen. Sechs Esstischstühle darum herum, im selben Stil und mit ebenso roten Seidenpolstern. Sie sehen aus, als seien sie nur zum Anschauen da, viel zu zart und fein, als dass sie die Last eines Menschen tragen könnten. Benommen von dieser Pracht, gehe ich weiter. Ein Schrankkoffer aus weißer Tierhaut, der fast einen ganzen Raum einnimmt, steht aufgeklappt da, einige Schubladen halb herausgezogen. Kleidungsstücke achtlos darübergeworfen, als wäre gerade einer von der Reise zurückgekommen. Mein Vater zieht mich weiter, zeigt mir mein Zimmer. Es ist eingerichtet wie alle anderen Schlafzimmer: ein Bett, dessen Kopfteil schmiedeeiserne Blumengirlanden zieren. Ein Überwurf aus verschwenderisch bemessenem Damast, auf dem sich fette Putten im Überfluss des Lebens wälzen und den Betrachter locken, auch davon zu naschen. Die dazu passenden Vorhänge schleifen über den Boden. Noch ein Barockstuhl, ein Tischchen mit einer Lampe und Stapel von Manesse-Bänden, Dostojewski, Gorki, Tschechow, Poe, Dickens. An der Decke ein Lüster, sonst nichts.

Ich drehe mich um. Mein Vater durchwühlt meinen Koffer. Er nimmt jedes Stück einzeln heraus, hält es hoch, findet es hässlich und schleudert es verächtlich von sich. Obwohl dieses Ritual ein fester Bestandteil meiner Ankunft ist, bin ich jedes Mal fassungslos. Er zieht mich wie immer auf seinen Schoß, küsst mich auf Augen, Stirn, Mund und flüstert: »Mein Püppchen, ich kaufe dir die schönsten Kleider der Welt!« Ich drücke mich von ihm weg, aber er lässt mich nicht los: »Mein Engelchen, ich bin verrückt geworden vor Sehnsucht nach dir! Du musst zu mir ziehen!«, raunt er. Seine Zunge bohrt sich in mein Ohr, sie ist nass. Dann sucht sie meinen Mund, und plötzlich weiß ich nicht mehr, warum ich unbedingt hierherkommen wollte.

Wie eine Katze warte ich auf den richtigen Moment, dann springe ich von seinem Schoß. Seine Arme hängen schlaff an ihm herunter, er sieht mich gekränkt an. Ich renne ins Bad, schließe zweimal ab. Plötzlich überfällt mich schreckliche Angst, meine Mutter nie mehr wiederzusehen. Die Stimme meines Vaters reißt mich aus meinen Gedanken: »Poljitschka, komm!« Mir bleibt nichts anderes übrig, ich trabe bockig in die Küche. Dort haben sich die anderen schon versammelt. Das Abendessen wird heute im Stehen zelebriert. Auf einer Anrichte liegen Papierpäckchen, ungeduldig aufgerissen, mit verschiedenen Sorten von gekochtem und rohem Schinken, Räucherlachs, feinstem Käse, dazu Trauben, Bananen und Weißbrot. Mein Vater greift geschickt nach den Schinkenscheiben, die so hauchdünn und durchsichtig sind, dass sie zerfallen, und lässt sie in seinen Mund gleiten. Die Stimmung scheint sich wieder verbessert zu haben, also angle ich mir auch einen Fleischfetzen, spanne ihn zwischen meine Finger und lache meinen Vater wie durch ein Fenster an. Das ist auch wieder falsch, ich werde ausführlich belehrt, dass man mit Lebensmitteln so nicht umzugehen hat. Mir vergeht der Appetit, der Schinken fällt zurück. Ich klage über Kopfschmerzen und verabschiede mich ins Bett. Mein Vater mault mir etwas hinterher, aber es interessiert mich nicht mehr. Lange noch liege ich wach, Bilderketten ziehen wie Sturmwolken durch meinen Kopf.

Ich komme zu mir, weil ich spüre, dass mir jemand schrecklich weh tut. Ich wälze mich zwischen den Kissen, sehe schemenhafte Umrisse. Da wird mir klar, dass es mein Vater ist, der mich quält. Das Nachthemd klebt an mir, ich habe Angst. Ich rutsche an den äußersten Rand der Matratze, dränge mich an die Eisenblumen. Sie bohren sich in mein Fleisch. Wie ein gieriges Tier kriecht er auf mich zu, kommt näher, ich höre sein Keuchen. Er sucht meinen Körper, findet einen Fuß, ein Bein. Seine Hände tasten, grapschen nach mir. Sie packen den Bund der Unterhose und entblößen mich mit einem Ruck. Ich rieche den Nikotinatem, mich ekelt, ich sträube mich, stemme mich gegen ihn. Er ist stärker. Er kniet auf meinen Armen, presst seine Hand auf mein Gesicht. Meine Kraft schwindet unter ihm. Im Badezimmer höre ich meine Stiefmutter in der Wanne plantschen, sie pfeift ein Lied. Mir wird übel. Ich bin schuld! Was er mit mir macht, darf er nur mit ihr tun. Die Schmerzen werden stärker. Jetzt höre ich kein Plantschen, kein Pfeifen mehr. Die Welt ist stumm. Ich spüre mich nicht mehr.

Ich stehe am Ufer eines Flusses. Ein Holzkahn ist an einem Baumstamm angebunden. Er schaukelt im Wasser. Ich steige hinein. Da löst sich der Strick, der Kahn wird mitgerissen, trudelt wie eine Nussschale dem Abgrund entgegen. Die Strudel verschlucken das Boot mit mir.

Ich erwache von meinem eigenen Schrei. Es ist heiß, das Laken ist klatschnass. Allmählich schwimme ich an die Oberfläche. Da höre ich ein Trällern: »Buona mattina, tesoro!« Ich blinzle und schaue in ein lachendes Harlekinsgesicht: lustige Augen, weiße lange Haare und weit auseinanderstehende Vorderzähne. Das zierliche Männlein balanciert ein Tablett auf einer Hand, dreht es nach rechts, dann nach links und stellt es schließlich auf dem Tisch neben mir ab. In einer goldenen Schale duftet Kaffee, daneben mit rosafarbenem Zucker bestäubte Biskuits, Brötchen und Schälchen mit Marmelade.

»Buon appetito«, wünscht er, dann nimmt er Anlauf zum Fenster, rafft den Vorhang auf die Arme und wirft ihn mit Schwung auseinander – fast drückt ihn das Gewicht zu Boden. Das Männlein zwinkert mir verschmitzt zu und trippelt hinaus. Mir fällt ein, dass mein Vater etwas von einem neuen Diener erzählt hat.

Die Biskuits reizen mich. Ich tauche eines in den Kaffee, nicht zu lange, damit es nicht abbricht und sich in der Flüssigkeit auflöst. Dann lasse ich es auf der Zunge zergehen. Jetzt untersuche ich das Brötchen. Es hat die Form eines Balles, der rundherum eingeritzt ist, darauf sitzt ein Teigdeckel. Mit dem Zeigefinger bohre ich hinein und biege ihn auf, um zu sehen, was drin ist: Das Ding ist völlig hohl. Es langweilt mich, und ich lasse mich zurück in die Spitzenkissen fallen. Meine Gedanken kreisen um den Diener. Nikolai heißt er, hat mein Vater gestern gesagt und: »Früher war er Künstler beim Varieté. Außerdem ist er schwul.« Ich glaube, ich mag ihn.

Von draußen ist geschäftiges Klappern zu hören und ein Gewirr italienischer Stimmen. Ich verstehe kein Wort. Vielleicht Lieferanten? Jetzt fällt mir wieder ein: Heute Abend lädt mein Vater zu einer Party, ein paar Freunde werden kommen. Ich kann mir nicht vorstellen, dass mein Vater auch nur einen einzigen Freund hat.

Mein Schwesterlein krabbelt zu mir unter die Decke. Ich habe gar nicht bemerkt, dass sie hereingekommen ist. Wir kuscheln und sind froh, dass wir uns haben. Irgendwann erzählt sie mir, dass Papa und Mama in die Stadt gefahren seien, um etwas zu besorgen, und dass wir uns baden und anziehen müssen. Mit einem Satz springe ich auf, ziehe Nastja aus den Decken, tobe mit ihr durch die Wohnung. Herrlich, dass unser Vater nicht da ist! Wir hopsen ausgelassen von Zimmer zu Zimmer, singen und jubeln, bis wir völlig außer Atem zu Boden sinken. Nikolai flattert besorgt herbei, hilft uns auf die Beine, die immer noch schwach vom Lachen sind. Es ist schon lange nach Mittag, wir müssen uns jetzt unbedingt herausputzen! Bestimmt kommen sie gleich zurück, und dann platzt die Blase aus Zorn und Gebrüll.

Kurz darauf liege ich unter einem Gebirge aus Schaum,

aus dem nur meine Nasenspitze herausschaut. Aus goldenen Drachenköpfen sprudelt heißes Wasser. Wohlig drehe ich mich nach links, nach rechts, fühle mich schwerelos, da höre ich ihn. Die Stimme kommt näher – jetzt ist er in meinem Zimmer. Ich mache den Hals ganz lang und lausche angestrengt in seine Richtung, höre das Rascheln von Papier und das Knacken von Kartons. Ich traue mich kaum zu atmen, denn er darf mich auf keinen Fall in der Wanne finden. Gott sei Dank entfernen sich seine Schritte wieder. Hals über Kopf hechte ich aus dem Wasser, eine beachtliche Welle schwappt auf die Fliesen, trockne mich kaum ab und werfe mir einen Bademantel über, den ich fest verknote. So wage ich mich in mein Zimmer. Auf dem von Nikolai gemachten Bett liegen Spitzenhemdchen mit dünnen Trägern, Schlüpfer, Kniestrümpfe und Kleider in zarten Farben. Engelskleider! Aufgereiht am Boden davor Riemchenschuhe in Rosa, Rot, Weiß, Dunkelblau und Dunkelgrün. Ohne zu wählen, fische ich nach Unterwäsche und Strümpfen und kleide mich in großer Eile an. Plötzlich steht mein Vater da: »Mein Püppchen, da du nichts zum Anziehen hast, habe ich dir schnell ein paar Kleidchen ausgesucht. Morgen fahren wir in die Stadt, und ich kaufe dir alles andere: Mäntel, Schuhe, Taschen. Du bist meine Prinzessin! Jetzt zieh das hier an!«

Der Gedanke an Boutiquen lässt mich erschauern: anziehen, ausziehen, stillstehen mit ausgestreckten Armen. Schneiderinnen, die um mich herumspringen, um alles kleiner, enger, kürzer zu machen, die den Stoff unter den Befehlen meines Vaters immer fester um meinen Körper zurren, bis ich kaum mehr Luft bekomme. Als Krönung ein verkrampftes Mahl in einem »berühmten« Restaurant, das wir meistens noch vor dem ersten Bissen im Gänsemarsch verlassen müssen. Getrieben vom ordinären Gebrüll meines Vaters. Begleitet von den fassungslosen Blicken der anderen Gäste.

Mein Vater wirft mir ein schleierähnliches rosa Fähnchen über den Kopf. Der Anblick scheint ihm zu gefallen, allerdings: »Viel zu groß, es schlägt ja überall Falten!« Er rutscht auf Knien um mich herum. Geschickt zupft und schiebt er, bindet und steckt. Mit einem eng geschnürten Seidenband wird alles passend gemacht. Er verbringt Stunden damit, mich herauszuputzen, jedenfalls kommt es mir so vor. Dann wird jeder noch so winzige Fussel entfernt, zum Schluss bürstet er meine langen Haare, als würde er dafür bezahlt. Gleich kann ich mich nicht mehr beherrschen! Ich werde schreien, schreien. In meiner Brust ist eine Schar winziger Vögel eingesperrt. Sie picken sich von innen nach außen in die Freiheit. Er befestigt eine Rose auf meinem Kopf. Biggi und meine Schwester sehen genauso aus.

Die Partygäste haben sich schon im Esszimmer versammelt. Es sind nur fünf Personen: vier Frauen und ein Mann, der Anwalt meines Vaters. Seine Gattin samt Schwester und Freundin und Lotte Moor, eine Schauspielerin. Schüchtern treten wir auf, werden vorgeführt, begafft. Man schmeichelt: »Oh, wie süß, wie entzückend!« Ich will auf der Stelle unsichtbar sein. Mein Vater lächelt schief. Seine Oberlippe zuckt mehrmals – es sieht komisch aus.

Die Marmortafel präsentiert Salatschüsseln, gefüllt mit russischem und persischem Kaviar, Platten mit Hummer und Langusten, Tellertürme, von denen Trauben wie von Bäumen hängen. Die Blicke der Gäste gelten nun nicht mehr uns, sondern dem opulenten Tisch. Wie die Vampire stürzen sie sich gierig auf alles Essbare. Nikolai reicht Champagner in roten Kelchen. Es sieht aus, als würde er Blut servieren. Als er sich Lotte Moor zuwendet, erstarrt er: Diese streift sich gerade lasziv ihre Langhaarlockenpracht vom Kopf und sieht ihm dabei herausfordernd in die Augen. Dann greift sie nach einem Glas, trinkt es in einem Zug leer, streicht sich mehrmals über den kahlen Schädel, während sie aufreizend ihre knabenhaften Hüften kreisen lässt. Ihr Opfer wird verlegen, sie fixiert seinen Blick. Mein Vater, dem dies nicht entgeht, lächelt teuflisch. Er bietet auch Nikolai Champagner an, nötigt ihn zu trinken. Dann zieht er ihn beiseite und erzählt ihm, Lotte Moor sei in Wirklichkeit ein Mann und würde sich nur als Frau verkleiden. Der Diener sieht ihn unsicher an. Mein Vater klatscht in die Hände und verkündet laut und voller Vorfreude: »Nikolai war früher beim Varieté und wird jetzt für uns tanzen!« Der kleine Mann sinkt in sich zusammen, fleht, er müsse zurück in die Küche. Doch sein Herr kennt kein Erbarmen, er zerrt ihn, begleitet vom Jubel der Leute, in die Mitte des Raumes und befiehlt ihm, zu tanzen. Nikolai schämt sich, wird rot und gehorcht. Linkisch beginnt er sich zu drehen, hüpft auf einem Bein, dreht sich schneller und wirft heimlich scheue Blicke zu Lotte Moor. Die lockt ihn, tanzt auf ihn zu. Verwirrt vollführt er immer gewagtere Pirouetten. Die Gesellschaft kreischt hysterisch und biegt sich vor Lachen. Wie ein Brummkreisel rast er – dann bricht er zusammen. Der dekadente Haufen verstummt. Jemand holt Wasser. Langsam erholt sich der kleine Mann und versucht wieder Haltung anzunehmen. Er wird zu Bett geschickt. Die Gäste brechen eilig auf.

Nachdem der Letzte gegangen ist, stellen sich Biggi, Nastja und ich nebeneinander auf zu einem Ritual: Wir strecken die Arme weit nach vorne, und der Gebieter desinfiziert unsere Hände mit parfümgetränkten Seidentüchern, die er einem Zauberer gleich aus seinen Hosentaschen zieht. Das macht er jedes Mal, wenn wir Kontakt zu anderen Menschen hatten. Dabei ruft er: »Iiiiii-gittttttt, wie eklig!« Heute ist er besonders aufgedreht, kann sich gar nicht beruhigen. Er lacht immer noch über Nikolai und wie er ihn zum Gespött der Leute gemacht hat. Ich hasse ihn dafür. Zitternd vor Zorn stürze ich ins Klo, reiße mein Kleid auf einer Seite von oben bis unten auf. Soll er mich doch morgen anschreien, es ist mir egal. Er wird sich hüten, dies zu tun! Manchmal verspüre ich eine Ahnung von Macht.

Ich nenne es die Parade der Limousinen. Täglich fahren Luxusautos in den Park der Villa Cassia Antica, damit mein Vater sie kauft. Sie glänzen um die Wette. Ich glaube, man hat sogar ihre Reifen poliert. Und während ein Autohändler im Designeranzug und mit zurückgeölten Haaren alle Vorteile anpreist, zeigen sich die Wagen von ihrer besten Seite. Maserati, Ferrari, Jaguar und verschiedene Jahrgänge von Rolls-Royce. Einmal rollt ein goldener Hut vor die Fenster. Es wird dunkel im Zimmer. Ein Rolls-Royce Phantom. Mein Vater springt um ihn herum wie ein Bub um den Weihnachtsbaum, dessen sehnlichster Wunsch in Erfüllung gegangen ist. Er fragt uns ständig, wie wir ihn finden, erzählt uns, dass die Königin von England sich in genau dem gleichen chauffieren lässt, kauft aber dann doch einen anderen. Eigentlich sind mir Autos egal, aber im Rolls-Royce in den Ledersesseln zu hängen, so dass ich gerade noch in die offenen Mäuler der Menschen vor dem Fenster schauen kann, genieße ich dann doch. In solchen Momenten fühle ich mich wichtig.

Die Mahlzeiten in Gegenwart meines Vaters sind Folter. Die Tafel ist etwa vier Meter lang und anderthalb Meter breit. Wir speisen auf blutrotem Marmor. Mein Vater hat eine Sitzordnung verfügt und verlangt feine Tischmanieren: Er sitzt an einem Kopfende, ihm gegenüber meine Schwester. So hat er sie unter Kontrolle, und ihm entgeht keine ihrer Bewegungen. Zu seiner Linken an der Längsseite befiehlt er mir, Platz zu nehmen. Biggi gegenüber. Wir müssen uns alle weiße Stoffservietten um den Hals binden, so groß wie Tischdecken. Ich habe nie Hunger, im Gegenteil, mein Hals ist zugeschnürt. Aber ich muss wenigstens so tun, als würde ich essen. Mindestens fünfmal während jeder Mahlzeit stürzt mein Vater wutentbrannt zu meiner Schwester. Die Kleine duckt sich vor Angst. Er brüllt: »Das ist doch nicht zu fassen, deine Haare hängen schon wieder ins Essen!« Er zerrt an den Enden der Serviette. Ich höre auf zu atmen, erwürgt er sie jetzt? Ihr Schreien beruhigt mich, wenigstens bekommt sie noch Luft.

Während der gesamten Mahlzeit beobachtet er unsere Körperhaltung, unsere Hände, wie wir mit dem Besteck hantieren. Ihm entgeht keine Regung, nichts. Heute bin ich sein Opfer: »Du hältst Messer und Gabel wie ein Prolet! So weit vorne, so verkrampft! Man legt sie locker in die Hände, fasst sie weit hinten! So!« Er macht es vor. Es sieht affig und lachhaft aus, aber mir ist zum Weinen. Immer wieder muss ich probieren, nie ist er zufrieden. Ich spüre den Weg der Schweißtropfen auf meinem Rücken. »Halte dich gerade!« Meine Schultern werden grob nach hinten gerissen, ich verbiege mich, soweit ich kann. »Schon wieder! Man sollte dich gegen die Wand schlagen! Wieso beugst du dich denn zur Gabel? So fressen nur Proleten! Man führt die Gabel zum Mund und nicht den Mund zur Gabel! Du machst das jetzt so lange, bis du es kannst!«

Draußen ist es dunkel geworden. Meine Bewegungen spiegeln sich im Glas der Terrassentüren. Ich bemühe mich alles richtig zu machen, balanciere die wackeligen Speisen auf der Gabel. Die Strecke zum Mund ist weit. Auf halbem Weg ein kurzes Zittern, und der Brocken fällt zurück auf den Teller. Ich höre auf zu atmen. »Von vorne!« Der Raum verschwimmt hinter meinen Tränen.

Jaulen, Kratzen an der Terrassentür. »Halt's Maul!«, schnauzt mein Vater. Das Jaulen wird zum Wolfsgeheul. Ängstlich wage ich einen Blick in seine Richtung. Die Zornesader quillt auf der Mitte der Stirn. Ich wünsche mir, dass sie endlich platzt! Ein Stuhl fällt um. Der Hexenkopf spuckt Galle, ein Sprühregen von Speichel trifft mich. Ich trockne meine Wange mit der Serviette. Mein Vater jagt in Richtung

Terrassentür, flucht: »Dieses blöde Schwein soll die Schnauze halten!« Er wird den armen Hund schlagen, ich weiß es! Dann ein ohrenbetäubender Knall, ein Schrei. Mein Vater torkelt, wankt, stolpert. Hat jemand auf ihn geschossen? Er hält sich mit beiden Händen den Kopf, stürzt an uns vorbei aus dem Raum. Die Entenfamilie folgt gehorsam. Wir müssen nur dem Jammern und Stöhnen nachhorchen, dann finden wir den Armen im Bad. Er beklagt lautstark seine Verletzung, reckt den Kopf so nah an den Spiegel, als sei er blind. Nur wenn man sich sehr anstrengt, kann man einen winzigen, kaum erkennbaren Riss auf der Stirn erahnen. Hört man ihm zu, denkt man, das Gesicht würde aufklaffen. Biggi schaut mich an, ich schaue zurück, und wir müssen beide kichern. Wir drehen uns weg. Es geschieht ihm ganz recht, das ist die Strafe! Er wollte den armen Aljosha, unseren Schäferhund, verprügeln. Jetzt fängt mein Vater an zu heulen über die riesige Wunde, und dass er sich unmöglich so vor der Kamera zeigen kann! Eine Katastrophe! Seine Karriere sei vorbei! Lächerlich. Ich nutze die Gelegenheit, mich davonzustehlen. In meinem Zimmer mache ich kein Licht, streife alle Kleider auf einmal ab. Hemd und Unterhose lasse ich an und krieche unter die Decke. Ob er mich heute in Ruhe lässt? Wahrscheinlich ist er zu sehr mit seiner Verletzung beschäftigt, muss desinfizieren, kalte Kompressen auflegen, sich bemitleiden. Da hat er kein Interesse an mir. Durchs Schlüsselloch fällt Licht herein. Wenn jemand vorbeigeht, wird es für einen Moment schwarz. Ich fixiere die kleine Öffnung, als ob ich durch sie erkennen könnte, was er vorhat.

Ich wache auf, die Tür meines Zimmers wird geschlossen. Kaum hörbar, es knackt. Ein Gesicht verschwimmt im Dunkeln.

Wir vier sitzen an der Tafel und warten, dass Nikolai die Speisen serviert. Mein Kreuz ist durchgebogen, Messer und

Gabel liegen locker in meinen Händen. Die Serviette meiner Schwester sitzt richtig. Biggi trägt ein Dauerlächeln. Schweigen. Die Anspannung treibt mir Schweißtropfen auf die Stirn.

Der Diener tänzelt herein, aufrecht, stolz. Auf seinen Armen Teller mit von ihm zubereiteten Speisen. Er stellt sie elegant vor uns ab, tritt einen Schritt zurück. Auf jedem Teller thront in der Mitte ein Stück Fleisch, umrahmt von duftender Sauce, dazu bunter Salat. Den Tellerrand hat Nikolai mit Blüten geschmückt, ich finde, alles sieht wunderschön aus, und ich bekomme sogar Lust, davon zu essen.

Mein Vater schneidet ein Stück vom Fleisch und führt die Gabel zum Mund. Er kaut. Wir starren auf seinen Mund. Nikolai beobachtet ihn erwartungsvoll. Schweigen – die Luft knistert.

Plötzlich knallt mein Vater angewidert das Besteck auf den Teller: »Diese Scheiße kann ja keiner fressen!« Der Diener zuckt zusammen, fällt auf die Knie, rutscht unter den Tisch und fängt an, die Füße seines Herrn zu küssen. Mein Vater ekelt sich. Er gibt spitze Töne von sich wie eine hysterische Jungfer, die eine Maus entdeckt hat. Er zappelt mit den Beinen, zieht sie hoch auf seinen Stuhl: »Iiiihhhhhh!« Nikolai kommt unter dem Tisch hervor, schleicht aus dem Zimmer. Ich schaue ihm nach, er tut mir so leid. Die Speisen auf den Tellern sehen alt und welk aus. Mein Vater steht auf, verlässt schnaubend das Zimmer. Biggi, Nastja und ich stellen die Teller zusammen.

Die Tage in Rom ziehen sich träge und zäh: lesen, abkühlen im Pool, »Kleidchen« und »Schühchen« kaufen, Essen gehen, neue Autos bewundern, die uns zur Ansicht nach Hause gebracht werden, zelebrierte Mahlzeiten samt Diener, ab 20 Uhr auf einem Bett vor dem Fernseher liegen und über alle Männer lästern und ab 22 Uhr meinem Vater beim Schnarchen zuhören.

Seit Tagen und Nächten streitet mein Vater mit Biggi. Man kümmert sich nicht um uns. Es finden auch keine Mahlzeiten mehr statt. Nur Nikolai versorgt uns mit dem Nötigsten. Wir drücken uns an den Wänden entlang wie Schattenwesen, immer die Angst im Nacken, dem Zorn meines Vaters zum Opfer zu fallen. Meist kauern wir in einer Ecke und hoffen, dass das dumpfe Poltern, das Pöbeln, Schreien und erstickte Wimmern endlich zu Ende sein mögen. Spät in der Nacht, wenn unsere Köpfe vor Müdigkeit nach vorn fallen, ergreift eine die Initiative und schleift die andere mit ins Bett.

Leider habe ich nach Jahren immer noch nicht herausgefunden, wie ich mich in solchen Situationen richtig verhalte. Betreten Nastja und ich das jeweilige Streitzimmer, um gute Nacht zu sagen, brüllt mein Vater, wir sollen verschwinden. Wagen wir es das nächste Mal, grußlos schlafen zu gehen, reißt er mitten in der Nacht die Tür auf, schaltet das Licht an und schreit: »Grüßt ihr Kretins mich nicht mehr?!«

Dieses Mal weckt mich meine Stiefmutter mitten in der Nacht. Sie schluchzt: »Ich kann nicht mehr! Ich halte das alles nicht mehr aus! Ich verlasse ihn!« Biggi lässt sich von mir überreden, in den Garten zu gehen, wir hocken uns vor die Hecke, ich streichle sie zaghaft. Anscheinend hat sie mich zu ihrer Verbündeten erkoren.

Auf einmal tritt mein Vater hinter dem Busch hervor. Ich zucke zusammen. Ich habe das Gefühl, einen Geist zu sehen. Er steht vor uns mit verschränkten Armen, das Gesicht zu einer hämischen Fratze verzogen.

Biggi und ich laufen zurück ins Haus. Sie ist furchtbar aufgeregt, schimpft und zetert. Ich bin unsicher, wie ich mich verhalten soll. Vielleicht hört er ja zu. Vorsichtig nähere ich mich den Fenstern und schaue hinaus. Die Wasseroberfläche des Swimmingpools glitzert, die Büsche stehen dick und ruhig. Da ist etwas! Ein Schatten! Ich ziehe mich hinter den Vorhang zurück, spähe wieder hinaus. Ein Rücken taucht kurz auf, bewegt sich entlang der Fenster: Aljoscha, der Schäferhund. Ich verfolge seinen Weg. Da blitzt das helle Hemd meines Vaters auf. Es ist gar nicht der Hund. Er stürzt herein, beschimpft uns als dumme Arschlöcher und Drecksäue und befiehlt uns, in seinem Bett zu schlafen, faucht wie ein Drache und rauscht hinaus. Eine Weile horche ich ihm nach, kein Laut, er ist verschwunden. Panik packt mich. Ich werde verrückt vor Angst. Ein Messer! Ich brauche eine Waffe! Lautlos schleiche ich durch den Flur. In der Küche brennt eine Lampe. Alles ist blitzsauber geputzt und aufgeräumt, Gläser, Teller und Besteck warten auf ihren Einsatz am nächsten Morgen. In Zeitlupe ziehe ich eine Schublade des Schrankes auf und greife mir das Brotmesser. Ich drücke es fest an meine Brust und gehe zurück ins Schlafzimmer. Angezogen lege ich mich aufs Bett, umklammere das Messer und folge den Lichtvögelchen an der Decke, die vom Schwimmbecken hereintanzen. Sie können mich nicht ablenken. Als Biggi aus dem Bad kommt und mich so liegen sieht, lacht sie mich aus: »Was soll das denn?«

»Ich habe Angst vor Babbo!«

»Quatsch! Der tut dir doch nichts!«

Plötzlich vibriert das Bett. Die Matratze wird von unten gegen mich gedrückt. Ein Erdbeben! Ein wildes Tier! Ich will schreien, da taucht am Fußende ein Kopf auf, eine Gestalt schüttelt sich, erhebt sich mühsam. Gegen das schwache Licht von draußen erkenne ich die Umrisse meines Vaters. Er stellt sich breitbeinig vor die Fenster, ich spüre seinen Blick. Das Gefühl, zu ersticken, mischt sich mit meiner Verzweiflung. Ich will auf der Stelle tot sein. Er hat sich unter dem Bett versteckt und alles gehört! Meine Stirn, mein Nacken, meine Oberlippe werden augenblicklich nass von Schweiß. Ich rieche meine eigene Angst. Mein Vater steht bewegungslos, nur sein Schnauben ist zu hören, als würde ihm die Nase laufen. »Pola hat es gut! Sie kann irgendwann wieder wegfahren!«, sagt Biggi schnippisch. Mein Vater schnauzt zurück: »Was hat sie denn bei diesen Spießern in München?!« Dann beginnt er in den ordinärsten Ausdrücken über meine Mutter zu schimpfen. Jetzt kann ich nicht mehr, ich schreie, schreie, schreie und höre nicht mehr auf, erschrecke über die Lautstärke meiner Stimme. Das scheint den Hass meines Vaters noch zu steigern. Wie eine Raubkatze springt er auf mich zu, reißt mir das Messer aus den Händen, zerrt mich vom Bett, schleift mich aus dem Zimmer. Dann packt er Biggi und schleudert sie mit Wucht gegen mich, so dass wir beide beinahe hinfallen, und jagt uns durch den lichtlosen Flur bis ins Zimmer meiner Schwester. Er befiehlt uns, im schmalen Bett meiner Schwester zu übernachten. Nastja muss im Salon auf einem Seidenbänkchen schlafen.

Biggi fällt sofort ins Bett. Da nur Platz für eine ist, knie ich mich ans Fußende, lege meinen Kopf auf die Matratze und schlafe ein. Anscheinend habe ich die ganze Zeit reglos verbracht, denn als ich aufwache, finde ich mich in derselben Stellung wieder. Meine Beine sind eingeschlafen, ich kann sie nicht bewegen. Langsam wird mir klar, wo ich bin, warum ich hier kauere, was in der Nacht passiert ist. Ich schaue zu Biggi. Ihre Lider sind fest geschlossen.

Der frische Morgen, das Blau des Himmels, die Sonne – sie scheinen uns zu verhöhnen. Ich mag den Tag nicht und bohre den Kopf wieder in die Matratze. Von draußen dringen Geräusche herein. Die Tür wird leise geöffnet. Ich stelle mich schlafend. Ein spitzer Schrei lässt mich hochschrecken. Nikolais Gesicht taucht kurz auf, verschwindet wieder. Ein Schatten, ein Pinselstrich. Eine Tür knallt. Habe ich geträumt, mir nur eingebildet, dass Nikolai den Kopf durch die Tür gesteckt hat? Vielleicht wollte er meine Schwester wecken, wie er es jeden Morgen mit uns Kindern macht. Und jetzt glaubt er vielleicht, langsam verrückt zu werden in diesem Haus – die Stiefmutter im Kinderbett und ich zu ihren Füßen kauernd.

Irgendwann halte ich es nicht mehr aus. Ich friere fürchterlich, will aber nicht zu Biggi unter die Decke kriechen. Nach draußen zu gehen, traue ich mich auch nicht. Wer weiß, was mein Vater mit mir macht, wenn er mich sieht. Ich muss Biggi wecken. Ganz zart berühre ich ihr Bein. Sie stöhnt, es klingt schmerzvoll. »Wie spät ist es?«, fragt sie in den Raum.

»Ich weiß es nicht!« Plötzlich springt sie aus dem Bett, sieht mich verstört an und sagt: »Ich muss hier weg!« Dann macht sie zwei Schritte vor, zwei zurück, als wäre sie in einen Käfig gesperrt. Ihr Verhalten macht mir Angst. Ich versuche in ruhigem Ton mit ihr zu reden, wo Papa wohl sei, was er macht, wie der Tag heute weitergeht ... Aber sie antwortet mir nicht, sondern wiederholt immer den einen Satz: »Ich muss weg!« Mich beschleicht das Gefühl, dass auch sie verrückt geworden ist.

Mein Vater steht in der Tür: »Kommt, wir fahren in die Stadt und kaufen uns lauter schöne Dinge!« Vor Schreck schwindet alle Kraft aus meinem Körper. Ich muss mich aufs Bett setzen. Meine Stiefmutter lässt ihn stehen und geht wortlos an ihm vorbei aus dem Zimmer. Er setzt sich neben mich, streicht mir über die Haare, als wäre nichts gewesen: »Ich flehe dich an, mein Püppchen, bring sie dazu, dass sie mir verzeiht. Sie hat so unbeschreiblich viel Schreckliches mit mir durchgemacht, bitte, flehe sie an zu bleiben, auf Knien! Beschwöre sie! Du musst es schaffen! Ich kaufe dir, was du willst!«

Es ist mir unangenehm, bei meiner Stiefmutter für ihn zu betteln, aber in diesem Moment bin ich so unendlich erleichtert und dankbar für seine gute Stimmung, dass ich alles für ihn tun würde. Gleichzeitig fühle ich mich hilflos, weiß nicht, wie ich es schaffen soll, sie umzustimmen. Ich finde meine Stiefmutter in ihrem Schlafzimmer vor dem Schrank. Sie reißt wahllos Kleidungsstücke von den Bügeln und stopft alles in Koffer und Reisetaschen, die auf dem Bett bereitliegen. Sie ist so außer sich, dass sie mich nicht kommen hört. Ich weiß nicht, wie ich beginnen soll, drücke mich verlegen die Wand entlang, bis ich hinter ihr stehe. »Biggi!«, sage ich leise. Sie fährt herum und funkelt mich an. Ich reiße mich zusammen: »Biggi, bitte bleib bei Papa! Er bringt sich sonst um! Er kann ohne dich nicht leben! Du bist sein Leben! Bitte verlass ihn nicht! Es tut ihm alles so leid! Bitte, bitte, bleib hier! Bitte!« Ich lass mich auf die Knie fallen, wie mein Vater es befohlen hat. Zuerst starrt sie mich an, ihr Blick wird hart, sie kneift ihre Augen zu Schlitzen zusammen. Dann schreit sie: »Fängt deine Tochter jetzt auch noch an, mich zu belästigen!« Das hätte sie nicht sagen sollen. Mein Vater schießt herein und brüllt noch viel lauter, so laut, dass meine Ohren taub werden und ich nach draußen taumle.

Nastassja kommt mir weinend entgegen. Wir schluchzen jetzt beide, stolpern durch die Räume bis in den Küchentrakt zu Nikolai. Der sitzt in seinem Zimmer auf dem Bett und vergräbt sein Gesicht in den Händen. Als er uns bemerkt, sieht er kurz auf, öffnet beide Arme. Nastassja und ich stürzen ihm entgegen. Obwohl Nikolai klein und zierlich ist, fühlt er sich an wie ein starker Baum. Er drückt uns fest an sich, und als das Gebrülle, die erstickten Schreie, das Wimmern immer unerträglicher werden, presst er seine Hände auf unsere Ohren.

Ich habe jedes Zeitgefühl verloren. Wie lange wir so verharren, weiß ich nicht. Unter Nikolais Hand hervor läuft Schweiß über meine Wange, sehr langsam, es juckt, aber ich will mich auf keinen Fall rühren. Irgendwann lockert sich die Hand auf meinem Ohr, ganz langsam, sie klebt ein bisschen fest, dann löst sie sich. Mein Ohr ist heiß und zusammengedrückt. Jetzt kann ich mich endlich kratzen. Ich horche angestrengt, Stille, kein Laut. Das ist mir nicht geheuer. Ich schaue zu Nikolai, der schaut zurück. Ich sehe zu meiner kleinen Schwester, sie schläft in seinem Arm. Von

Ferne ist Kichern, Glucksen, Lachen zu hören. Wieder sehe ich zu Nikolai, der zuckt ratlos mit den Schultern. Mein Vater flötet unsere Namen durch die Hallen. Nikolai erschrickt, er schüttelt meine Schwester. Sie springt auf und kippt sofort auf die Matratze, schläft dort weiter. Ich klopfe auf ihre Wangen, um sie zu wecken. Als das ohne Wirkung bleibt, ziehe ich sie vom Bett und schleife sie hinter mir her den Stimmen entgegen. Mein Vater empfängt uns, Biggi fest im Arm, neckt sie, albert mit ihr, als seien sie frisch verliebt. Er wirbelt seine Frau durch den Raum und ruft: »Wir fahren jetzt ans Meer, wir fahren jetzt ans Meer und in die Stadt!« Sie lässt es sich gefallen, anscheinend ist sie seinem Werben erlegen. Was in ihr vorgeht, ist nicht zu erkennen. Die gute Stimmung wirkt aufgesetzt und verkrampft. Mir ist unwohl, aber ich versuche mich anzupassen.

Wir beeilen uns alle, aus der Wohnung zu kommen. Im Auto auf der Fahrt nach Fregene macht mein Vater ständig Witze, um die Stimmung weiter aufzulockern. Nach und nach lassen wir uns anstecken von seiner guten Laune und singen sogar Lieder.

Am Strand laufen wir sofort zum Wasser und spritzen uns nass, bis wir uns am Ende vor Lachen nicht mehr auf den Beinen halten können. Übereinander fallen wir in den Sand. Er ist heiß und weich wie Seide. Ich muss mich hineinwühlen, immer tiefer graben, bis die Finger kalt und nass werden. In der Ferne höre ich Kinder. Sie hüpfen im Wasser herum, springen hoch, tauchen unter, quietschen vor Lust. Sehnsüchtig schaue ich ihnen zu. Gerne würde ich mit ihnen im Wasser herumtollen. Aber da erhebt sich mein Vater auch schon, schüttelt den Sand aus seinen Haaren, befiehlt uns aufzustehen. Er hat Hunger und will jetzt hier in einem Strandrestaurant zu Mittag essen. Dann nimmt er sich uns einzeln vor, klopft, streift, schüttelt, zupft so lange, bis er das letzte Staubkorn entfernt hat. Wir stapfen durch den weichen Sand zum Restaurant, eigentlich hüpfen wir, weil der

Sand unsere Fußsohlen verbrennt. Dem lockenden kühlen Wasser kehren wir den Rücken zu.

Wir bekommen einen Tisch auf der Terrasse – wenigstens kann ich von hier aus die Kinder weiter beobachten. Vor mir ein Suppenteller mit einer dunkelgrünen Flüssigkeit, in der sich eine Scheibe Weißbrot breitmacht. Obendrauf ein Haufen weißer Bröckchen: »Gerösteter Knoblauch auf Weißbrot in Olivenöl!«, sagt mein Vater. Er bemerkt meinen suchenden Blick nach Besteck und belehrt mich, dass man das Brot mit den Fingern nimmt und einfach abbeißt: »So!« Das halbe Brot verschwindet in seinem Rachen. Öl läuft ihm aus den Mundwinkeln, ich schaue zur Seite. Das sieht unbeholfen und komisch aus, aber ich möchte ihn nicht reizen. Außerdem habe ich Hunger. Ich mache es genauso wie er. Das Öl tropft auf den Tisch und auf mein Kleid. Als ich hineinbeiße, spritzt es mir ins Gesicht. Gott sei Dank hat Babbo nichts gesehen, denn er ist damit beschäftigt, Biggi das Fett aus den Mundwinkeln zu lecken und zu schlecken, ihre Lippen einzusaugen. Mir ist peinlich, wie er sich in der Öffentlichkeit aufführt. Ich richte den Blick stur auf meinen Teller. Nach der Fettorgie werden gebratene Fischchen und Salat aufgetischt. Der Eisturm zum Abschluss tröstet mich ein wenig über den Verzicht auf das Baden hinweg.

Die Mittagssonne brennt gnadenlos vom Himmel. Meine Haare kleben am Gesicht. Ich klebe an meinem Kleid. Mein Rücken juckt höllisch, ich reibe mich an der Stuhllehne, es wird nur schlimmer. Als Babbo wieder mit Küssen abgelenkt ist, schnappe ich meine Gabel, stecke sie von oben in mein Kleid und schabe, bis es weh tut.

Auch auf der Fahrt zurück scheint mein Vater gut gelaunt zu sein. Er lacht viel mit Biggi, streichelt ihr Bein, küsst sie auf den Hals. Sie kichert, windet sich kokett. Der Rolls-Royce schaukelt den Hügel zu unserem Zuhause hinauf. Wir singen, pfeifen, sind entspannt. »Was ist das denn?«, ruft mein Vater. Vor uns auf der Straße ein Betrunkener auf einem Fahrrad. Festgezurrt auf dem Gepäckträger ein Turm aus Kleidern und Büchern. Das Fahrrad schwankt. Ich erkenne, es ist kein Betrunkener, sondern Nikolai! Er ist auf der Flucht. In seiner Not hat er seine wenigen Habseligkeiten zusammengesucht und entflieht nun der Hölle. Mein Vater drückt auf die Hupe, das Männchen zuckt zusammen, Rad und Fahrer schwanken gefährlich, drohen zu stürzen. Doch Nikolai fängt sich wieder und tritt energisch in die Pedale. Ich glaube, mein Vater hat den Ernst der Lage nicht erkannt, sonst hätte er den Diener nicht gehen lassen. Wir haben ihn nie wiedergesehen.

Nach den Sommerferien schreibt mich meine Mutter im Internat Neubeuern ein, mein Vater kommt für die Kosten auf. Es ist eine Schule für Jungen und Mädchen, und ich fühle mich ziemlich wohl dort. Reiche und Adlige aus der ganzen Welt bringen ihre Kinder in diesem Schloss auf einem Berg im Inntal unter. Aus Prestigegründen oder weil sie keine Lust auf ihre verwöhnten Blagen haben. Geld spielt dabei keine Rolle. Ihre Kinder genießen die beste Erziehung und Förderung: Sprachen, Musik, alle möglichen Sportarten, Kunstunterricht.

Gelernt wird dennoch nicht viel. Vor großen Arbeiten borgen sich immer dieselben Jungen Seidenstrümpfe von uns Mädchen. Nachts brechen sie verkleidet ins Lehrerhaus ein und stehlen aus dem Schularbeitenschrank die Aufgabenblätter für den nächsten Tag. Dann muss ein Streber die Aufgaben lösen, und wir schreiben eine Eins oder Zwei. Zur Belohnung wird der Streber eine Zeitlang weniger gemobbt.

Rauchen und nach dem Abendessen das Haus verlassen ist natürlich strengstens verboten. Trotzdem finden mich die Lehrer jeden Abend mit den jungen Burschen aus der Oberstufe im Schlosspark. Sie gefallen mir viel besser als die Jungs aus meiner Klasse, die sich so willig ausnützen lassen. Wie zum Beispiel Gerrit, ein externer Schüler aus der Umgebung. Für die Pause hat er immer Brötchen mit Schinken dabei. Sie schmecken köstlich. Ich stehle sie ihm jeden Morgen aus seiner Schultasche. Da er in mich verknallt ist, kann ich mir das erlauben. Zwar tut er so, als sei er wütend, und biegt meinen Arm auf den Rücken, aber eigentlich will er nur einen Kuss. Den bekommt er aber nicht.

Ich dusche nie mit den anderen Mädchen, weil ich mich wegen meiner Nacktheit schäme. Ich bin mir sicher, dass jeder Finger, jeder Kuss meines Vaters auf meiner Haut sichtbar ist. Eingebrannt für alle Zeiten. Erst wenn alle schlafen und im Schloss kein Geräusch mehr zu hören ist, wage ich mich in die Waschräume, suche mir die am besten funktionierende Dusche aus und setze mich auf die Fliesen darunter. Der Strahl umarmt mich, ich fühle mich geborgen. Außerdem bin ich mir sicher, dass das heiße Wasser etwas von der Sünde wegwäscht.

Die Passagiere müssen sich zur Landung anschnallen. Dieses Mal wird es anders sein in Rom. Meine Schwester und Biggi sind nicht mehr da. Meine Stiefmutter hat sich von meinem Vater getrennt und ist mit Nastja nach Berlin gezogen. Ich werde zum ersten Mal mit ihm allein in dem großen Haus in der Via Appia Antica wohnen, das er in der Zwischenzeit gemietet hat. Eine ehemalige Kirche aus dem 15. Jahrhundert, die Grundmauern stammen angeblich aus der Römerzeit. Das Flugzeug setzt zur Landung an, ich werde steif, bohre meine Finger in die Polster aus Angst, die Maschine würde wieder durchstarten. Am Ende jedes Fluges packt mich diese Panik.

Heute werde ich ein Taxi nehmen, mein Vater hat keine Zeit, mich abzuholen. Zuvor bestelle ich einen Espresso in der Ankunftshalle und zünde mir eine Zigarette an – mit dem kostbaren Bulgari-Feuerzeug aus Gold, überzogen mit nachtblauem Lack. Es habe ein Vermögen gekostet, sagt mein Vater. Neben mir, achtlos auf den Boden geworfen, knautscht meine Reisetasche aus Ziegenleder, die Handtasche ist von Gucci.

Ein lähmendes Gefühl macht sich breit. Jede Bewegung kostet mich ungeheure Anstrengung. Was erwartet mich? Meine Finger fühlen sich taub an, ich bewege sie, muss sicher sein, dass sie noch funktionieren. Wie wird er gelaunt sein? Was werden wir machen? Kleider, Schuhe, Taschen kaufen – Essen gehen? Die Fahrt mit dem Taxi ist endlos. Forum Romanum und Kolosseum liegen schon hinter uns, und jetzt fahren wir nur noch an Zypressen und Pinien vorbei. Ich zähle sie, bin schon bei dreihundertundzwei. Die Uhr klickt unentwegt, der Fahrer ist entzückt über die lohnende Fahrt und wird immer gesprächiger. Er erzählt mir, dass diese holprige Straße, die Via Appia Antica, bis nach

Neapel führt. Vielleicht ist er ja schon vorbeigefahren am Anwesen, und er bringt mich nach Neapel. Diese Idee gefällt mir gut. Vor allem weil der Fahrer hübsch ist, vielleicht fünf Jahre älter ist als ich und schamlos mit mir flirtet. Wenn das mein Vater wüsste! Er würde den Taxifahrer verprügeln und mich an den Haaren ins Haus schleifen. Ich sehe mich zur Sicherheit im Taxi um, aber da ist niemand.

Der Wagen wird langsamer, biegt von der Straße ab, hält vor einem eisernen Tor, das sich mehrere Meter hoch zwischen uralten Mauern behauptet, dahinter Zypressen. Ruhig und erhaben stehen sie da, werden nur vom Kirchturm überragt: eckig, aus Naturstein, obendrauf Zinnen. Drei Fenster übereinander, also drei Stockwerke. Aber ich sehe keine Glocke. Das Tor öffnet sich automatisch, leise surrend. Mein Vater lässt sich nicht blicken. Ich zahle, werfe die langen Haare zurück, die Reisetasche über die Schulter und stapfe über den Kies. Eisen schlägt auf Eisen, das Geräusch reißt mich herum – das Tor hat sich automatisch geschlossen. Rechts von mir ein Gartenhaus. Rosen wuchern, wohin ich schaue. Ich mache ein paar unsichere Schritte auf die Kirche zu, von meinem Vater immer noch keine Spur. Vielleicht ist es das falsche Haus, oder er hat vergessen, dass ich komme.

Jetzt stehe ich direkt davor: Kirche oder Schloss, was ist es eigentlich? Äste reichen bis an die rissigen Mauern heran – einladend sieht das nicht aus. Ich komme mir klein und mickrig vor hier, und weit und breit kein Vater. Es wäre mir lieber, wenn er da wäre.

»Buon giorno, Signorina!« Eine Frau, winzig, spindelförmig, watschelt auf mich zu. Sie ist von Kopf bis Fuß schwarz angezogen. Eine Angestellte, nehme ich an. Sie nimmt mir die Tasche aus der Hand, ich trete vor ihr in die Eingangshalle. Große buckelige Fliesen, unverputzte Wände. Angenehm kühl ist es hier drin. Von hier aus kann ich in andere Hallen sehen, alle leer mit Fenstern bis zum Boden, und in die Schlossküche. Ich erkenne das Kopfende der Marmortafel aus der Via Cassia Antica. Selbst sie wirkt hier drin klein und zierlich. Die Ausmaße erschlagen mich. Die Frau in Schwarz erklärt mir, dass mein Vater aufgehalten wurde und wohl erst später komme. Sie möchte mir jetzt etwas zu essen servieren und dann müsse sie nach Hause zu ihrer Familie. Auf keinen Fall will ich allein hierbleiben. Angst steigt in mir hoch. »Später schaut der Nachtwächter vorbei«, versucht sie mich zu beruhigen.

»Kommen Sie, Signorina! Ich zeige Ihnen das Haus!« Um nach oben zu gelangen, muss man entweder den Fahrstuhl benutzen oder außen eine Treppe hochsteigen, die aussieht, als hätte man sie mit Uhu an die Wand geklebt – schmal und ohne Geländer. Ich entscheide mich für die Treppe, vor Fahrstühlen fürchte ich mich noch immer. Kaum schließt sich die Tür, bekomme ich keine Luft, schwitze, überfällt mich Panik, nicht mehr rauszukommen. In einem Hotel bin ich einmal zu meinem Vater bis in den 12. Stock hochgestapft.

Die Frau läuft vor mir her. Sie ist ziemlich schnell auf ihren kurzen, dünnen Beinen. Bestimmt will sie zu ihren Kindern. Am Ende der Treppe führt eine Holztür in einen schmalen Flur. Er ist mit elfenbeinfarbenem Teppichboden ausgelegt, an den Wänden Einbauschränke im gleichen Ton. Der bekannte Geruch nach Leder, Stoffen, Parfüm, Luxus. Von hier aus geht es wieder ein paar Stufen hoch. Eine Tür wird aufgestoßen, sie knarzt, ich muss mich bücken, so niedrig ist der Rahmen. Ich trete hinaus auf eine Art Galerie und vergesse beinahe zu atmen: Unter mir erstreckt sich das Kirchenschiff. Die spitz zulaufenden Fenster an beiden Seiten lassen die Strahlen der Abendsonne herein. Sie treffen sich in der Mitte. An der Stirnseite ein Kamin, so groß, dass ich darin herumspazieren könnte. Endlos lange Barockbänke, wieder mit meergrünem und nachtblauem Damast bezogen. Nerzdecken knüllen auf den Sofas, als wäre gerade ein Körper rausgeschlüpft. Ich steige die Stufen hinunter, lasse mich auf eine der Liegen fallen. Eine Allee von Kandelabern säumt den

Weg zum Kamin. Einmal hat mein Vater zu mir gesagt, er fühle sich als Zar. Deshalb habe er uns auch russische Namen gegeben, deshalb müsse er sich mit allem Luxus der Welt umgeben. Er lebt ja auch wie ein Kaiser: in Seide gekleidet in einem Schloss mit Barockmöbeln, Gläsern, in denen selbst Wasser wie Rotwein aussieht, goldenen Tellern. Mit Drachen und Fischen, die Wasser speien, Dienern, Luxuskarossen.

Die mächtigen Bodenplatten aus Stein eignen sich hervorragend für Hüpfspiele: eins, zwei, drei … ich hopse durch die Halle bis ganz nach vorne. Eigentlich mache ich so etwas nicht mehr, aber diese Platten laden dazu ein. Ich hüpfe zurück, ich mache es noch mal und noch mal, ich muss es tun, kann nicht aufhören.

Dann steht die Frau in Schwarz plötzlich vor mir, bittet mich, ihr weiter zu folgen. Gerne lasse ich mich von ihr führen, so kann ich mir in Ruhe alles ansehen. Mit meinem Vater wäre so etwas niemals möglich. Neben dem Fahrstuhl führen Steinstufen in den Turm hoch. Das erste Stockwerk besteht aus einem Schlafsalon, einem Badesalon und einem Ankleidezimmer. Hier residiert natürlich er, im größten aller Räume. Vollkommen mit blauer Seide ausgeschlagen und ziemlich dunkel. Wahrscheinlich werden die Vorhänge nie aufgezogen. Dort hineinzusehen macht mir ein unangenehmes Gefühl, ich gehe schnell weiter. Jedes Stockwerk gleicht dem anderen, nur die Farben und die Größe der Zimmer variieren. »Sie können sich nun allein zurechtfinden, Signorina, ich muss gehen. Die Tafel in der Küche ist gedeckt. Die Speisen finden Sie im Kühlschrank!«, ruft sie mir zu und wetzt die Treppe hinunter.

Jetzt stehe ich hier in diesem Kirchturm, vollkommen allein. Ob es noch Dinge gibt, die an meine Schwester und Biggi erinnern? Oder haben sie alles mitgenommen? Mich wundert, dass die überlebensgroßen Schwarzweißfotos von uns vieren nirgends zu sehen sind. Überhaupt sind alle Wände kahl, abgesehen von einem mächtigen Gemälde im Goldrahmen, das im Kirchenschiff hängt. Darauf wimmelt es von nackten Frauen, die in Haufen übereinanderliegen oder gemeinsam baden. Ich mag es mir nicht anschauen.

Es ist totenstill, nicht mal Vögel sind zu hören. Langsam lässt das Licht im Innern des Hauses nach. Ich muss raus hier, laufe die Turmtreppe hinunter, werfe einen Blick in die Küche und nehme im Vorbeigehen einen Apfel aus der Obstschale. Man hat vergessen, die Doppeltür zum Park zuzumachen. Hoffentlich ist niemand eingestiegen. Die Küchenlampe sprüht kaltes Licht auf eine Steintreppe, die in den Garten führt. Ich setze mich auf die Stufen – sie sind noch warm von der Sonne. Am Ende der Treppe kann ich weißen Kies und die Umrisse von Büschen erkennen, der Rest liegt im Dunkeln. Schritte knirschen. Jemand nähert sich der Treppe. Endlich kommt mein Vater! Erleichtert springe ich die Stufen hinunter, ihm entgegen. Eine Gestalt löst sich aus dem Schwarz, tritt ins Licht. Es ist nicht mein Vater. Ein Fremder! »Keine Angst, Signorina, ich bin der Nachtwächter«, sagt eine Stimme. Ich schaue in das freundliche Gesicht eines Mannes. Er trägt eine Uniform und eine Schirmmütze. Das Blut kehrt zurück in meinen Kopf, ich kann wieder denken. Ich frage ihn, ob ich ihm einen Stuhl bringen soll. Er grinst breit, seine Zähne blitzen auf, »Nein danke!«, dann setzt er sich mit etwas Abstand zwei Stufen unter mir auf die Treppe. »Oder etwas zu essen oder zu trinken?« Ich stürze in die Küche auf der Suche nach etwas, das ihn erfreuen könnte. Auf keinen Fall darf er jetzt gehen. Er muss mir Gesellschaft leisten, bis mein Vater kommt! Womit kann ich ihn festhalten? Mit dem Inhalt des Kühlschranks könnte auch ein Partybuffet ausgerichtet werden: Hummer, Langusten, Kaviar, kleine Päckchen mit Rinderfilet, mit Wild ... »Ein Bier wäre schön!«, ruft der Mann. Sofort greife ich nach zwei gekühlten Flaschen Heineken und finde nach einigem Wühlen in den Schubladen endlich einen Öffner. Vor Aufregung stolpere ich beinahe über meine Füße, kann mich gerade noch fangen und hocke mich neben ihn. Ich will cool wirken, schnippe professionell den Kronkorken ab, schiebe eine Flasche in seine Richtung, proste ihm zu. Mein Bier trinke ich in einem Zug leer. Der Nachtwächter wiehert laut auf, nickt anerkennend und zeigt schon wieder seine Zahnreihen. Ich glaube, er ist ungeheuer stolz darauf. Auch wenn er mir nicht besonders sympathisch ist, bin ich heilfroh, dass er da ist. Außerdem unterhält er mich mit seinen Geschichten über die anderen Palazzi an der Via Appia, die er zu bewachen hat. Er verrät ein paar Geheimnisse ihrer prominenten Besitzer, wer wen mit wem betrügt und wer welche Drogen nimmt. Ich bringe ihm noch ein Bier, und er erzählt immer mehr, bis er völlig unerwartet hochspringt. Er setzt seine Mütze auf, plappert etwas von Pflicht und wird von der Nacht verschluckt. Jetzt bin ich wieder allein. Mir ist kalt, aber ich will auf keinen Fall ins Haus. Ich werde mir eine Jacke holen. Meine Beine sind eingeschlafen, weil ich zu lange so verkrampft gekauert habe. Ich kann kaum auftreten, Millionen von Nadeln flitzen durch meine Füße und Unterschenkel. Ich zwinge mich, mehrmals aufzustampfen, dann geht es wieder.

Vorhin habe ich auf einem Stuhl in der Eingangshalle eine Wolldecke liegen sehen. Die hole ich mir jetzt, wickle mich fest darin ein und setze mich wieder auf die jetzt kalten Steinstufen. Die Büsche um mich herum nehmen Konturen an. Steinfiguren lösen sich aus der Nacht. Wo ist Babbo? Wo bleibt mein Vater? Vielleicht hatte er einen Unfall, liegt im Krankenhaus, oder er ist tot. Ermordet! Was würde ich tun? Sein Konto abräumen, in diesem Haus leben mit meinen Freunden? Als Erstes würde ich eine Glocke auf den Turm schleppen lassen, eine Kirche braucht eine Glocke! Aber eigentlich möchte ich nicht, dass er tot ist. Hier werde ich auf ihn warten, egal, wann er kommt. Ich ziehe die Knie ganz eng an mich, weil ich immer noch friere.

»Mein geliebtes Püppchen, verzeih mir! Warum liegst du nicht im Bett? Hier ist es viel zu kalt für dich«, höre ich eine Stimme schnurren. Ich muss auf der Treppe eingeschlafen sein. Noch nie war ich so glücklich über das Erscheinen meines Vaters, schlinge meine Arme um seine Beine, will ihn nicht mehr loslassen. Er kichert verlegen, zieht mich hoch, küsst mich mit feuchten Lippen. Schon bin ich nicht mehr so froh über seine Gegenwart und drehe mich zur Seite. Davon lässt er sich nicht beirren. Er presst mich an seinen Körper, steigt mit mir Stufe um Stufe hoch ins Haus, hinauf in den Turm bis in sein Schlafzimmer. Er kramt in seinem Jackett und zaubert ein rosa Päckchen hervor. »Für dich, mein Engel!«, säuselt er. Ich ziehe an der Schleife, sie löst sich ganz leicht, und hebe den Deckel des seidenbezogenen Würfels. Im Innern thront auf einem Kissen aus weißem Satin eine Armbanduhr. »Es ist eine Cartier-Uhr! Sie machen die teuersten Uhren der Welt!«, prahlt mein Vater. Das Schmuckstück sieht zwar schön aus, aber ich hasse Uhren. Natürlich bedanke ich mich und lasse mir nicht anmerken, dass ich nichts damit anzufangen weiß. Den Moment der Peinlichkeit durchbricht mein Vater, indem er mir die Schachtel aus der Hand nimmt, seine nasse Zunge in meinem Ohr kreisen lässt und anfängt, mich auszuziehen. Ich denke in der Zwischenzeit darüber nach, wem ich die Uhr in München verkaufen werde.

Während mein Vater seine Phantasien an mir auslebt, stürze ich in einen Schacht und lasse mich fallen ins Bodenlose. Es wird schwarz um mich, ich fühle nichts mehr. Nur wenn er zu grob wird, wehre ich mich, vertröste ihn: »Das nächste Mal bestimmt!« Ich weiß, dass ich lüge.

Der nächste Tag vergeht in Roms Innenstadt mit der üblichen Hetzerei von Boutique zu Boutique. Beim Juwelier Bulgari flüstert er mit einem Herrn, der ständig um ihn herumscharwenzelt. Später liegt ein rotes Päckchen auf der Rückbank des Rolls-Royce. Die Sonne verfärbt sich rötlich, hoch oben zeigt sich eine blasse Mondsichel. Die Fahrt zurück durch die Stadt ist wunderschön. Plätze mit Brunnen, Straßencafés, luftig gekleidete Menschen, die lachen, sich küssen. Und ich bin eingesperrt in diesem Auto, in diesem Haus! Der Wagen biegt in die Einfahrt. Das Eisentor schnappt zu, der Käfig ist wieder verschlossen.

Mein Vater nimmt ein Bad, steht lange vor dem Spiegel, probiert verschiedene Hosen, Hemden, Jacketts. Was er verwirft, landet auf dem Boden, Arbeit fürs Personal. Der Haufen wächst beachtlich. Er wirkt abwesend. Wahrscheinlich lässt er mich heute Abend wieder allein. Ich halte das nicht aus, muss raus hier! Wie mache ich ihm klar, dass ich mich in den Trubel stürzen will? Ich bin jung, ich will leben, will hinaus in die Stadt, mit diesen Mädchen und Jungen lachen, tanzen, Spaß haben. Stattdessen werde ich festgehalten in einer Kirche bei einem alten Kerl. Muss warten, bis der nach Hause kommt und seine Geilheit an mir abreagiert.

Mein Vater haucht: »Ciao, mein Engel, ich muss noch mal kurz weg!«, drückt seine nassen Lippen auf meine, schnappt einen Panamahut und verschwindet. Als ich den Motor aufheulen höre, werfe ich mich vor die nächste Kloschüssel und kotze. Das genügt mir nicht. Ich ramme mir einen Finger, zwei, die ganze Hand in den Rachen, bis nur noch gelbe Flüssigkeit in die Schüssel tropft und mir schwindlig wird. Ich wanke vor den Spiegel. Eine fremde Person schaut mich an: leerer Blick aus wässrigen Augen, die Gesichtshaut aufgequollen. Ich wende mich ab, falle auf ein Bett und weine, schluchze, schreie. Es ist egal, hier hört mich sowieso keiner. In München bin ich überflüssig, ungewollt, störend. Bei meinem Vater bin ich gewollt, begehrt, er kämpft um mich, zeigt mir, wie sehr er mich braucht, wie wunderbar es ist, dass es mich gibt. Und zwingt mir ununterbrochen seinen Willen auf.

Jemand pfeift ein Lied. Der Nachtwächter! Der einzige Mensch, der meine Einsamkeit und Angst für kurze Zeit vertreibt.

»Hallo! Ich komme gleich!«, rufe ich aus einem Fenster. Ich muss mich ganz weit nach vorne beugen, um hinausschauen zu können. Der Fenstersturz ist mindestens einen Meter tief. Da unten steht er auf dem Kies, blau auf weiß, und grinst breit wie die Katze auf dem Baum aus *Alice im Wunderland*. Vor lauter Erleichterung, dass er gekommen ist, packe ich gleich vier Flaschen Bier, Salami, Käse, Schinken, Weißbrot in eine Schale und halte sie ihm auf der Treppe dankbar entgegen. »Grazie mille!«, freut er sich. Wir setzen uns wieder auf die Stufen, wir prosten uns zu, er erzählt seine Geschichten, während er ständig kaut. Manchmal sehe ich den Speisebrei in seinem Mund, das ekelt mich, und ich schaue schnell weg. Die Zeit verfliegt, er setzt seine Mütze wieder auf, verabschiedet sich und verschwindet. Leider!

Bestimmt ist es schon spät, aber ich will noch nicht ins Bett. Nichts ist zu hören vom Leben in der Stadt. Nicht mal Grillen zirpen. Manchmal ruft eine Eule. Sie ist weiß und so klein wie eine Birne, aber heute ist auch sie nicht da. Da zerfetzt ein Donnerschlag die Stille. Die Mauern zittern, der Boden vibriert. Was ist das? Ein Erdbeben? Geht die Welt unter? Babbo, bitte komm doch! Ich drücke mich flach auf die Steine, vergrabe mein Gesicht in den Armen. Ein Einbrecher! Ein Geist! Selbst das Weinen ist mir vergangen, ich habe nur noch Angst.

So findet mich mein Vater, ich habe ihn nicht kommen hören. Bestürzt fragt er mich, was passiert sei, ich stammle unzusammenhängendes Zeug. Er trägt mich ins Haus, setzt mich auf die Marmortafel, streichelt mir über den Kopf, küsst mich auf die Stirn. Er versucht mich zu beruhigen, bringt mir ein Glas Wasser. Gierig trinke ich es aus. Meine Zähne schlagen aufeinander, mein Körper wird geschüttelt, ich habe keine Kontrolle über mich. Mein Vater umarmt mich zärtlich, streichelt weiter meine Haare, er will mir zeigen, dass ich bei ihm in Sicherheit bin. »Alles gut! Alles ist gut!« Seine Hände streicheln meine Schultern, meine Brüste, er biegt meinen Oberkörper nach hinten auf die Tischplatte, während er mich immer noch streichelt, schiebt meine Unterhose nur so weit runter, dass ich meine Beine nicht bewegen kann. Ich spüre seine Zunge auf meiner Haut, auf der Innenseite meiner Schenkel, höher, sehr langsam, ich mache mich taub. Die Marmorplatte glüht direkt vor meinen Augen, sie blutet, sie schwimmt im Blut, es läuft die weißen Tischbeine hinunter, das Blut gerinnt zu Klumpen, verkrustet. Ich löse mich auf.

Irgendwann nachts wache ich in seinem Bett auf. Das Laken klebt von meinem Schweiß, ein fremder Geruch hängt in der Luft, ich ekle mich. Mein Vater schnarcht neben mir. Geräuschlos schleiche ich aus dem Zimmer, die Stufen in den Turm hinauf, ins Bad im nächsten Stockwerk. Ich setze mich in die leere Wanne und seife mich ein, bis ich bedeckt bin von der Schmiere. Dann reibe ich meine Haut, wasche mich, meinen Mund, auch innen, meine Brüste, den Bauch, vor allem zwischen den Schenkeln, bis ich brenne. Nichts darf zurückbleiben von ihm, an keiner Stelle! Das Wasser spült den Schmutz von mir ab, ich sehe meinen Vater im Abfluss verschwinden. Dann wickle ich den Stoff des Bademantels fest um meinen Körper, schlage die Teile weit übereinander, befestige den Gürtel wie ein Vorhängeschloss. Ich muss mich wieder zu ihm legen, sonst tobt er durchs Gemäuer, wenn er aufwacht. Auf dem Weg zurück komme ich am Kirchenschiff vorbei. Es reizt mich, einen Blick hinunterzuwerfen. Zuerst kann ich nichts erkennen, der Mond malt helle Flecken auf den Haufen, der sich unter mir türmt. Holzspeere ragen daraus hervor, die Leinwand von Kandelabern aufgespießt: Ein seltsam verrenktes Tier liegt halb auf den Steinfliesen, halb hängt es auf einer Barockbank. Es sind die Reste des Ölschinkens, der sich meiner erbarmt hat und abgestürzt ist: mit jenem Donnerschlag, der das Gemäuer zum Beben brachte. Befriedigt gehe ich zurück ins Schlafzimmer und lege mich auf die äußerste Kante des Bettes.

Am Morgen bringt mir die kleine schwarze Frau wie üblich Kaffee, Biskuits und Brötchen mit Butter ans Bett. Die italienische Butter mag ich nicht, sie schmeckt ranzig, nach Kuheuter. Danach bade ich mich wieder ausgiebig, vorausgesetzt mein Vater ist nicht in der Nähe. Ich zelebriere Badeorgien! Der Schaum wächst über meinen Kopf, ich verstecke mich in ihm, seife mich ein, wasche mich wieder und überall. Habe ich Glück, bin ich angezogen, wenn er kommt. Der Kleiderschrank ist so voll von meinen Kleidern, dass kein einziges Stück mehr hineinpasst. Trotzdem habe ich keinen Spaß daran, mir etwas Schönes auszusuchen, »mit den Stoffen zu spielen«, wie mein Vater immer sagt. Ich greife blind nach irgendeinem Fetzen und schlüpfe hinein. Aber manchmal erwischt er mich vorher. Dann begrapscht er mich. Ich versuche mich ihm zu entwinden, erfinde Ausreden, stürme ins Klo, sperre mich ein, horche hinter der Tür, bete, dass er sich trollt. Vor der Laune, die mich anschließend trifft, fürchte ich mich. Wenn seine Mundwinkel bis zum Knie rutschen, wenn er mich spüren lässt, dass ich schuldig bin. Schuld daran, dass er enttäuscht und gekränkt ist. Dann muss ich Buße tun. Es kostet mich unermessliche Anstrengung, ihn zu besänftigen. Die Diva lässt sich bitten! Ich muss um ihn buhlen: ob er einen Spaziergang mit mir machen möchte im Park, ob er vielleicht Lust hat, ans Meer zu fahren? Irgendwann zeigt er sich gnädig und lässt sich dazu herab, das Nötigste mit mir zu besprechen. Aber er bleibt wortkarg und abweisend. Dieser Liebesentzug ist unerträglich. So bin ich ihm gefügig, mache, was er will. Nur damit er mich wieder liebt.

Die Tage ziehen sich wie Kaugummi. Tagsüber fährt mein Vater mit mir in die Stadt, um mich mit noch mehr Plunder einzudecken. Nachmittags muss ich Mittagsschlaf mit ihm halten, gegen Abend verdrückt er sich, sagt nicht, wohin er geht. Ich bin mir sicher, dass Weiber ihn umtreiben. Ich verbringe die Abende mit dem Nachtwächter. Nachts kommt er zurück, macht sich über mich her, egal, ob ich wach bin oder schlafe, ob ich weine oder ihn anflehe, mich in Ruhe zu lassen. Ob er mich zerstört – es interessiert ihn nicht. In seiner Gedanken- und Gefühlswelt existiert ausschließlich er, und er gefällt sich in der Vorstellung, mich zu lieben.

Nach etwa zwei Wochen halte ich es nicht mehr aus. Ich klage ihm, wie groß die Sehnsucht nach meiner Schwester sei, wie gerne ich sie in Berlin besuchen möchte, wie lange ich sie nicht gesehen habe. Ganz anders als sonst scheint er nichts dagegen zu haben, dass ich abreise. Ich wusste es, er hat was vor. Nachdem das Ticket bestellt und klar ist, dass ich morgen fliege, gibt er der kleinen Frau und ihrem Mann Anweisungen, die Möbel im Haus umzustellen. Bestimmt zieht eine neue Frau bei ihm ein, sobald ich im Flugzeug sitze.

Ausgestattet mit Koffern voller Klamotten, einer Uhr, die ich gegen einen Sportwagen tauschen könnte, und mehreren tausend Mark für mich allein in der Tasche, klingle ich an Biggis Tür in Berlin. Wir drei fallen uns in die Arme. Meine Schwester lässt meine Hand nicht los, ich ihre auch nicht.

Ich glaube, Biggi freut sich auch, mich zu sehen, vielleicht noch ein bisschen mehr über das Kuvert mit Geld, das ich ihr von meinem Vater überreiche. Egal, Hauptsache, ich bin der Folter und der Horrorkirche entronnen. Der Druck lässt nach, mein Herz pocht nicht mehr so wild. Bei Babbo erlebte ich meine Stiefmutter angespannt, verkrampft. Hier, in ihrer Wohnung, wirken sie und Nastja fröhlich: drei Zimmer, Küche, Bad und als Krönung eine Dachterrasse.

Ich erkenne viele Gegenstände aus Rom wieder. Sie müssen einen Möbelwagen ins Flugzeug gestopft haben. Biggi erzählt mir, wie sie am Flughafen stand: mit Kind, Hund, zwölf Koffern, Kisten und obendrauf ein Käfig mit »Grauen«, dem Kater.

Am ersten Abend zeigt mir Biggi Berlin: die Disco, in der sie tanzte, als sie siebzehn war, die Cafés, die Eisdielen … Wir gehen oft gemeinsam weg. In Kreuzberg in einer düsteren, total verdreckten Ecke entdecken wir eines Nachts eine Tür: vollgeschmiert, kaputt und sehr geheimnisvoll. Ein paar Stufen führen zu ihr hoch, dahinter lockt Jim Morrisons Stimme: *When the music's over* und *Strange Days*. Mein Herz pocht laut, wir wagen uns hinein. Ein winziger Raum voller Menschen und dickem Qualm, es riecht nach Haschisch. Wir sehen kaum etwas. In roten, gelben, grünen Nebelschwaden zucken scherenschnittartige Gestalten vor den Kaleidoskopbildern, die ein Projektor an die Wand wirft. Die Leute schieben, drücken, quetschen. Ich werde panisch, will wieder raus, aber das geht jetzt nicht, die Menge drängt in Richtung Klo. Egal, Hauptsache Luft! In dem engen Flur wanken uns Schlafwandler entgegen, Biggi sagt, es seien Fixer. Einer fällt mir in die Arme. Ich versuche ihn zu halten, aber er ist zu schwer, reißt mich mit sich zu Boden. Biggi hilft mir, wir kämpfen uns zurück in den Raum zu dem einzigen freien Platz an der meterlangen Bank, die die Wände säumt. Vor uns wogt die vollgekiffte Menge. Ich schließe die Augen, die Musik der Doors fließt durch mich hindurch. Der Raum, die Menschen um mich herum, das Licht, die Musik werden wattig, unwirklich. Ich bewege meine Finger, kneife mich in die Backe. Sie fühlt sich taub an. Ich versuche tief zu atmen, es geht nicht. Eine kalte Hand packt mich am Nacken, ich springe hoch, muss raus. Biggi bahnt mir einen Weg nach draußen. Nach ein paar Minuten habe ich mich erholt, es zieht uns wieder rein. Dieser Ort ist aufregend und bedrohlich. Da die Luft nur aus Haschischqualm besteht, bin ich wahrscheinlich bekifft. Zum ersten Mal in meinem Leben. Auf dem Heimweg finden wir jedes Auto, jede Ampel wahnsinnig komisch, wir können uns vor Kichern kaum aufrecht halten, finden aber immerhin den Weg nach Hause.

Von da an ziehe ich Abend für Abend allein durch die Stadt. Wie im Fieber will ich alles sehen, alles erleben, alles aufsaugen. Einmal nimmt mich jemand mit in einen Schwulenclub in der Nähe des Kurfürstendamms. Er wird zu meinem Wohnzimmer. Kaum macht er auf, sitze ich schon an der Bar. Der Barkeeper Horst wird bald zu meinem großen Bruder. Die meiste Zeit tanze ich allein nach den Doors, James Brown, Janis Joplin … Wenn ich müde werde, setze ich mich zu Horst, lege meinen Kopf auf die Bar und schlafe ein. Morgens, gegen sechs Uhr, weckt er mich, und wir gehen zusammen mit den Kellnern ins Café Möhring zum Frühstücken. Danach nehme ich ein Taxi zu Biggi, schleiche mich auf die Terrasse, schaue über Kamine und Dächer in den Morgenhimmel. Ich atme die Frische, suche mir einen Liegestuhl aus, krieche unter die Wolldecke und schlafe ein.

Ich bin zurück in München. Die Stadt lockt mit Freiheit, Disco, Jungs. Der jüngste Bruder meiner Mutter, der mich als Kleinkind immer gequält hat, hat mich bei sich aufgenommen. Etwas Besseres, als mit sechzehn Jahren ein Zimmer mit eigenem Bad und separatem Eingang zu bewohnen, gibt es nicht. Ich habe ihm die Quälereien verziehen. Er ist mein Lieblingsonkel geworden, weil er großzügig, jung und cool ist, mich mit in die Discos nimmt. Leider hat Mama das Zimmer hässlich und billig eingerichtet: Kaufhausbett, Tisch, Stuhl. Am schlimmsten ist der Plastikschrank mit Reißverschluss und Blumenmuster in Tchibofarben. Den muss sie in der Obdachlosenunterkunft gefunden haben. Der Plunder kann nur ein paar Pfennige gekostet haben. Mein Vater hat sich die Einrichtung bestimmt etwas anders vorgestellt, als er ihr dafür Geld geschickt hat. Trotzdem fühle ich mich wohl in meinem ersten eigenen Reich. Und ich kann kommen und gehen, wann ich will.

Ich wohne jetzt am äußersten Ende von Schwabing, Richtung Nymphenburg. Der Weg in die Stadt ist lang, ich muss mehrfach umsteigen, aber das stört mich nicht. Ich putze mich mit den Kleidern aus Rom raus und flaniere durch Schwabing. Oft treffe ich meine Freundin Patrizia. Wir stöckeln die Leopoldstraße auf und ab, vorbei an den Cafés, und genießen die Blicke der Männer, die dort herumlungern und auf junge Mädchen warten. Später nehmen uns die Typen mit in die Disco. Wenn ich Glück habe, erwische ich die letzte Straßenbahn um halb eins. Meist fläze ich in der letzten Reihe.

Oft bin ich der einzige Fahrgast. Ich flirte mit meinem Spiegelbild oder presse das Gesicht an die Scheibe, um etwas von der vorbeihuschenden Stadt zu erkennen. Der Fahrer jagt nur für mich den Wagen durch die Nacht. Ich lausche dem Rhythmus der ratternden Räder.

Es kommt vor, dass ich vom Fahrer wachgerüttelt werde. Dann habe ich es nicht bis zum Ende geschafft und bin unterwegs eingeschlafen. Von der Endstation sind es noch zehn Minuten zu Fuß. Ich freue mich immer, nach Hause zu kommen.

Eines Nachts empfängt mich mein Onkel an der Tür: »Dein Vater ruft seit etwa acht Stunden im Abstand von fünf Minuten an. Er brüllt mich an, will wissen, wo du dich rumtreibst, warum du um diese Zeit nicht zu Hause bist, was mir einfällt, dich überhaupt allein aus dem Haus zu lassen. Mittlerweile tobt er.«

In diesem Moment klingelt das Telefon. Mein Onkel ruft: »Für dich, meine Kleine! Diesmal darfst du rangehen!« Mir ist mulmig. Das Klingeln wird lauter, ungeduldiger. Als ich endlich abhebe, schreit mir mein Vater ins Ohr. Ich zucke zusammen und lege den Hörer neben den Apparat, es ist unmöglich, ihn ans Ohr zu halten, das Trommelfell würde platzen. Ich kann Babbo bis auf den Balkon hören. Er keift, er kreischt, er brüllt, ich verstehe kein Wort. Zwischendurch versagt ihm die Stimme, dann klingt er ganz jämmerlich. Aber er fängt sich schnell wieder. Ich sehe seine verzerrte Fratze vor mir, Augen so groß wie Teller und Schaum vorm Riesenmaul.

»Polaaaaaaaaaaaaaaaaaa!!!!!!!!«

Ich hechte in Richtung Telefon, krache gegen die Wand.

»Ja?«

»Hörst du mir überhaupt zu!«

»Ja, ja, natürlich!«

»Du gehst nie mehr allein aus dem Haus, hörst du! Hast du verstanden? Niemals!«

»Ja!«, wimmere ich.

Er ruft an, um mir zu befehlen, nach Rom zu kommen. Er fühle sich allein und habe unendliche Sehnsucht nach mir. Das Flugticket sei schon unterwegs! Ich knalle den Hörer auf die Gabel. Mein Onkel nimmt mich in den Arm und tröstet mich. »Ich will nicht! Ich will nicht! Ich fahre nicht zu ihm!«

Zwei Tage später sitze ich im Flugzeug.

Einige Monate sind vergangen, seit ich das letzte Mal in der Via Appia war. In der Ankunftshalle schaue ich mich nach meinem Vater um. Als er vor mir steht, erschrecke ich. Ein verknittertes Hemd hat sich auf seine Haut gelegt. Seit meinem letzten Besuch hat er sich in eine tausend Jahre alte Echse verwandelt. Sein Gesichtsausdruck ist leer, ohne Leben, keine Spur von Hoffnung. Mit angehaltenem Atem lasse ich sein Küssen und Schlecken über mich ergehen. Als er neben mir herläuft, fällt mir auf, dass ich größer bin als er. Ich richte mich auf und schaue ein bisschen von oben auf ihn runter, das gefällt mir. Er zieht komische Grimassen. Ständig versucht er, seine faltigen, schlabbrigen Lippen über die Zähne zu ziehen. Der Zahnarzt hat sie dieses Mal zu groß gemacht.

»Wir müssen dir neue Kleider kaufen, unbedingt!«, schnarrt er. Seine Stimme klingt so komisch. Ich schau ihn an. Er ist mir fremd. Wie getrieben schleift er mich von Geschäft zu Geschäft. Das bin ich gewohnt. Aber diesmal ist es anders. Er saugt gierig an den Zigaretten, als wolle er sie auffressen. Sein Blick flackert unruhig, er nuschelt unverständliche Laute vor sich hin. »Kürzer! Kürzer! Noch kürzer!«, befiehlt er der Schneiderin, die die Säume absteckt. Sie schüttelt den Kopf. Auch mir gefällt es nicht. Im Spiegel sehe ich nur Beine, die in einem Stück Stoff enden, das kaum größer ist als ein Taschentuch. Wenn ich mich bewege, kann man zwischen meine Beine oder meinen Po sehen. Ich fühle mich nackt, schäme mich.

In einem Miedergeschäft sucht er Schlüpfer für mich aus. Er greift in die Schubladen, ein Stofffetzen nach dem anderen segelt auf den Ladentisch. Zarte Gespinste aus Spitzen, Tüll, Rüschen und Bändchen wachsen zu einem Berg. Alle so winzig, dass sie eigentlich nichts bedecken können.

Als wir in der Via Appia ankommen, ist der Himmel schon dunkelblau, fast schwarz. Aus allen Fenstern strahlt gelbes Licht. Es sieht gemütlich aus. Ich erinnere mich an meinen Adventskalender, der jedes Weihnachten derselbe war: Die Türchen wurden am 25. Dezember wieder zugedrückt, und ich habe sie im Jahr darauf wieder aufgemacht, eines an jedem Tag, und mich immer wieder aufs Neue gefreut, als wäre es zum ersten Mal. Bestimmt haben seine Angestellten alles so schön gemacht. Hoffentlich sind sie noch da. Bitte, lieber Gott, lass mich nicht allein mit ihm sein!

Mein Vater schleppt alle Tüten ins Haus bis in sein Schlafzimmer. Ich rufe mehrmals »Hallo? Hallo?« – keine Antwort.

»Die sind zum Glück schon verschwunden! Ich kann dieses Pack nicht dauernd um mich haben!«, beantwortet er meine Frage. »Püppchen, zieh die Schlüpfer an, alle! Ich will dich darin sehen!« Er kreist langsam mit den Hüften, macht vor, wie ich mich bewegen soll. Ich gehorche, mache, was er verlangt. Er setzt sich auf den Rand seines Bettes und betrachtet mich, während ich mich vor ihm drehe, mit nach oben gereckten Armen, den Po weit rausgestreckt. Sein Blick wandert meinen Körper entlang. Ich bin nackt bis auf den Hauch eines Schlüpfers. Jeden einzelnen lässt er sich von mir vorführen. Manchmal hakt er seinen Finger ins Gummiband, zieht mich zu sich ran, fasst mich an, kniet vor mir auf dem Boden. Während dieser nicht enden wollenden Modenschau erzählt er mir, was er die letzten Monate getrieben hat.

Er habe sie sich alle ins Haus geholt: Models, zum Beispiel Loona, eine zwei Meter große Schwarze, Callgirls, Nutten, einige davon halbe Kinder. Alle habe er sie gefickt, alle. Eine blonde Engländerin habe ihn besonders geil gemacht, sie habe ihn an mich erinnert. Auch Drogensüchtige, Fixer haben sein Haus belagert. Er hat ihnen Unsummen von Geld in den Rachen geworfen, sie alle bewirtet mit Delikatessen, sie haben in seinen Luxuszimmern gehaust, von den goldenen

Tellern gegessen, aus den blutroten Kelchen getrunken, nur damit er nicht allein ist. »Alles Schmarotzer!« Sie haben sich breitgemacht in seiner Großzügigkeit. Als er merkte, dass sie ihn nur ausnutzten, habe er »dieses Ungeziefer, diese Ratten rausgeschmissen!«. Die Fixer wollten nicht gehen, so hat er sie in einem Rausch von Wut die Treppen hinuntergestoßen. Als alle verschwunden waren, stand mit Blut an die Wände geschmiert: »Kinski ist ein Arschloch!«

Mein Vater zieht mir den letzten Schlüpfer aus …

Sein Schnarchen zersägt die Stille. Lautlos gleite ich von der Matratze, schlüpfe hinter die schweren Damastvorhänge. Sie bilden eine Wand zwischen mir und ihm. Ich ziehe mich am Fenstersturz hoch, rutsche auf dem Bauch ganz nach vorne. Das Fenster steht offen. Gierig atme ich die Nachtluft ein, ich will sie trinken, ein Stück Himmel aufsaugen. Wenn ich nur wegfliegen könnte!

Der Hof wird kalt vom Mond erleuchtet. Dahinter ist alles schwarz. Eine Fledermaus flattert vorbei, noch eine. Ich lege den Kopf auf die Arme, kneife die Augen zu. Ich träume mich fort in ein Leben, das ich nicht kenne: ohne Angst, ohne Schmerz. Ich sehne mich nach einem Freund, ich möchte mich verlieben. Aber vorher muss ich in der Kirche endlose Stufen zum Altar hochsteigen und jede einzelne zählen. Ich verzähle mich ständig, muss immer wieder von vorn anfangen, komme nicht vorwärts, trete immer auf dieselbe Stufe. Es regnet schwarze Käfer auf mein weißes Kleid, sie verschmelzen sofort mit dem Stoff. Der verwandelt sich zu zähem grauem Brei. Ich kämpfe mich durch stinkenden Sumpf, durchs schwarze Moor. Eine Stimme ist hinter mir her: »Wo willst du hin? Pola, Polaaaaaaaa! Wo bist du!«

Schlagartig bin ich wach. Es ist die Stimme meines Vaters, der mich im ganzen Haus sucht. Ich halte die Luft an. Die Stimme wird ungeduldig, laut und böse. Ich springe aus meinem Versteck und laufe dem Rufen nach. »Hier bin ich, hier!« An der Tür zum Kirchenschiff finden wir uns. Er umschlingt meinen Körper wie ein Krake, quetscht mich an seinen Unterleib. »Mein Engel, ich habe mir solche Sorgen gemacht!«, jammert er. Ich kann nicht atmen, er tut mir weh, ich stemme mich gegen ihn, halte still, warte auf den Moment zu fliehen. Das macht ihn wütend: »Was ist mit dir los? Spinnst du denn völlig! Komm, lass das sein!« Meine Arme hängen schlaff herunter, ich höre auf, mich zu wehren.

»Mein Püppchen, bitte zieh ganz zu mir! Ich möchte dich immer ganz nah bei mir haben!«, schmeichelt er, »du kannst dir alle Zimmer und Möbel aussuchen, die du willst! Ich brauche dich, ich bin so allein! Du darfst mich jetzt nicht verlassen! Du darfst mich nie verlassen! Hörst du! Verstehst du das!«

»Nein!«

»Was heißt nein?!«, schreit er mich an.

»Nein, ich meine ja!«, wimmere ich. Er macht mir Angst! Ist er verrückt geworden?

Immer schon hat mein Vater meine Schwester und mich bei allen Gelegenheiten fotografiert. Natürlich hat er uns zuvor nach seinem Geschmack ausstaffiert: Kleidchen, weiße Kniestrümpfe, Schleifen in den Haaren. Es war Quälerei: stillhalten, lächeln, natürlich lächeln. »Mach nicht so ein blödes Gesicht!«, schnauzte er uns ständig an. »Ich fasse es nicht, wie verkrampft du schaust! Schau gefälligst natürlich! Lächle, verflucht, lächle!« Mittlerweile ist aus der Quälerei die reinste Folter geworden. Mein Vater nimmt sich unendlich viel Zeit, mich anzukleiden. Es ist Leidenszeit, bis er das passende Kostüm gefunden hat. Dann schminkt er mich: Zuerst schmiert er so lange Tusche auf meine Wimpern, bis sie zu Spinnenbeinen werden. Er tupft schwarzen Lidschatten rund um meine Augen, danach verwischt er ihn mit den Fingern. Mit besonderer Hingabe malt er meine Lippen rosa oder brennend rot an, um die Farbe anschließend mit dem Handrücken zu verschmieren. Zum Schluss fährt er mit beiden Händen in meine Haare, verwuschelt sie wild. Als ich mich im Spiegel sehe, schreie ich auf: »Nein! Auf keinen Fall lasse ich mich so fotografieren! Ich sehe ja aus wie eine Nutte!«

»Das ist doch süß! Als hättest du fünf Nächte nicht geschlafen! Verrucht, so versaut!«

Er ist verrückt geworden! Ich muss weg von ihm! Ich habe Angst! Wo soll ich hin? Mama, bitte hilf mir! Lieber Gott, hilf mir!

»Setz dich auf den Stuhl hier und schau mich an!«

Ich tue, was er verlangt.

Die Fotositzung dauert bis in die Nacht. Ich kann mich nicht an viel erinnern, manchmal spüre ich seine Hände, die meinen Körper verdrehen, in eine bestimmte Stellung bringen. Ich mache mich tot.

Ein Kinderfoto meiner Mama in einem kleinen runden Goldrahmen ist in meiner Hand eingeschlossen. Ich habe es nach Rom mitgenommen, um mich daran festzuhalten. Obwohl er mein weniges Eigentum vernichtet hat, kein Millimeter meines Körpers mehr mir gehört, jede Regung, jede kleinste Bewegung von seiner Erlaubnis abhängt – selbst wenn ich aufs Klo muss, fragt er: »Wo gehst du hin?« –, habe ich es geschafft, es vor ihm zu verbergen. Weder beim Essen noch beim Zähneputzen, nicht einmal wenn ich mich wasche, gebe ich es frei. Auch nicht, wenn er mich quält und ich mich tot mache. Dieser Schatz ist ein Teil von mir geworden: aufgequollen, verknittert und wellig von Tränen, Schweiß und Badewasser. Meine Mama als Vierjährige ist kaum mehr zu erkennen, aber ich vergöttere dieses Bild, ich brauche es, ich spreche mit ihm, es hilft mir, die Folter zu überstehen, nicht zu sterben.

Wie komme ich hier raus? Ich will nichts wie weg, und gleichzeitig weiß ich genau: Das Flugzeug, in dem ich zurückfliege, wird abstürzen, und ich werde meine Mutter nie mehr wiedersehen. Dieses Gefühl, diese Gewissheit macht mich wahnsinnig. Ich flehe zu Gott, dass er mich zu meiner Mama zurück lässt. Dafür muss ich eine bestimmte Seite in einem Buch immer wieder aufschlagen. Hundertmal, zweihundertmal. Mein Vater erwischt mich dabei, aber ich kann nicht aufhören. Er schnauzt mich an: »Lass das sein! Ich kenne das alles! Ich bin sowieso viel sensibler als du! Das ist alles Quatsch! Zieh dich an, wir gehen essen!« Als er hinausgerauscht ist, zwingt mich das Buch, es wieder aufzuschlagen, sonst werde ich bestraft, sonst stürzt mein Flugzeug ab.

Meine Mutter ruft an und fordert meinen Vater auf, mich endlich zurück nach München zu schicken, ich könne ja nicht wochenlang die Schule schwänzen. Sie ahnt nicht, wie dankbar ich ihr bin. Er bestellt maulend ein Flugticket.

Bevor ich abreise, steckt er mir einige große Scheine in die Tasche. »Für dich, mein Püppchen! Du musst ganz bald wiederkommen, und dann bleibst du für immer bei mir! Aber ich muss dir noch etwas geben, komm mit!« Er steigt die Stufen in den Turm hinauf, nimmt immer zwei auf einmal, ich kann ihm kaum folgen. Wir stehen vor einer niedrigen Holztür, es geht nicht mehr weiter. Hier war ich noch nie. Der Schlüssel knackt im Schloss, die Tür knarzt. Ich muss mich bücken, um einzutreten. Ein Zimmerchen wie ein Verlies, mit einem winzigen Fenster. Im Dämmerlicht erkenne ich einen Tisch, einen Stuhl, ein Bett. Mein Vater verschwindet fast ganz in einem Schrank. Hektisches Rascheln, anscheinend sucht er etwas. »Und das und das und das …«, höre ich ihn murmeln. Er taucht wieder auf, streckt mir ein Bündel Papier entgegen: »Hier!« Ich schaue ihn fragend an. »Nimm endlich!«, bellt er und wirft mir den Packen ins Gesicht. Blätter segeln zu Boden. Er schreit auf. Einen Teil konnte ich auffangen, den Rest suche ich zusammen. Es sind Schwarzweißporträts von ihm, als er noch jünger und gutaussehend war. Er sieht mich unsicher an, ein kurzes Flackern, ein Flehen in den Augen. Ich muss ihm versprechen, die Bilder über mein Bett zu hängen, egal, wo ich wohne. »Schwör mir, dass kein Kerl, kein mieser Kretin dich jemals anfassen darf! Nur ich darf das! Hörst du! Nur wir beide dürfen so süße Dinge miteinander tun! Verstehst du das! Und du wirst niemals mit irgendjemandem darüber sprechen! Hörst du! Nie in deinem Leben! Schwör es mir!« Ich nicke, ich schwöre, ich tu, was er von mir verlangt.

Vor dem Start schnalle ich mich zigmal an und ab, ich muss das tun, ich habe Angst, dass ich sonst abstürze, dass Gott mich bestraft. Das Flugzeug hebt ab, ich habe das Gefühl, es schießt senkrecht in die Wolken, meine Fingernägel schneiden in meine Schenkel, bis sie bluten. Ich drehe mich um, mein Blick wandert von Passagier zu Passagier: keine Spur von Unruhe auf ihren Gesichtern. Sie lesen oder schlafen, wirken vollkommen entspannt. Warum bin ich die Einzige, die Angst hat? Als nichts passiert, die Maschine gleichmäßig brummt, schaue ich aus dem Fenster. Der Himmel strahlt in tiefstem Blau, keine Wolke, das Meer unter mir glitzert.

Diesmal ist mein Vater nicht allein zum Flughafen gekommen. Das fremde Wesen, halb hinter ihm verborgen, ist noch viel kleiner als er und fadendünn. Die hüftlangen Haare hat sie wie Vorhänge vors Gesicht gezogen, als wollte sie sagen: »Lass mich in Ruhe! Ich will nicht gestört werden.« Sie grüßt knapp, es ist kaum wahrzunehmen. Ich sehe an ihr herunter. Was für winzige Füßchen sie hat! Alles an ihr ist klein! Ich bin schon schmal, aber neben diesem Fädchen komme ich mir vor wie ein Riesenbaby. Das soll seine neue Frau sein? Sie wirkt wie ein Kind.

»Das ist Geneviève!«, sagt er und verschlingt ihr kleines Gesicht mit seinem Riesenmaul. Als er satt ist, sagt er: »Das ist Pola, meine Tochter!« Er packt mich am Pferdeschwanz, zieht mich zu sich heran und saugt sich an meiner Oberlippe fest. Diese Geneviève glotzt mich kalt und unbeteiligt an – ich glotze zurück.

Wir müssen uns zu dritt vorne in einen Sportwagen quetschen, der Motor heult auf, ich schäme mich vor den Gaffern. Es ist mir unangenehm, diese fremde Person neben mir zu spüren und zu riechen. Ich bin zwischen ihr und der Wagentür eingeklemmt. Hoffentlich springt die nicht plötzlich auf, und ich stürze raus. Ich wage einen Blick zu dem Wesen, mit dem meine linke Körperhälfte verwachsen ist. Sie hält den Kopf stur geradeaus, zwischen den Vorhängen schauen Nase und Mund hervor, die Lippen sind trotzig verschlossen.

Rom fliegt in seiner gewohnten Schönheit an uns vorbei. Alle Fenster sind offen. Keiner sagt etwas. Wir schweigen die ganze Fahrt über. Ich fühle mich unwohl, angespannt, fremd und beginne die Zypressen zu zählen.

Bei zweihundertsiebenundneunzig bremst mein Vater hart ab – das Wesen und ich fliegen gemeinsam gegen die Scheibe – und biegt von der Via Appia in die Einfahrt. Das Portal öffnet sich, der Wagen rollt auf dem Kies aus. Zwei Frauen stürzen herbei, helfen uns heraus, ich habe sie vorher noch nie gesehen. »Die neuen Diener: Mutter und Tochter«, stellt mein Vater sie später vor. Sie sind sehr freundlich, sehr unterwürfig und total verängstigt. Fehlt nur noch, dass sie vor mir herkriechen und mit Hexenbesen den Kies fegen.

Mein Vater legt einen Arm um mich, den anderen um die Neue, und wir betreten als siamesische Drillinge die Eingangshalle. Dabei reibt er abwechselnd seine Hüften an mir und an ihr. Ich schäme mich vor den Angestellten. Was werden die denken!

In der Halle schaue ich mich um. Einiges ist anders: Es stehen mehr Möbel herum, kleine Sessel und Sofas wie hingeworfen. Und überall große Vasen mit Blumen. Es riecht fremd, schwer und süßlich, irgendwie faulig. Das Ritual beginnt, ich kenne es: die Kleider abstreifen, fallen lassen, darüber wegsteigen, ins Bad huschen, in einen Schaumberg eintauchen, dann verschwinden. Badeöl von Balmain: eine Frühlingswiese voller Maiglöckchen. Ich atme tief ein, bis in den Kopf. Momente, in denen ich mich wohlfühle. Wenn meine Haut schrumpelig wird vom heißen Wasser, trockne ich mich mit Badetüchern ab, die so weich sind wie Samt. Ich bin eine Prinzessin, umgeben von Gold, Samt und Seide! Dann wickle ich den Bademantel fest um meinen Körper, um meine Nacktheit zu verbergen und keine Begierden zu wecken. Das ist für mich so selbstverständlich geworden wie Zähneputzen. Ich setze mich auf den Wannenrand und warte. Was soll ich jetzt tun? Wohin darf ich gehen? Mit der neuen Frau hat sich die Atmosphäre im Haus geändert. Ich fühle mich fremd und überflüssig. Der Spiegel im Goldrahmen mir gegenüber nimmt fast die ganze Wand ein. Er scheint über mich zu wachen. Nichts entgeht ihm, keine Bewegung, kein Blick. Aus Langeweile fange ich an, mit ihm zu spielen, ziehe Grimassen, strecke ihm die Zunge raus.

Da höre ich meinen Namen. Ich öffne die Tür und horche. Mein Vater ruft mich. »Pola!«, und noch mal »Pola!«, ich folge der Stimme und lande in seinem Schlafzimmer. Er und das Wesen sind in Bergen aus Kissen, Spitzen und Rüschen versunken – alles weiß.

Aus dem Fernseher, der auf einem Hocker vor dem Riesenbett steht, plärren italienische Moderatorenstimmen. Mein Vater wiehert laut auf: »Das gibt es nicht! Das darf nicht wahr sein! Dieser Kretin! Wie beschissen dieses Arschloch aussieht!« Er sitzt aufrecht im Bett, der ausgestreckte Zeigefinger zittert in Richtung Bildschirm, dann stottert er irgendwelche Ausdrücke, die ich nicht verstehe, seine Augen treten aus den Höhlen, Schaum bildet sich in den Mundwinkeln. Ich schaue zum Fernseher, sehe einen farblosen Showmaster. Wieder bricht mein Vater in hysterisches Gelächter aus, die Neue kichert, also kichere ich auch, um nicht aufzufallen. Immer noch stehe ich dumm rum, ich möchte nicht mit aufs Bett. »Komm zu uns, mein Püppchen!«, haucht er. Ich setze mich ans Fußende, auf die äußerste Kante. Mein Po berührt kaum die Matratze. Plötzlich rutsche ich ab und lande auf dem Boden. »Was machst du denn!«, schnauzt er, »mach nicht so ein Theater und komm jetzt endlich her!« Ich schäme mich, krieche auf allen vieren ums Bett herum zu ihm, bleibe aber auf dem Teppich sitzen. Mein Vater streichelt meinen Nacken. Weil mich das Fernsehen nicht interessiert, schweift mein Blick im Schlafzimmer umher. Es sieht alles aus wie immer. Nein! Auf einem Nachttisch steht ein Foto in einem Silberrahmen: das lachende Gesicht meines Vaters. Darauf steht geschrieben: Kinski gehört Geneviève! Das Gelächter wird weniger, das Kraulen an meinem Nacken lässt nach, die Hand liegt schlaff auf meiner Schulter. Mein Vater ist eingeschlafen, ich stehle mich in mein Zimmer.

Der Duft von Kaffee und Biskuits weckt mich. Aus der Küche höre ich italienische Stimmen schnattern, so schnell und aufgeregt, man könnte meinen, es würde um sehr Wichtiges gehen, begleitet vom Klappern von Geschirr. Sie sind fröhlich, das höre ich. Nach dem Frühstück im Bett spähe ich durch die angelehnte Tür ins Schlafzimmer meines Vaters. Ich will sehen, ob sie schon auf sind und was sie machen. Auf dem Bett inmitten von Seidenkissen thront die Neue. Die langen Haare sind zu einem Knoten gedreht und ganz oben auf dem Kopf festgesteckt. Sie blickt konzentriert vor sich hin. Neugierig schleiche ich in ihre Nähe. Sie fummelt mit einem winzig kleinen Gerät an einem Stück Kunststoff herum. So etwas habe ich noch nie gesehen. Vor ihr auf einem goldenen Tablett liegen kleine Tuben, Töpfchen, Wattebällchen in Hellblau, Rosa, Gelb, verschiedene Nagellackfläschchen, Feile, Nagelschere und noch mehr. Es dauert, bis ich begreife, was sie treibt. Sie trägt die längsten, spitzesten Fingernägel, die ich je gesehen habe. Einer scheint abgebrochen zu sein, denn sie formt hingebungsvoll aus einer weißlichen Masse ein nagelähnliches Gebilde, passt es an die Abbruchstelle an und verstreicht die Ansätze. Dann pustet sie auf den Nagel und verschönt ihn zum Schluss mit Nagellack. Ich bin fasziniert, mit welcher Ruhe und Geduld dies vor sich geht. Nur einmal hebt sie kurz den Kopf und schaut mich desinteressiert an.

Durch die zugezogenen Vorhänge fällt Licht. Ich erwache in meinem Bett in einem Turmzimmer in der Via Appia. Jetzt bin ich doch eingeschlafen, obwohl ich das auf keinen Fall wollte. Mein Vater hat Mittagsschlaf angeordnet. Lächerlich! Mittagsschlaf mit sechzehn! Aber wie immer habe ich getan, was er befohlen hat: Habe mich ausgezogen sofort nach der Rückkehr aus der Stadt, die Kleider auf den Boden fallen lassen fürs Personal (sie müssen alles, auch wenn wir es nur einmal kurz getragen haben, sofort in die Reinigung bringen), habe mich gebadet und ins Bett gelegt. Ich gehorche immer. Jedenfalls spiele ich ihm das unterwürfige Mädchen vor, solange mich seine unerbittlichen Augen verfolgen – ihnen entgeht nichts. Hinter seinem Rücken mache ich dann, was ich will, so wie es alle tun. Ich glaube, mein Vater will angelogen werden. Er zwingt jedem seine Meinung, seinen Willen, sein Leben auf und merkt dann nicht, dass die ganze Welt ihn hintergeht? So dumm kann er nicht sein. Vielleicht ist er deshalb so oft gereizt, schlecht gelaunt, zornig, weil er spürt, dass ihm alle hinter seinem Rücken die Zunge rausstrecken, ihn auslachen, belügen, mit Fingern auf ihn zeigen. Alle kriechen ihm in den Arsch. Die einen aus Angst wie ich, die anderen aus Berechnung und Gier. Zu meiner Mutter hat er einmal gesagt: »Ich bin nie glücklich! Keine Sekunde! Ich bin der einsamste Mensch auf dieser Welt!« Er tut mir nicht leid.

Obwohl ich nackt und frisch gebadet bin, klebe ich am Laken fest. Nur meine Füße sind kühl. Die waren nicht zugedeckt, als ich schlecht geträumt habe. Vielleicht drang das Geschrei meines Vaters und seiner Freundin Geneviève bis in meinen Schlaf. Sie stritten in einem anderen Stockwerk, aber ich konnte es durch die Mauern hören. Es ging los, kaum waren wir von der üblichen Einkaufstour zurück. Ich war auf dem Weg ins Bad, als ich Geneviève plötzlich schreien hörte: »Für mich wurde nichts gekauft! Nur für Pola, nur für Pola!« Kurz war es daraufhin still. Dann tobte mein Vater los, sie solle ihr Maul halten, er würde ihr ständig Klamotten kaufen, sie bekomme wohl den Rachen nicht voll!

Er hat recht. Wenn man einen der Wandschränke öffnet, blitzen dort Hunderte von Schuhen in allen Farben und Formen aus Nappa- und Schlangenleder.

Sie zerrte seine neuen Polohemden aus der Tüte, eines nach dem anderen, riss sie auseinander, ohne ihn aus den Augen zu lassen. Die Knöpfe spritzten durch die Luft. Wie eine Raubkatze sprang er auf sie zu, funkelte sie an, hatte Schaum vor dem Mund. Sie streckte ihm frech ihr Kinn entgegen. Ich flüchtete die Treppen hoch ins Bad, begleitet von hysterischem Geschrei und Gebrüll. Ich weiß nicht, was da unten weiter passierte, ich will es nicht wissen, was geht es mich an. Sie sollen mich nur in Ruhe lassen!

Später wird mein Vater wieder so tun, als sei nichts gewesen. Und ich muss es auch. Er wird zu mir kommen, sich aufs Bett setzen. Seine Hand wird unter die Decke gleiten, zu meinen Brüsten, zwischen meinen Beinen suchen, grapschen, fingern, bohren ... Und er wird dieses schwammige dämliche Gesicht ziehen, das ich so hasse. Ich werde mich ekeln vor seiner Stimme, die wimmert wie die eines Klageweibs, vor seinen Händen, die mir weh tun. Oder ich muss mich hinstellen, nackt, und er wird mich anglotzen, so lange, bis ich es nicht mehr aushalte, bis die Schweißtropfen zwischen meinen Brüsten brennen, sich den Weg nach unten bahnen, sehr langsam, als wollten sie mich foltern. Aber ich muss stehen bleiben, bis er sich sattgeglotzt hat. Dann wirft er mich aufs Bett, und ich muss sagen, dass ich es schön finde, dass ich es genieße. Ich muss laut sagen, dass es mir gefällt, mich geil macht, wie er mich anfasst. Ich muss schwören, dass ich mit keiner Menschenseele darüber sprechen werde, niemals! Ich muss schwören, dass ich niemals einen anderen

Mann anschauen werde. Dass mir nie in meinem Leben ein anderer Mann gefallen wird. »Kein Kerl auf dieser Welt darf das mit dir machen, hörst du? Schwöre es! Du schwörst es mir!« Ich werde es schwören.

Ich darf nicht wieder einschlafen, auf keinen Fall! Dann weiß ich nicht, was er mit mir macht. Gedanken wie Sturmwolken jagen durch meinen Kopf, ich kann sie nicht festhalten.

Ich werde wach, weil meine Kehle brennt. Ich habe furchtbaren Durst. Es ist stockfinster. Millionen von Pünktchen tanzen vor meinen Augen. Ich will ins Bad, um aus dem Wasserhahn zu trinken, da überfällt mich die Atemnot. Ich habe das Gefühl zu ersticken, stolpere zu den schweren Vorhängen, reiße sie auseinander, sauge gierig die Nachtluft durchs offene Fenster. Aber sie bleibt im Hals stecken, gelangt nicht bis in die Lunge. Ich kann nicht tief atmen. Je hektischer ich versuche, Luft zu bekommen, desto enger schnürt sich meine Kehle zusammen. Panik breitet sich in mir aus, mein Körper wird taub. Plötzlich die aufgeregt flüsternde Stimme meines Vaters hinter mir: »Einbrecher! Ich weiß nicht, ob sie schon im Haus sind! Komm mit!« Selbst wenn er flüstert, klingt er aggressiv. Er packt mich am Arm, reißt mich herum. Sein Gesicht verschwimmt, ich sehe schemenhaft das Weiß seiner Augen. In der Dunkelheit blitzt etwas hell auf in seinen Händen. »Komm endlich!« Etwas Hartes, Spitzes bohrt sich in meinen Rücken, schiebt mich aus der Tür ins Treppenhaus. Jetzt kann ich erkennen, dass mein Vater einen weißen Bademantel übergeworfen hat und mit beiden Händen ein Gewehr umklammert hält. Seine Freundin trägt den gleichen Bademantel, sie steht wie sein Schatten schräg hinter ihm. »Beeilt euch!«, zischt er und fuchtelt mit dem Gewehr gefährlich nah an meinem Gesicht. »Sie müssen unten sein!« Er schubst mich mit dem Lauf der Waffe zur Treppe. Ich stolpere die ersten Stufen hinunter.

Dann scheucht er seine Freundin auf dieselbe Weise hinter mir her. Wenn wir an einem der hohen Fenster vorbeikommen, müssen wir uns ducken, damit uns von draußen niemand entdeckt. Im ganzen Haus brennt kein Licht. Nur der Mond wirft breite Lichtstreifen an die kahlen Wände. Ich sehe unsere Schatten als Scherenschnitt: Drei Gestalten schleichen gebückt hintereinander auf Zehenspitzen, den Kopf stur geradeaus. Wie im Zeichentrickfilm. An der Spitze ich, dann die Freundin und als Schlusslicht mein Vater, den Gewehrlauf auf uns gerichtet. So treibt er uns vor sich her treppab ins Erdgeschoss. Mein Vater befiehlt mir, in die Küche zu gehen und hinter der Tür nachzuschauen. Ich zögere. »Mach schon!«, schnauzt er mich an. Die Küche liegt ruhig da. Die polierten Töpfe glänzen im Mondlicht. Der Tisch ist gedeckt. Alles hat seine Ordnung, wartet perfekt geputzt auf seinen Einsatz am nächsten Tag. Ich halte die Luft an, strecke meinen Körper in Richtung Tür, bis es so aussieht, als würde ich dahinter nachsehen. Dann ziehe ich den Kopf schnell zurück. »Nichts!«, flüstere ich. Er treibt uns weiter vor sich her, als lebendiger Schutzschild, falls Einbrecher aus einer Ecke springen. Er sagt, er würde uns Rückendeckung geben. Jeder Raum, jeder Winkel wird von mir untersucht. Mein Vater hält sich weit im Hintergrund.

Einmal schaue ich aus einem Fenster. Irgendetwas huscht über den Kies. Wahrscheinlich ein Tier. Qualm löst sich über der Mauer auf. Da raucht jemand! Ich bleibe stehen, starre nach draußen. »Das ist Nebel!«, zischt mein Vater im Flüsterton.

Die große Tür zum Kirchenschiff steht offen. Die Halle sieht bedrohlich aus mit ihren vielen Schatten und Winkeln. Mein Vater tippt mir mit dem Gewehrlauf zwischen die Schulterblätter. »Geh hinein!« Wie hinter einem Wasserfall drücken wir uns dic Wand entlang unter dem kalten Licht, das auf Möbel und Fliesen fällt, nach vorn zum Kamin. Wir bewegen uns lautlos. Fast alle Bereiche des Raumes liegen im Dunkeln. Ich stoße mit dem Fuß gegen einen eisernen Kerzenleuchter. Er kratzt über den Steinboden. »Pass doch auf! Du Idiot!«, faucht mein Vater. Mein Fuß tut höllisch weh. Ich schlucke Schmerz und Tränen hinunter. »Schau im Kamin nach!«, befiehlt er mir. Ein schwarzes Maul gähnt mich an, als wollte es mich verschlingen. Ich trete hinein, taste mit den Händen um mich. Vor lauter Angst vergesse ich zu atmen. Mir wird schwindlig, ich atme weiter. Es riecht stickig, nach Weihrauch und verbranntem Holz. Die Stille hier drin pumpt wie mein Herz. Nach ein paar kleinen Schritten ins Nichts überfällt mich Panik. Ich schreie laut auf und renne aus dem Kamin. Heulend falle ich auf die Knie. »Was ist los!«, brüllt mich mein Vater an.

»Da ist niemand! Ich kann nicht mehr! Ich friere!«, schluchze ich.

»Wir gehen jetzt alle sofort schlafen! Morgen müssen wir früh los ins Schuhgeschäft!«, befiehlt mein Vater. »Es ist wohl doch kein Einbrecher im Haus. Aber wir sind ihm mutig entgegengetreten!«

»Ich lass dir heute Schuhe anfertigen, nach Maß, in allen Farben! Ich habe die Schnauze voll, dass du nie Schuhe hast! Eine Frau braucht viele Schuhe! Schuhe sind wichtig! Komm, beeil dich! Wir fahren gleich los!« Es ist früh am Morgen, und er steht neben meinem Bett. Warum ist der denn schon wieder auf? Ich kann mich nicht bewegen. Die letzte Nacht war ein Albtraum. Mir fällt wieder ein, was für ein Feigling mein Vater ist. Er, der sich vor nichts und niemandem fürchtet, hat mich und seine Freundin als Kanonenfutter vorausgeschickt. Jetzt knallt er eine Tasse Kaffee auf den Nachttisch, herrscht mich an, dass ich endlich aufstehen soll. Ich will nicht. Aber ich weiß, dass ich muss.

Wieder quetschen wir uns zu dritt in die Sardinenbüchse und rasen los. Ich hasse es, an die beiden gedrückt zu sein, als wären wir ein Dreierliebesgespann. Die Neue kenne ich kaum, außerdem lässt sie mich deutlich spüren, dass sie mich nicht leiden kann. Ich sie übrigens auch nicht.

Biggi mochte ich viel lieber. Sie war manchmal gemein zu mir, wahrscheinlich, weil ich das Kind einer anderen Frau bin. Aber sie konnte warm und herzlich sein, und wir beide haben viel gelacht und uns Geheimnisse erzählt.

Leider sind die Geschäfte noch geschlossen. So müssen wir uns die Zeit in einer Bar mit Espresso und Tramezzini vertreiben. Ich habe das Gefühl in einem Bienenschwarm zu sitzen: Ein Summen und Brummen ist um mich. Ich liebe diese italienische Lebenslust! Ich möchte hierbleiben und später bei einer lieben dicken Mama Nudeln essen, bis ich platze.

Ein Kellner, geschniegelt und blasiert, schiebt sich in unsere Richtung. Ich spüre körperlich, wie sich neben mir die Spannung aufbaut, und höre auf zu atmen. Als der Kellner beim Bestellen arrogant aus dem Fenster blickt, wage ich vorsichtig einen Blick zu meinem Vater. Seine Augen treten hervor, die Zornesader quillt, die Nasenflügel und Lippen zucken – noch ein Moment – jetzt! Er springt auf, der Tisch fällt um, wie eine Raubkatze macht er einen Satz auf den Kellner zu: »Vaffanculo! Figlio di puttana!« Der weicht zurück, klopft sich mit den Fingerspitzen den Staub von der Weste, als würde er ein Insekt abstreifen. Mein Vater packt seine Freundin und mich am Arm und schleift uns hinaus, während er spuckt und flucht und den Kellner immer noch aufs ordinärste beschimpft. Eine links, eine rechts von ihm, stolpern wir über die Piazza del Popolo durch die Gassen der Altstadt, während er pöbelt und immer weiter flucht. Ich zittere, ich schäme mich vor ganz Rom. Ich will diesen Kerl endlich loswerden, der mich am Laufen, der mich am Leben hindert! Aber wie? Ihm bin ich wichtig, meiner Mutter nicht.

Wir betreten Magli, den Luxusladen für Schuhe und Taschen. Die Zornesader auf der Stirn meines Vaters ist etwas abgeschwollen, er mault nur noch leise vor sich hin. Wieder stürzen gebleckte Gebisse, verzerrte Mäuler auf ihn zu. Er stimmt ein ihn diesen Reigen der Verlogenheit und Berechnung. Merkt er ihre Absicht nicht, oder ist es ihm egal?

Nach diesem Vorspiel geleitet man mich zu einem Samtsessel. Zwei dauerlächelnde Angestellte streifen mir meine Schuhe ab und stellen meine nackten Füße auf rosafarbenes Papier. Man fasst mich zart an den Händen, bittet mich aufzustehen. Die beiden kriechen um mich herum, mit der Nase ganz nah am Boden, und ummalen meine Füße auf dem Papier. Ob sie kurzsichtig sind? Sie erheben sich, berühren wieder meine Hände, helfen mir, mich zu setzen.

Mein Vater bestellt Mokassins in allen Farben, aus Nappaleder, jedes Paar doppelt. Und Stiefeletten in den gleichen Farben. Ich zähle in Gedanken mit und komme auf etwa dreißig Paar.

Endlich ist das Schuhproblem gelöst! Befriedigt führt er uns zum Auto.

Mein Vater fällt in München ein, mit einem Heer von Koffern, für die er mehrere Träger benötigt, und seinem Schatten, seiner Freundin. Er ist gekommen, um ein Haus oder eine große Wohnung für Biggi, Nastassja und mich zu mieten. Mein Onkel geht in die USA, so habe ich keine Bleibe mehr, und Biggi will mit ihrer Tochter von Berlin nach München ziehen. Meinem Vater gefällt die Idee: alle drei unter einem Dach. Dann hat er uns besser unter Kontrolle.

Natürlich steigt er in einem Luxushotel ab. Sofort nach seiner Ankunft lässt er mich per Taxi ankarren. Die übliche Begrüßungszeremonie. Die Freundin fällt eigentlich nicht weiter auf. Sie steht gepflegt und schön angezogen schräg hinter ihm und sagt kein Wort. Immer noch trägt sie die Nase sehr hoch, und ihr Mund wirkt ständig beleidigt. Ich glaube, sie möchte vermitteln, dass sie etwas Besseres ist und sich mit dem niederen Volk nicht abgibt. Die vielen verschiedenen Koffer und Taschen, die von den Trägern irgendwo abgestellt wurden, machen aus den Hotelzimmern ein Möbellager. Sie stehen einfach da, man muss um sie herumlaufen, wenn man sich in den Räumen bewegen möchte. Mein Vater schiebt mit dem Fuß eines dieser Koffermonster in meine Richtung: »Für dich!« Ich ahne, was drin ist, werfe mich davor, reiße den Deckel hoch. Eine Welle von Schuhen schwappt mir entgegen: Mokassins und Stiefeletten in allen Farben und jedes Paar doppelt! Ich stecke meine Nase in den Berg. Wie sie duften! »Jetzt hast du endlich mal Schuhe, mein Engel, dreißig Paar!«

Mein Vater drängt zum Aufbruch in die Stadt. Ich frage ihn, ob ich meine Freundin Patrizia später ins Restaurant zum Essen einladen darf. »Natürlich, ruf deine Freundin an!« In diesem Moment bin ich stolz auf meinen Vater, ich will ihn Patrizia unbedingt vorführen.

Wir treffen uns im Humplmayr. Patrizia ist zur Hälfte Italienerin, ihre schwarzen Haare reichen bis zum Po. Heute trägt sie den kürzesten Minirock, den sie im Schrank hat. Sie setzt sich neben mich, und wir fangen sofort an zu tuscheln. Das Essen, der ganze Abend verlaufen unbeschwert, fröhlich. Mein Vater ist guter Laune, bringt uns alle zum Lachen. Kein gefährliches Blitzen in den Augen, kein Zucken der Nasenflügel, keine bebenden Lippen, kein böses Wort. Mein Vater widmet sich Patrizia, er plaudert mit ihr. Ich bin wachsam. Er setzt sich neben sie, mir ist das nicht recht. Er rückt näher an sie heran, er berührt sie, sein Blick ruht auf ihr, er mustert sie auf die Art, die ich so sehr hasse, während sie über seine Geschichten kichert. Er lacht übertrieben laut und unnatürlich. Er lädt sie ein, mit mir zu ihm ins Hotel zu kommen. Sie merkt offenbar nicht, was er vorhat. Mir wird kotzübel. Ich springe auf, packe meine Freundin an der Hand, ziehe sie wortlos hinter mir her aufs Klo. »Bitte, darf ich heute bei euch schlafen, Patrizia?«

»Ich glaube schon. Was ist denn los?«, sie schaut mich mit Kinderaugen an.

»Wir müssen sofort gehen!«

»Und dein Vater?«

»Der wird es überleben! Komm, wir hauen ab!« Ich zerre sie auf die Straße.

Es ist schon spät, die Kälte kriecht unter meine Kleider. Ich fange an zu rennen.

»Was hast du eigentlich?«, ruft Patrizia.

»Das kann ich dir nicht erklären, komm!« Die Angst treibt mich an, ich renne. Ich habe das Gefühl, der Teufel greift mit langen Fingern nach uns.

Früh, als Patrizias Familie noch schläft, fahre ich mit dem Taxi zu ihm ins Hotel. Er verliert kein Wort über meinen jähen Aufbruch, das wundert mich. Ab heute werde ich bei ihm im Hotel wohnen. Er hat ein Zimmer für mich bestellt.

Die folgenden Tage hetzen mein Vater, sein Schatten und ich von Maklertermin zu Maklertermin, von Wohnung zu Wohnung. Der Mercedes 500 Pullmann, den er samt Chauffeur für die Tage in München gemietet hat, kurvt schwerfällig durch die Straßen. An jedem Objekt hat mein Vater etwas auszusetzen. Die Laune wird schlechter. Bei einem Abendessen lernen wir einen jungen Grafen kennen. Er ist stinkreich, fährt Rolls-Royce. Mit seinem Millionärsgehabe imponiert er meinem Vater. Als er ihm auch noch eine Luxuswohnung in der besten Gegend Münchens für 3500 Mark Miete im Monat anbietet, gerät mein Vater aus dem Häuschen vor Begeisterung. Ich warte darauf, dass er dem Grafen auf den Schoß springt und ihn küsst. Die beiden schaukeln sich gegenseitig hoch mit ihrer Wichtigtuerei und Exzentrik: Lippen zucken, Gebisse werden gefletscht. Beide fahren sich ständig durch die Mähne, werfen den Kopf zurück. Hände wirbeln in der Luft, sie reden immer schneller. In den Mundwinkeln meines Vaters kleben wieder Schaumklümpchen. Es sieht unappetitlich aus. Ich schaue weg.

Anschließend besichtigen wir die Wohnung in einem Terrassenhaus im Bonzenviertel Herzogpark. Sie ist wirklich wunderschön: großzügig, sechs Zimmer mit edlen Möbeln eingerichtet. Glasfronten gewähren Aussicht über München. Ich suche mir heimlich mein Lieblingszimmer aus und stelle mir vor, wie ich am Sekretär meine Schularbeiten mache, meine Kleider sorgfältig in den Schrank räume, vom Bett aus über München blicke.

Der Vertrag wird unterschrieben, mein Vater und der Graf sind zufrieden. Ich könnte schreien vor Glück. Die Freundin schaut unbeteiligt ins Leere. Biggi und Nastja werden sich freuen!

Der Chauffeur bringt uns zum Hotel. Morgen werden mein Vater und sein Schatten zurück nach Rom fliegen. Wie froh ich bin! Zum Abschied überrascht er mich mit einem Geschenk für mich und meine Freundin: Die Stretchlimousine steht uns samt Chauffeur noch einen ganzen Tag lang zur Verfügung. Patrizia und ich sind außer uns. Wir putzen uns raus, als würden wir auf eine Party gehen, fläzen uns auf die Rückbank, lassen die Scheiben runter, hängen die nackten Füße aus den Fenstern. Wir lassen uns durch Schwabing chauffieren. Der Chauffeur muss vor allen In-Kneipen anhalten und uns die Türen aufhalten. Wir staksen ins Café, drehen eine Runde, lassen uns kurz darauf vom Chauffeur zurück in den Wagen helfen. Alle Leute glotzen mit offenen Mäulern. Ich komme mir vor wie die Freundin von Mick Jagger.

Mein Vater hat einmal zu mir gesagt: »Wenn man wirklich reich ist, kann man sich erlauben, barfuß aus dem Rolls-Royce zu steigen!« Das hat mir sehr imponiert.

Heute werden wir offiziell in die Wohnung einziehen. Biggi und meine Schwester kommen aus Berlin. Seit mein Vater wieder zurück nach Rom gereist ist, habe ich auf dem Sofa im Wohnzimmer meines Stiefvaters und meiner Mutter geschlafen. Im Moment ist sie einkaufen. Ich bin so aufgeregt, dass ich nicht warten will, hier abgeholt zu werden, sondern mich zu Fuß auf den Weg in mein neues Zuhause mache. Unterwegs begegne ich meiner Mutter. Sie schleppt volle Einkaufstüten. »Wo gehst du hin?«, fragt sie mich unsicher.

»In meine Wohnung zu Biggi und Nastja.«

»Du hast eine eigene Mutter!« Sie sieht mich lange an. Ihr Blick tut mir weh.

Ich drehe mich um und gehe davon in mein neues Leben.

Wir drei verstehen uns anfangs sehr gut. Biggi hat nichts dagegen, dass ich in das Zimmer ziehe, das ich in Gedanken schon bewohne. Nastja und ich gehen zur Schule. Sie besucht meine ehemalige Grundschule. Ich ein Gymnasium in der Innenstadt. Als ich erfahre, dass meine Mutter regelmäßig vor der Schule auf meine Schwester wartet, sie mit nach Hause nimmt, ihr Essen kocht, sie umsorgt, bin ich tief verletzt. Nastja muss auch nicht am Brett über dem Abfalleimer sitzen, sondern darf am Tisch im Wohnzimmer essen. Ich verstehe das nicht, ich fühle mich verraten. Warum tut sie das? Sie kümmert sich um das Kind der Frau meines Vaters, als wäre es ihr eigenes. An mir hat sie kein Interesse. Ich bin doch ihre Tochter! Warum ist sie so kalt zu mir?

Biggi packt aus, richtet ein, hört Jimi Hendrix, The Doors, Cream. Bald ist die Wohnung voller Freunde. Mir gefällt das pralle Leben in unserem Zuhause. Vor allem, weil ich mich zum ersten Mal richtig verliebt habe. Er heißt Hans, ist drei

Jahre älter als ich und besucht die Handelsschule. Ich bin jetzt siebzehn Jahre alt. Mein Freund darf bei mir in meinem Zimmer, in meinem Bett schlafen. Ein Nest für uns zwei! Ich schwebe auf Wolken.

Leider ist die Harmonie in der Wohnung nur von kurzer Dauer. Biggi und ich streiten viel. Sie petzt bei meinem Vater, der mich am Telefon anfleht, nachzugeben und mich bei ihr zu entschuldigen. »Ich beschwöre dich! Sie hat so viel mit mir durchgemacht! Ich bin auf deiner Seite! Aber bitte entschuldige dich bei ihr! Ich kaufe dir alles, was du willst!« Ich gehorche, quetsche Entschuldigungen raus, obwohl ich mich im Recht fühle. Biggi triumphiert. Die Streitereien nehmen zu, werden immer hässlicher. Irgendwann lässt sie mir über meinen Vater ausrichten, dass ich mir eine eigene Wohnung suchen soll. Die ist bald gefunden. Drei Zimmer mit Terrasse in einem Garten im Herzogpark sind meine feine neue Adresse.

Mein Vater verspricht mir eine komplette Luxuseinrichtung. Mein Freund und ich vermessen die Räume, planen, suchen die teuersten Teppichböden aus, Stoffe für Vorhänge und Sofas, aus denen ich nie mehr aufstehen möchte. Wir verbringen viele Stunden in den teuren Einrichtungshäusern und träumen von einer gemeinsamen Zukunft in unserem Paradies. In Wirklichkeit ziehen wir mit zwei Matratzen, einem Stück Stoff, das wir mit Reißnägeln am Fensterrahmen befestigen, einem Beistelltisch, zwei Korbstühlen, einem alten Herd ein. Alles Almosen von Verwandten. Die Nachbarin drückt sich im Treppenhaus hinter Säulen herum und fragt neugierig: »Wann kommt denn der Möbelwagen?«

»Bald, nächste Woche«, lüge ich. Ich glaube selbst daran. Aber es gibt keine Einrichtung und keinen Möbelwagen.

Die Miete wird nur bezahlt, wenn es meinem Vater gerade passt. Rufe ich ihn per R-Gespräch an, bitte ihn um das Geld dafür, schnauzt er: »Wir haben selbst nichts zu fressen!« Den Hausverwalter lüge ich an: Die Sekretärin habe schon wieder die Miete an eine falsche Bank überwiesen, Aufträge verschlampt. Ich tue alles, um Zeit zu gewinnen, denn mein Freund und ich können die hohe Miete unmöglich selbst bezahlen. Wir sind nicht in der Lage, allein zu existieren. Seine Mutter und ihr Lebensgefährte ernähren uns. Regelmäßig schleppen sie Tüten voller Lebensmittel, vom Schnitzel bis zur Schokolade, in unsere Höhle. Meine Mutter wäscht manchmal die Wäsche.

Gymnasium und Abitur interessieren mich nicht mehr. Dafür begeistere ich mich fürs Theater. Meine Mutter meldet mich zur Aufnahmeprüfung an der Otto-Falckenberg-Schauspielschule an. Ich gehe in einen Buchladen und frage nach geeigneten Stücken, da ich keine Ahnung habe. Ein sehr freundlicher Buchhändler rät mir zu *Der gute Mensch von Sezuan* von Brecht, *Dantons Tod* von Büchner und *Wie es euch gefällt* von Shakespeare. Ich kaufe die Bücher und lege sie zu Hause ab, ohne sie jemals zu lesen. Drei Tage vor der Prüfung suche ich mir aus jedem Stück eine Szene aus, lerne sie auswendig und spiele sie einer befreundeten Schauspielschülerin vor. Die muss mir auch den Inhalt der Stücke erzählen, denn ich habe nicht die Geduld, sie zu lesen. Am Prüfungstag marschiere ich ziemlich unbefangen auf die Bühne, krame ein Haargummi aus der Tasche meiner Jeans und frage in den dunklen Zuschauerraum, in dem ich die Prüfer vermute, ob ich mir die Haare zusammenbinden soll. Gelächter. Ich verstehe nicht, warum sie lachen, binde mir aber einen Pferdeschwanz. Dann spiele ich völlig ohne Angst die Szene aus *Der gute Mensch von Sezuan*, in der Shen Te mit ihrem ungeborenen Kind spricht. Es ist ein Pantomimenspiel, wenn sie das Kind zum Kirschbaum hochhebt, damit es die Kirschen besser erreichen kann, und sie dann gemeinsam Kerne in die Luft spucken. Hand in Hand spaziert sie mit ihm durch die Welt, zeigt ihm alles, auch den Wasserverkäufer.

Meine kleine Vorstellung ist begleitet von viel Lachen. Die

anderen Szenen wollen sie nicht mehr sehen. Ich bin aufgenommen.

Jeden Morgen fahre ich mit dem Fahrrad quer durch München in die Schauspielschule. Oft komme ich zu spät. Ich fahre Umwege. Ich muss das tun.

Mein Freund bricht die Handelsschule ab, liegt zu Hause auf der Matratze und philosophiert, das heißt, er bildet sich weiter. Er hat strengste Anweisung, auf keinen Fall ans Telefon zu gehen. Einmal tut er es trotzdem. Mein Vater schreit, bis er nur noch krächzen kann: »Wer war dieser Kretin! Dieser Analphabet! Dieses Schwein?! Fickt der dich etwa?!«

»Nein, nein, es war nur der Bruder meiner Freundin, er war mit ihr bei mir zu Besuch, damit er sie auf dem Nachhauseweg beschützen kann!«, stottere ich. Das Gebrüll am anderen Ende der Leitung lässt nicht nach. »Es ist der erste und letzte Kerl, der diese Wohnung betreten hat, hörst du! Keiner hat das Recht, dich anzufassen, keiner! Hast du mich endlich verstanden!«

»Ja, ich habe verstanden!«, wimmere ich.

Er befiehlt mir, zu ihm nach Rom zu kommen. Er schleift mich mit seiner Freundin in Discos, in die ich nicht will. Ich muss mit ihm und ihr gemeinsam auf einem riesigen beleuchteten Würfel tanzen. Mein Kleid ist so kurz, dass jeder meinen Slip sehen kann. Mein Vater verbiegt und verrenkt sich zu einer Musik, die meiner Altersgruppe gilt. Er wirkt so lächerlich, so peinlich. Die Leute tuscheln, kichern, lachen. Ich will sofort sterben vor Scham.

Später am Abend muss ich meinen Freund mit ihm betrügen.

Danach legt er sich zu seiner Freundin ins Bett. Ich steige in die oberste Kammer im Turm. Dort, wo die Schreibmaschine steht. Ich will Stroh zu Gold spinnen. Das heißt, ich will unbedingt, dass er mich lobt. Bis es in der Kammer hell wird, bis meine Fingerspitzen taub sind, tippe ich mit zwei

Fingern Seite für Seite des Drehbuchs, das er geschrieben hat. Habe ich eine Seite endlich geschafft, verhöhnt mich ein Kommafehler. Ich reiße das Blatt aus der Maschine. Tränen tropfen auf meine Hände. Ich fange von vorne an.

Oft genug finden mich die Angestellten oder mein Vater über der Maschine zusammengesunken vor Erschöpfung.

Die Magenschmerzen und die Übelkeit hören nicht auf, sie werden immer schlimmer. Nach gründlichen Untersuchungen stellen die Ärzte ein großes inoperables Magengeschwür am Mageneingang fest und viele Narben vergangener Geschwüre. Ich höre sofort auf zu rauchen und esse ein Jahr lang nur gedünstetes Kalbsschnitzel, Knäckebrot und Haferschleim.

Mein Vater mietet für ein halbes Jahr eine Wohnung in München. Er wird in Kürze mit Werner Herzog nach Peru fliegen, um monatelang auf dem Amazonas den Film *Aguirre, der Zorn Gottes* zu drehen. Ich muss täglich zu ihm kommen, um Geneviève Gesellschaft zu leisten, während er Termine hat. Sie ist jetzt seine Gattin, er hat sie vor kurzem in Rom geheiratet. Die Gattin leidet an dem Anflug einer Gastritis. Obwohl ich ein Magengeschwür habe, muss ich sie pflegen. Dafür werde ich reichlich entlohnt, besser als jede Krankenschwester. Wenn ich komme, sage ich bestimmte Codes hinter der Tür auf, damit sie öffnet. Bevor ich komme, muss ich anrufen. Sie nimmt den Hörer ab, sagt kein Wort. Erst nachdem ich »Hallo« gerufen habe, gibt sie sich zu erkennen. Sie sitzt den ganzen Tag elegant auf Kissen und stickt Blümchen oder näht Samtbändchen an Trägerhemdchen. Oder sie kocht Suppen mit bleichem Hühnerfleisch und einem Hauch von Gemüse. Wir sprechen kaum miteinander. Mir fällt auch nichts ein, worüber ich mich mit ihr unterhalten könnte.

Kommt er nach Hause, wird sie von ihm bemitleidet und gepflegt. Dass ich wirklich krank bin, und warum, interessiert niemanden.

Mein Vater bittet mich, mit ihnen zum Amazonas zu fliegen. Sie werden auf Wohnflößen leben und auf anderen Flößen drehen. Er möchte nicht, dass seine Frau eine einzige Sekunde ungeschützt und allein bleibt. Deshalb soll ich mitkommen. Mich gruselt bei dieser Vorstellung: monatelang eingesperrt auf einem Floß im Amazonas, dieser trüben Brühe, in der es von Krokodilen und Piranhas wimmelt. Hoffnungslos ihren Launen und seiner Gewalt ausgeliefert! Nirgendwohin fliehen können! Mein Nein kommt diesmal so bestimmt, dass er nicht versucht mich zu zwingen. Ich bin erstaunt über die Kraft in meiner Stimme. Nach Peru werden sie noch Mexiko, Japan, Vietnam, die Türkei und weitere Länder bereisen. Ich verzichte gerne.

Das Lügengerüst, das ich für den Hausverwalter aufgebaut habe, bricht endgültig in sich zusammen. Mein Freund und ich müssen ausziehen, finden aber schnell eine viel billigere Wohnung in Schwabing.

Weil das Magengeschwür hartnäckig bleibt, werde ich in ein Sanatorium am Tegernsee verfrachtet. Die Ärzte nennen mich das Küken. Nach mir kommt fünfzig Jahre nichts. Trotz Apartment mit Bad und Fernseher und einem Swimmingpool im Garten halte ich es dort nicht aus: täglich Spritzen in den Po, vor jeder Diätmahlzeit eine Schüssel Haferschleim. Die Gespräche der Omas auf den langen Waldspaziergängen langweilen mich zu Tode. Ich habe das Gefühl, das Leben zu verpassen. Ich will zurück nach München.

Nach dreieinhalb Wochen verlasse ich das Sanatorium gegen den Rat der Ärzte. Als ich nach Hause komme, trifft mich der Schlag. In meiner Wohnung hat sich ein Haufen Leute breitgemacht, die Rote Hilfe München. Sie werden von meinem Freund beherbergt. Wenn sie bei Bier und Roth-Händle ihre Sitzungen abhalten, muss ich den Raum verlassen: Ich bin ja nur die bourgeoise Tusse, deren Hütte sie nutzen, bis sie das ausgewählte Haus besetzen werden. Sie haben die Wände mit »Brecht die Macht der Hausbesitzer!« beschmiert. Über der Badezimmertür steht: »Es muss mehr geputzt und mehr gefickt werden!« Matratzen und Kissen sind abgezogen, sie schlafen alle in einem Zimmer auf dem Boden, neben- und übereinander, auch mein Freund. Ich fühle mich einsam, mir ist kalt. Aber es ist mein Zuhause! Wo soll ich denn hin? Neben der Küche gibt es noch ein winziges Zimmerchen, das wird mein Märchenschloss. Ich stopfe eine Matratze hinein, lege einen Teppich davor, stelle viele

Kerzenleuchter auf, zünde Räucherkerzen an. Nachts schleiche ich in den Raum, in dem alle pennen. An der Tür halte ich mir kurz die Nase zu: Es stinkt nach verbrauchter Luft, Zigaretten und Fußschweiß. Ich steige über Schlafsäcke, taste mich an Rücken entlang, ich finde Hans, er schnarcht. Ich betrachte ihn, er ist mir fremd. Er hat sich der politischen Idee verschrieben, da sind Gefühle zweitrangig. Also krieche ich in mein Zimmerchen zurück, rolle mich ein.

Monate später kommen Babbo und Geneviève zurück. Mein Vater stolziert durch die Räume der Wohnung, die er gemietet hat, und schmiert mit großer Geste mit Pinsel und Tusche japanische Schriftzeichen an die weißen Wände. Ich muss ihn dabei begleiten und bewundern. Er übersetzt mir jeden Strich, jeden Punkt, jeden Tupfer. Er kann mir alles erzählen, ich kann es ohnehin nicht überprüfen. Wie üblich liegen aufgeklappte Koffer auf dem Boden. Es ist nicht leicht, den Weg zwischen ihnen zu finden. Die Wohnung quillt über von Trophäen aus fremden Ländern und Kulturen, die sie besucht haben. Ich konzentriere mich, nirgendwo draufzutreten. Mein Vater hat mir Khol aus Indien, Schmuck aus Istanbul, Parfüm aus London mitgebracht. Er will mir auch eine der Hängematten schenken, die sie in Mexiko gekauft haben. Sie sind aus Seidenfäden in allen Regenbogenfarben geknüpft. Ich finde sie wunderschön. Beschämt muss er mir schließlich gestehen, dass Geneviève nicht will, dass ich eine bekomme. Es gibt von jeder Farbkombination zwei gleiche, und sie möchte im Partnerlook mit ihm schaukeln. Sie haben zwanzig Stück davon!

Dagegen rät sie ihm, mir doch die Sachen zu schenken, die sie beide hässlich finden, nicht mehr brauchen und wegwerfen wollen. Mein Vater ist außer sich vor Zorn. Er beschimpft sie und tobt, brüllt: »Das könnte dir so passen! Das, was wir wegwerfen, soll gut genug für Pola sein!« Ich sage kein Wort, sondern genieße, dass er mich verteidigt. Dieses Gefühl kenne ich nicht. Die Gattin schmollt.

Er grapscht nach mir, wann immer er mich erwischt, will mich zu sich ins Bett ziehen, ich sträube mich. Er versucht mich mit Geschenken, mit Geld gefügig zu machen, ich weigere mich. Nicht immer gelingt es mir, ihm zu entkommen.

In München bereitet mein Vater seine bevorstehende *Jesus-Christus-Erlöser*-Tournee vor. Er fühlt sich seelenverwandt mit Jesus. Mit dem Text, den er vorträgt, meint er eigentlich sich selbst. Wie Jesus ist er ein Verfolgter, ein Verkannter, ein Weiser, ein Genie.

Den Rückflug aus Asien hat er in London unterbrochen, um sich in der Carnaby Street für die Vorstellungen auf Deutschlands Bühnen einzukleiden. Diese Garderobe führt er mir jetzt in einer privaten Modenschau vor: Samthosen in Türkis, Giftgrün, Kanariengelb, sogar Barbiepink. Geblümte Blusen mit Trompetenärmeln. Er gockelt auf Stöckelstiefeletten in Schockfarben durchs Zimmer, dreht sich um sich selbst. Die Blusen flattern wie Sommerkleidchen, seine blonde Langhaarmähne fliegt mit. Dabei sieht er mich herausfordernd an. Ich weiß nicht, wohin ich schauen soll, ich finde ihn peinlich und erbärmlich, bestätige ihm aber natürlich, wie wundervoll er Farben, Schnitte und Stoffe ausgesucht hat und wie phantastisch ihm alles steht. Wenn ich mir vorstelle, dass er in diesem Outfit auf die Bühne steigt und vor die Leute tritt, möchte ich im Boden versinken vor Scham. Ich sehe jetzt schon die tobende Menge, höre Salven von schallendem Gelächter.

Manchmal darf ich mitkommen zu den Treffen mit der Band, die ihn begleiten wird. Die Musiker schleimen sich bei ihm ein: »Herr Kinski, Sie sehen aus wie zwanzig!«

»Ich bin zwanzig!«, kokettiert er. »Das hier ist meine Schwester! Ich sage immer nur Tochter – in Wirklichkeit ist sie aber meine Schwester!« Das alles macht mich fassungslos, ich empfinde ihn als krank und voller Komplexe. Dieser Blick auf ihn ist neu für mich. Früher habe ich ihn bedingungslos bewundert. Ich spüre eine leise Ahnung von Distanz.

Mein Vater, seine Gattin und ich lungern in der Münchner Wohnung herum. Die Atmosphäre ist entspannt. Mein Vater thront zufrieden auf seinem Bett. Ich wage zum ersten Mal in meinem Leben, ihm eine Frage zu stellen, ein Gespräch mit ihm zu führen. Da ich selbst Schauspielerin werden will, interessiert mich dieses Thema sehr. »Machst du die *Jesus*-Tournee aus Überzeugung oder des Geldes wegen?«

Stille. Das Schweigen breitet sich aus wie eine Druckwelle, eine Wand baut sich drohend vor mir auf. So wild habe ich die Lippen noch nie zucken sehen. Beide Nasenflügel beben. Gleich wird er sich auf mich stürzen! Ich will fliehen. Ich komme nicht mehr weg. Die Monsterwelle bricht über meinem Kopf, sie wird mich zermalmen.

»Du wirst mir nichts von Passion, vom Enthusiasmus eines Schauspielers erzählen! Ich bin tausendmal sensibler als du! Was soll diese beschissene Frage überhaupt!? Du hast nichts kapiert! Man sollte dich gegen die Wand knallen! Was heißt da des Geldes wegen, hä! Keiner auf dieser beschissenen Welt macht auch nur einen Strich ohne Geld! Verstehst du! Niemand! Für Geld machen sie alles, ohne Geld machen sie nichts! Wie kommst du überhaupt dazu!«

Das Geschwür platzt auf meinem Kopf, Eiter rinnt über mein Gesicht, tropft auf meine Hände. Eimer von Kotze wälzen sich zäh und stinkend an mir herunter. Ich stöhne, ringe nach Luft, er schreit, kreischt, seine Stimme überschlägt sich, die Stimme versagt.

Ein Monster! Aus dem aufgerissenen Maul dringt Schaum, er bildet Klumpen in den Mundwinkeln. Ich muss raus hier! Mit letzter Kraft wanke ich zur Tür, begleitet von Beschimpfungen und Beleidigungen. Im Treppenhaus, noch auf der Straße ist sein Geschrei, sein Gebrüll zu hören.

Ich spüre mich nicht, bin in einer Glaskugel, laufe neben mir her. Die Menschen, die mir begegnen, bleiben stehen, schauen mir nach, als wäre ich nackt oder verrückt. Ich schleppe mich zum Haus einer Bekannten, die in der Nähe wohnt. Bis dorthin zähle ich alle Pflastersteine auf dem Weg vor mir, ich darf auf keine Linie treten, sonst …

Ich drücke lange auf den Klingelknopf. Gisela öffnet. Ich blicke in ihr entsetztes Gesicht. »Komm rein!« Sie führt mich in ein Zimmer, in dem eine Runde von Leuten beisammensitzt, sie verschwimmen vor mir, mir wird schwindlig, ich breche weinend zusammen.

Diese Nacht darf ich bei Gisela auf einem liebevoll bereiteten Lager schlafen. Mein Kopf schmerzt. Mein Vater spürt es, er weiß es, er will es sich nicht eingestehen. Er ist längst nicht mehr der, der er vorgibt zu sein: der ungestüme Rebell, wild, unbezähmbar, bedingungslos. Der jeden Kompromiss hasst, dem jedes Mittelmaß zuwider ist. Der bis zur Selbstaufgabe für Wahrhaftigkeit, Liebe, seine Ziele kämpft und jeden anfällt, der sich ihm dabei in den Weg stellt. Er hat seine Passion verloren. Vorausgesetzt, dass er jemals eine hatte. Er ist verkommen zur Karikatur seiner selbst.

Die Mitglieder der Roten Hilfe München besetzen ein Mietshaus in Schwabing. Sie hinterlassen mir Dreck, Gestank, eine Stromrechnung von 400,– DM und eine Telefonrechnung von 900,– DM. Mein guter alter Onxganx bezahlt die Schulden für mich.

Hans und ich haben uns nichts mehr zu sagen, wir trennen uns. Er fliegt zu einem Freund nach Argentinien, will dort ein neues Leben anfangen, ich glotze die Wände an, die Wände glotzen gelb und dick zurück. Ich halte es nicht aus allein in der leeren Wohnung, verbringe die Nächte in den Discos, bis sie schließen. Meine Gier nach Liebe und Geborgenheit ist so groß, dass ich ständig wechselnde Liebhaber mit zu mir nehme. Ich brauche die Nähe, die Zuwendung und verwechsle Lust mit echten Gefühlen. Mir ist das egal, ich mache mich tot. Das kenne ich.

Ich bin so unglücklich, so erbärmlich unglücklich.

In dieser Zeit weine ich mich oft bei Onxganx aus. Die Patina in Bad und Küche stört mich nicht mehr und den Geruch nehme ich kaum mehr wahr. Stundenlang versinke ich in einem der weichen Ohrensessel und lasse ihn von der Vergangenheit erzählen. Ihm tut es gut und mir auch.

»Eigentlich sollte ich dich bei mir aufnehmen«, sagt er einmal. Ich schaue ihn verwundert an. »Aber ein Problem gibt es dabei: Du würdest mir den ganzen Kühlschrank leer essen!« Auf dem Tisch neben mir am Fenster steht eine kleine Schale. Die untergehende Sonne malt Regenbogenfarben ins blinde Glas. Eine Ausgrabung aus der Römerzeit? Ich frage Onxganx, woher sie stammt. »Das ist keine Ausgrabung! Das ist meine Müslischüssel!« Ich lächle in mich hinein.

Dann beichte ich ihm meinen Herzenswunsch. In einem Schaufenster in Schwabing stehen meine Traumstiefel. Royalblaues Nappaleder, hauteng bis zum Knie, mit vier

Zentimeter dicker Plateausohle und zwölf Zentimeter hohen Absätzen. Unzählige Male habe ich sie angeschmachtet, mehrmals schon anprobiert. Diese Stiefel sind mein größter Wunsch. Er nickt und sieht mich mit traurigen Augen an.

Ich verabschiede mich von ihm, küsse ihn auf seine feinen Hände. Wie eine Kommunionskerze halte ich die zweihundert Mark in der Hand, als ich das Schuhgeschäft betrete. Der Verkäufer holt mir die Stiefel aus dem Schaufenster, ich ziehe sie an und betrachte mich im Spiegel. Ich finde mich hübsch: blonde lange Haare, schmale Gestalt in enger Jeans. Die Stiefel funkeln an jetzt endlos wirkenden Beinen wie blaue Diamanten. Der Verkäufer ist auch begeistert. »Steht dir toll! Wie für dich gemacht!«, säuselt er und grinst mich an. Ich grinse zurück und stakse auf die Straße. Ich bin unendlich stolz!

Das besetzte Haus wird von der Polizei geräumt. Die Hausbesetzer sind jetzt obdachlos und wollen sich wieder bei der bourgeoisen Zicke einnisten. Ich lasse sie nicht mehr in meine Wohnung. Der Anführer, ein Andreas-Baader-Verschnitt aus Berlin, der sich für unwiderstehlich hält und dem alle Weiber an den Lippen hängen, tritt gegen die Tür. Als ich ihm zurufe, dass er verschwinden soll und ich ihm nicht aufmachen werde, droht er mir, die Tür einzuschlagen. Ich lasse mich nicht zwingen. Irgendwann trollt er sich. Gegen die Tobsuchtsanfälle meines Vaters ist sein Geschrei lachhaft.

Ich fühle mich einsam, mein Leben erscheint mir sinnlos. Die Schauspielschule interessiert mich auch nicht mehr. Trotzdem engagiert mich der Intendant Peter Zadek nach Bochum ans Theater für ein modernes Stück. Das Mädchen, das ich spielen soll, ist verrückt. Sie lebt unter dem Küchentisch und regiert von dort aus die Welt. Ich übernachte in Bochum auf einem Feldbett in einer völlig leeren Wohnung oder bei einem hilfsbereiten Kollegen vom Theater. Wenn seine Freundin zu Besuch kommt, darf ich auf dem Teppich im Bad schlafen. Ich rolle mich um die Kloschüssel. Das ist gar nicht unbequem, denn der Teppich ist flauschig.

Der Theaterbetrieb überfordert mich völlig. Ich bin zu jung, zu unerfahren, kann mir die Rolle nicht vom Leib halten. Nach einigen Wochen quälen mich Magenschmerzen und Heimweh. Ich werde krank, breche das Engagement ab. Zurück in München, hole ich mir erneut Kerle in die Wohnung. Wahllos. Szenetypen, Schmarotzer, Obdachlose, Fixer. Ich werde ausgenutzt und bestohlen. Auch von Freundinnen, denen ich meine schönsten Kleider ausleihe. Viele melden sich nicht mehr, und eine behauptet, in ihrem Zimmer sei ein Feuer ausgebrochen und alle Sachen seien verbrannt. In einer Wohngemeinschaft entdecke ich meine Kerzenleuchter. Der Typ, der vorher kurze Zeit bei mir gewohnt hat, besteht darauf, sie auf dem Flohmarkt gekauft zu haben. Sein Geschwätz interessiert mich nicht, ich packe meine Leuchter und gehe.

Am wohlsten fühle ich mich noch auf der Tanzfläche. Die Besitzerin einer Prominentendisco spricht mich an. Sie möchte, dass ich in ihrem Club tanze, allein, in aufreizender Kleidung. Dafür bezahlt sie mich. Ich tanze jede Nacht, stundenlang. Die Bässe hämmern in meinem Magen. Ich drehe mich weiter, immer schneller, immer wilder, bis mir schwindlig wird. Die Blicke der Männer brennen auf meiner Haut. Ich genieße ihr Verlangen nach mir. Nur dann spüre ich mich, nur dann bin ich am Leben. Ich locke sie oder reize sie so lange, bis sie über mich herfallen wollen. Oft genug lasse ich sie dann stehen. Das alles gibt mir ein Gefühl von Macht. Aber wenn ich in einer fremden Wohnung aufwache oder überlege, wie ich den schlafenden Kerl neben mir aus meinem Bett kriegen soll, fühle ich mich klebrig, schmutzig. Schuldgefühle quälen mich. Ich stürze aufs Klo, ramme mir die Finger in den Hals. Ich will auskotzen, was ich getan habe, es rückgängig, ungeschehen machen. Dann fühle ich mich einen Moment lang befreit, lüge mir vor, es hätte nicht stattgefunden. Wie im Rausch muss ich jeden Abend aufs Neue losziehen. Mein Leben ist perspektivlos, es gerät völlig aus den Fugen.

Hans kehrt aus Argentinien zurück, im Schlepptau eine Theatergruppe mit ihren Familien. Es sind Frauen und Männer zwischen dreißig und fünfzig, und alle sind sie aus Buenos Aires und Marxisten. Sie kämpfen für ihre politischen Ideale, spielen auf der Straße, verteilen Flugblätter. Oft wissen sie nicht, wovon sie am nächsten Tag Essen für ihre Kinder kaufen sollen. Hans hat für sie Gastspiele in Europa organisiert. Ihr erster Auftritt mit ihrem Stück *Watercloset* findet in München statt.

Während die Zuschauer ihre Plätze suchen, der Saal sich füllt, sitzen die Schauspieler schon auf der Bühne auf dem Fußboden, voneinander abgewandt, jeder für sich allein, sie schweigen und sehen das Publikum unverwandt an, lange, völlig ruhig. Dieses Schweigen erzeugt eine ungeheure und sehr konzentrierte Anspannung. Die Halle knistert. Die Zuschauer sind getroffen von der Stille – dann bricht ein Orkan von entfesselten Gefühlen über die Schauspieler herein: Brüllen, Toben, Trampeln. Es hört einfach nicht auf.

An diesem Abend beschließe ich, mich der Truppe anzuschließen, mit ihnen weiterzuziehen. Ihr Lebensgefühl rührt mich an.

Die Leute reagieren auf meinen Entschluss skeptisch, nehmen mich nicht ganz ernst. Wir kommen aus Welten, die unterschiedlicher nicht sein können. Aber sie finden meine Begeisterung rührend und willigen schließlich ein, dass ich sie begleite. Der nächste Auftritt findet in Palermo statt. Die Schauspieler mit Kindern fliegen voraus, ich werde mit den anderen in einem alten Mercedes-Bus durch ganz Italien, dann weiter mit dem Schiff und schließlich durch Sizilien bis nach Palermo reisen.

Meine Spannung steigert sich bis zu dem Moment, als ich mit einer Tüte auf den Knien endlich in der hintersten Reihe im Mercedes-Bus sitze, die Türen geschlossen werden und Paolo den Motor startet. Wir brechen auf Richtung Süditalien.

Ich bin total aufgeregt, erwartungsvoll. Was werde ich erleben? Was kommt auf mich zu? Welches Leben lasse ich zurück? Schauspielschule und Theaterengagement habe ich abgebrochen, die Wohnung aufgegeben, es gibt keinen Menschen, dem ich nahe bin.

Zehn Menschen richten sich auf drei Bänken ein, so gut es eben geht. Nachdem sie eine Weile gerückt und gerutscht sind, sich gestreckt und gekrümmt haben, schlafen sie nacheinander ein. Ich klebe an der Fensterscheibe, möchte alles, was vorbeifliegt, mitnehmen. Aber das gleichmäßige Brummen des Motors macht müde. Es fällt mir schwer, die Augen aufzuhalten.

Mehrmals ertappe ich mich beim Einschlafen, dann reißt es mich hoch, und ich sitze kerzengerade, bis ich wieder in mich hineinrutsche. Viele Stunden vergehen.

Ein Schlag, ich werde gegen die Lehne des Sitzes vor mir geschleudert, Menschen und Dinge stürzen übereinander. Eisen ratscht über Asphalt. Funken sprühen am Fenster vorbei. Ein letzter Ruck, Stille, wir hängen schief. Keiner rührt sich. Paolo löst sich als Erster aus der Erstarrung, steigt aus, läuft um den Bus herum. Er will nachschauen, was passiert ist. Schnell stellt sich heraus: Etwas ist gebrochen, und wir haben die beiden Hinterreifen verloren. Dass wir noch leben, haben wir dem Umstand zu verdanken, dass unser Fahrer pinkeln musste und er den Bus gerade ausrollen ließ.

Nach dem ersten Schock überlegen alle, wie wir jetzt nach Palermo kommen sollen. Der Bus muss auf alle Fälle repariert werden, da er außer uns auch die Bühnendekoration transportiert. Es wird entschieden, dass sich Pola auf der Stelle per Anhalter auf den Weg nach Rom macht, um bei ihrem Vater Geld zu besorgen. Die anderen würden den Bus irgendwie in die nächste Werkstatt bringen. Sie werden mich bei meinem Vater anrufen und mir sagen, wo sie mich auflesen werden. Zögernd gebe ich ihnen die Telefonnummer.

Kurze Zeit später stehe ich an der Autobahn in Hot Pants und geknoteter Bluse. Die Haare lasse ich offen. Mein letztes Geld steckt im Schaft meiner Stiefel. Die Beine tun mir weh, ich kann kaum stehen, weil die Absätze so hoch sind. Ich friere, bin müde und habe wahnsinnigen Hunger. Die Straße ist ziemlich leer. Nur vereinzelt quälen sich Autos durch den Morgen. Die Sonne rahmt die Hügel rosa, es sieht krank aus, wie Sonnenbrand. In spätestens zwei Stunden wird sie gnadenlos herunterstechen, weiß, grell, und alles verbrennen. Hoffentlich sitze ich dann schon in einem Auto.

Es dauert nicht lange, da rollt eine Mercedes-Limousine auf mich zu und bremst direkt vor mir ab. Das Fenster wird heruntergekurbelt, ein freundliches, sehr seriöses Männergesicht erscheint im Rahmen, fragt, wohin ich wolle. »Nach Rom!«, rufe ich. Das Männergesicht zeigt stolz sein blendendes Gebiss, das er wahrscheinlich regelmäßig vom Zahnarzt überholen lässt. »Da muss ich auch hin! Steig ein!« Er drückt die Tür auf, ich lasse mich neben ihn fallen.

»Ich bin Lorenzo!«, er lacht immer noch. Dabei bilden sich viele Falten um die Augen. Ich schätze ihn auf fünfzig, er trägt Hemd und Krawatte.

»Ich bin Geschäftsmann, besitze mehrere Boutiquen, verstreut in ganz Italien. Heute schaue ich in meinen Läden in Rom nach dem Rechten. Und du? Was machst du allein in Rom?«

»Ich bin nicht allein, ich fahre zu meinem Vater. Er lebt in Rom.«

»Aha!«

In meinem Augenwinkel bewegt sich etwas. Ich drehe mich um. Ein Jackett schwingt am Kleiderbügel. Er ist wirklich Geschäftsmann, ich bin beruhigt. Der Mann fragt mich, wie ich heiße, wie alt ich sei, woher ich komme. Ich antworte ihm und schaue ihn dabei von der Seite an. Seine Haare stehen hoch wie die Borsten eines Wildschweins. Ich sage ihm, wie froh ich sei, dass er mich mitgenommen hat.

»Ist doch klar!«

An der Ausfahrt Bologna lädt er mich zum Frühstück in eine Motta-Raststätte ein. Ich stopfe Croissants in mich rein, als hätte ich seit einer Woche nichts gegessen. Habe ich, glaube ich, auch nicht. Die letzten Tage waren so aufregend, ich habe es einfach vergessen.

Der Geschäftsmann entschuldigt sich, er müsse schnell noch seine Frau anrufen, und verschwindet Richtung Telefonzelle. Ich schaue aus dem Fenster und denke an meine Freunde, wo sie jetzt sind, ob sie eine Werkstatt gefunden haben, wie es ihnen geht. Die Sonne brennt durchs Glas, die Bluse klebt an mir.

»So, wir können wieder!«, scherzt mein Chauffeur und läuft voraus. Im Auto sagt er mir, dass er noch kurz in Bologna etwas abgeben müsse, dann würden wir sofort weiter nach Rom fahren.

Mir ist das völlig egal. Ich lehne mich zurück, schließe die Augen und versuche zu entspannen. Wir quälen uns durch den morgendlichen Berufsverkehr, in meinen Gedanken bin ich bereits in Rom. Plötzlich hält der Mann an und macht den Motor aus. Ich setze mich auf und schaue aus dem Fenster. Um mich herum nur Hauswände. Wir stehen in einem engen Hinterhof. Irritiert blicke ich den Mann an. Der wühlt in seiner Hosentasche, zerrt ein Bündel hervor, blättert es vor mir auf: Es sind Spielkarten, auf denen nackte Frauen in komischen Verrenkungen abgebildet sind. Die Karten zittern in seinen Händen. »Willst du mit mir duschen gehen, hier im Hotel? Ich will dich nackt fotografieren! Du kannst viel Geld verdienen!« Meine Finger tasten nach dem Türgriff, während ich den schwitzenden Kerl neben mir nicht aus den Augen lasse. Ich stoße die Tür auf, hechte aus dem Auto und stürze durch das eiserne Doppeltor, das sich gerade automatisch zu schließen beginnt. Ich renne, renne, ziellos, in irgendeine Richtung, ich weiß nicht wohin. Ich renne weiter, weiter, ich habe Angst, mich umzudrehen. Irgendwann winke ich einem Taxi und bitte den Fahrer, mich für meine letzten 1000,– Lire zur Mautstelle an der Autobahnauffahrt zu bringen.

Auf der Rückbank des Taxis fühle ich mich sicher, trotzdem drehe ich mich noch oft um. Der Fahrer schaltet die Uhr nicht ein. »Behalte dein Geld, es würde sowieso nicht reichen. Ich fahre dich umsonst zur Autobahn, beruhige dich, du zitterst ja!« Zum Glück fragt er nicht nach. Ich muss dieses Schwein anzeigen! An den Mautstellen habe ich immer Polizisten gesehen.

Als wir dort ankommen, nehme ich zwei Stufen auf einmal die Treppe des zweistöckigen Bürohauses hoch. Dann klopfe ich an ein Fenster, auf dem »Carabinieri« steht. Ein Mann in blauer Uniform und Stiefeln über den Hosen erscheint breitbeinig in der Tür. Er sieht offenbar sofort, dass ich Hilfe brauche, und bittet mich in sein Büro. Weil ich so aufgeregt bin, bringe ich kaum einen zusammenhängenden Satz heraus. Der Polizist schreibt eifrig mit. Als ich nichts mehr sage und ihn hilfesuchend anschaue, geht er um seinen Schreibtisch herum und legt mir beruhigend seine Hand auf die Schulter. Ich senke den Kopf. Erst jetzt bemerke ich, dass die ersten drei Knöpfe meiner Bluse offen stehen. Wie peinlich! So stand ich also an der Autobahn, als mich der Scheißkerl mitnahm: halb nackt, als wäre ich gerade aus dem Bett eines anderen gekrochen. Schnell versuche ich, mein Dekolleté mit beiden Händen zu verdecken. Aber der Uniformierte kommt mir zuvor. Er lässt das Kreuz, das ich an einer Kette um den Hals trage, durch seine Finger gleiten. Die andere Hand schiebt sich in meinen Ausschnitt. Ich ducke mich unter seinen Armen weg und stürme zur Tür hinaus, die Treppe hinunter zu den Autos, die in Schlangen an der Schranke der Mautstation warten.

In meinem Kopf schwappt ein zäher Brei. Wie soll ich nach Rom kommen? Wem kann ich überhaupt noch trauen? Aus einem Minicooper dröhnt Discomusik, so laut, dass ich das Gefühl habe, gleich explodiert der Wagen. Köpfe wippen aus den offenen Fenstern im Rhythmus der Musik, Arme winken, Hände schlagen im Takt aufs Blech. Ich kann es kaum glauben: Drei Jungen und zwei Mädchen finden Platz in dieser winzigen Kiste. Sie rufen mir zu: »Ey, ragazza, wo willst du hin?«

»Nach Rom!«

»Ah, nach Rom, wir auch, komm, steig ein!« Ich verstehe nicht. Wie soll ich in diese Pillendose passen? Die bricht doch jetzt schon auseinander! Einer stößt eine Tür auf. »Jetzt komm, du hast noch Platz!« Gesichter strahlen mich erwartungsvoll an, Hände winken. Ein Mädchen löst sich vom Beifahrersitz, quetscht sich zu den anderen auf die Rückbank. Sie hat mir Platz gemacht. Ich kann nicht mehr nein sagen und steige ein.

Die Fahrt dauert lange, es ist eng und laut, der Rauch beißt in den Augen, aber ich fühle mich wohl mit diesen Menschen. Wir lachen, wir singen, wir ahmen Leute nach. Manchmal machen wir eine Kaffeepause und spielen Fangen. Ich weiß nicht, wann ich das letzte Mal so unbeschwert und glücklich war.

Der Minicooper rollt aus, wir sind da. Rasthof Ausfahrt Rom Nord. Alle springen aus der Kiste. Wieder kann ich kaum glauben, dass wir alle da drin gesteckt haben sollen. Stürmische Umarmungen, Telefonnummern werden getauscht. Dann quetschen sie sich wieder zusammen, Türen knallen, die Pillendose braust unter ständigem Hupen davon. »Tanti auguri!« Viele Arme winken über dem kleinen Dach.

Ich stehe noch lange wie festgewachsen an derselben Stelle. Zwar weiß ich, was ich zu tun habe, aber wie ich es anstellen soll, ist mir unklar. Dabei bleibt mir nicht viel Zeit. Morgen Abend wollen mich die anderen wieder einsammeln, aber bis dahin muss ich meinem Vater viel Geld aus der Tasche gezogen haben. Mir ist mulmig, wenn ich an sein Gesicht, seine Reaktion denke. Vielleicht schmeißt er mich ja sofort wieder raus. Dann habe ich keinen Pfennig, um von hier wegzukommen. Wo sie jetzt sind, was sie machen, ich habe keine Ahnung. Sie werden mich bei meinem Vater telefonisch nicht erreichen, und er wird den Anrufer anbrüllen, dass dem der Hörer aus der Hand fällt. Mein Gott, ist das peinlich! Das darf nicht passieren. Ich kratze meinen ganzen Mut zusammen und stapfe auf das graue Gebäude der Raststätte zu. An der Theke des Restaurants wechsle ich den Geldschein in Münzen, bitte um Telefonjetons und frage nach dem Apparat. In der engen Kabine bekomme ich kaum Luft, wahrscheinlich raucht hier drin jeder, ich auch.

Ich suche nach den süßesten Worten für meinen Vater, das ist sehr schwer, weil ich nie weiß, wie er reagieren wird. Mittlerweile sauge ich an der vierten Zigarette. Während ich seine Nummer wähle, sage ich meinen Text laut vor mich her, dann drücke ich wieder auf die Gabel, nein, so nicht!

Ich zünde die nächste Kippe an. »Pronto!«, knarzt die wie üblich schlechtgelaunte Stimme meines Vaters.

»Hallo, hier ist Pola! Ich stehe an einer Autobahnraststätte, Ausfahrt Rom Nord. Kannst du mich bitte abholen?«

»Wie! Was soll das heißen, du stehst an der Autobahn?!«

»Äh, ja, ich bin mit Leuten, also mit Theaterleuten mitgefahren ... wir hatten einen Unfall ... die Reifen sind davongerollt ... der Bus ist kaputt ... ich bin allein weitergefahren ...« Ich beiße mir auf die Zunge. Er darf auf keinen Fall erfahren, dass ich in ein fremdes Auto gestiegen bin, weder zu dem Kerl noch zu den jungen Leuten. »Und ich wollte unbedingt zu dir, jetzt bin ich da!« Die letzten Wörter bringe ich nur noch stammelnd hervor.

»Ich hole dich! Wo bist du genau? Bleib dort stehen, bis wir kommen!«

Bis wir kommen. Das heißt, seine Gattin kommt mit. Sie kommt immer mit. Warum kann er mich nicht allein abholen?

Ich verlasse die Telefonzelle, kaufe mir einen Espresso an der Bar. Einige Lastwagenfahrer lungern dort herum, glotzen, sie wirken einsam. Ob sie Frau und Kinder haben?

Ich setze mich draußen auf die Treppe, klammere mich an meine Kaffeetasse, rauche eine nach der anderen und warte. Der Horizont zerfließt honigfarben, der Himmel kommt näher, die Luft wird blau und kalt. Ich warte und friere. Meine Bluse, klebrig von Schweiß und Dreck, ist eher ein Schleier als eine wärmende Hülle, und außer ihr und den Shorts trage ich nichts auf der Haut. Als ich an mir herunterschaue, sehe ich, dass die Knöpfe immer noch offen stehen. Gott sei Dank habe ich es bemerkt, bevor mein Vater mein Aussehen kontrolliert.

Die Lichtreklame der Raststätte sprüht rote Blitze auf den Kies. Ich zähle die Sekunden zwischen ihnen und warte. So lange kann das doch nicht dauern von seiner Wohnung bis hierher! Bestimmt streitet er mit der Gattin.

Lastwagen schnauben, schnaufen vorbei, sie suchen einen Rastplatz für die Nacht. Personenwagen schleichen heran, die Lichter gehen aus. Manchmal steigen einer oder zwei aus, manchmal bleibt es dunkel und still. Ich stelle mir vor, dass sich im Innern ein Paar liebt. Wieder biegt ein Wagen auf den Rastplatz. Schon von weitem weiß ich, dass es mein Vater ist. Ich kann nicht erklären, warum. Vielleicht ist es die Art, wie die Reifen heranrollen, wie die Scheinwerfer blinken, hektisch, immer aggressiv! Natürlich, es ist eine Sportkutsche, ich werde mich also wieder an die Gattin drängen müssen.

Eine Tür fliegt auf, eine zweite öffnet sich zögernd. Mein Vater springt wie ein Panther auf mich los, die Gattin folgt als verlangsamter Schatten. Während des gewohnten Geschlabbers überzieht mich Gänsehaut. Plötzlich stößt er mich von sich, tritt einen Schritt zur Seite und mustert mich von oben bis unten. Jeder Zentimeter meines Körpers, den sein gnadenloser Blick prüft, brennt. Seine keifende Stimme peitscht mir ins Gesicht wie eine Salve Ohrfeigen. »Du siehst aus wie eine Straßennutte! Hast du nichts anderes anzuziehen!? Wo sind deine Kleider, deine Tasche, der Koffer!? Man sollte dich wirklich gegen die Wand knallen! Du hast nichts von dem kapiert, was ich dir beigebracht habe in all den Jahren!«

Ich setze mich auf den Kies und fange hemmungslos an zu weinen. Von einer Sekunde zur anderen ist er ein anderer Mensch. »Komm, mein Liebling, du frierst ja, wir fahren nach Hause!« Die Gattin steht halb hinter ihm, sie hat noch kein einziges Wort zu mir gesagt. Mein Vater hilft mir hoch, zieht mich zu sich heran und küsst mich auf die Stirn, dann öffnet er die Beifahrertür. Er geht ums Auto herum, wird vom Flackern der Lichtreklame erfasst. Jetzt erst kann ich sein Gesicht erkennen. Es ist ausgemergelt, alle Lebendigkeit ist aus ihm gewichen, nur die durchlebten Nächte sind als tiefe Furchen in die Haut gegraben. Die Gattin weht an mir vorbei, nickt mir kaum merklich zu, während kalte Augen Pfeile auf mich abschießen. Sie nimmt betont lasziv Platz, ich bemühe mich zu schrumpfen, soweit es geht. Nach einigen Anläufen gelingt es mir sogar, die Tür ins Schloss schnappen zu lassen.

Die Fahrt über wird nicht gesprochen, ich erfahre nur, dass wir in die neue Dachterrassenwohnung in der Innenstadt fahren und dass wir nicht essen gehen werden, da sie beide neuerdings nur Selbstgekochtes zu sich nehmen, natürlich asiatisch. »We are cleaning our bodies!«, schnalzt mein Vater. »Wir befreien unseren Körper von Giften und

Schlacken, die sich im Lauf der Jahre in den Gefäßen abgelagert haben!« Jetzt ist er völlig verrückt geworden. So ein Quatsch aus seinem Mund!

Auch die neue Wohnung ist in einem völlig fremden Stil eingerichtet. Wo sich einst Putten und nackte Weiber wälzten, man versinken konnte in einem Meer von Stoffen, Kissen und Plüsch, schieben sich jetzt schmale Tischchen in verschiedenen Größen ineinander. Sie leisten einem strengen braunen Ledersofa Gesellschaft, daneben zwei Schrankkoffer. Sonst ist nichts im Raum, außer ein paar Lichtquellen. Japanisch, spartanisch, karg. Eine Wand besteht nur aus Glas. Dahinter macht sich eine Terrasse über den Dächern Roms breit. Bambusgräser wiegen sich, Rosen behaupten sich sehr rot, sehr dick dazwischen. Überall Rosen, wohin mein Blick fällt: draußen, drinnen Vasen voller Rosen. Schalen, in denen nur Köpfe schwimmen. Rosenblätter wie zufällig auf Tischchen und Boden geworfen. In Wirklichkeit ist jeder Zentimeter inszeniert. Im Bad warten lose drapierte Rosensträuße unter dem Spiegel am Waschbecken und an der Wanne auf das Verwelken. Ein süßlich modriger Duft macht mir das Atmen schwer, er widert mich an. Mein Vater führt mich ins Schlafzimmer. Ich bleibe an der Schwelle stehen: wie immer ein Meer aus Decken und Kissen, die sich zu Wellen formen, Spitzen klammern sich an Rüschen, alles Zeichen der Nacht. Ich will es mir nicht vorstellen.

Mein Vater schaut mich wieder so schwammig an, ich stapfe zurück in den neutralen Wohnraum. Wie bringe ich ihm bei, dass ich Geld brauche, sofort viel Geld, dass ich aber nicht bleiben, sondern morgen weiterziehen werde?

Er folgt mir, fällt breitbeinig aufs Sofa, ich setze mich ans andere Ende, die Füße nebeneinandergestellt, die Knie aneinandergepresst. Sein Blick ruht auf mir, ich werde nervös. Essensduft zieht durch den Raum. Geneviève kocht gut, ich rieche es. Ich bekomme schrecklichen Hunger, verdammt, es wird immer schwieriger, den Mund aufzumachen.

Schrilles Klingeln schneidet in die gespannte Stille. »Das ist für mich!«, schreie ich, stürze zum Telefon, ohne die Reaktion meines Vaters abzuwarten. Anscheinend überrumpelt ihn meine Bestimmtheit so sehr, dass er nicht fähig ist, mich daran zu hindern.

»Wir sind schon da! Es ist schnell gegangen in der Werkstatt, sie haben die Reifen provisorisch festgemacht. In Palermo müssen wir den Schaden richtig reparieren lassen. Wir warten an der Ausfahrt Rom Süd auf dich, hast du das Geld?«

»Ja, ja, natürlich!«, lüge ich, »wie, wo?« Die letzten Wörter bringe ich nur noch stammelnd hervor. Jetzt bleibt mir keine Zeit mehr, ich muss es ihm sagen. »Wer war das?!«, bellt er böse. Mein Kopf ist eine glühende Kugel, und ich friere.

»Babbo, ich muss sofort weg, nach Sizilien! Ich spiele dort Theater! Wir haben ein Gastspiel in Palermo. Aber ich komme auf dem Rückweg vorbei, ich verspreche es dir! Kannst du mir Geld geben, bitte, für Hotel, Essen, Eisenbahn, Schiff und so weiter? Und könntest du mich vielleicht bitte zur Autobahn bringen? Ich möchte lieber mit dir fahren als mit dem Taxi! Bitte! Dann können wir noch zusammen sein! Ich schwöre, ich komme in ein paar Tagen zu dir, solange du willst! Ich schwöre es!«

Mein Vater wirft die Mähne, fährt sich mit den Fingern durch die Haare. Sein Blick flattert, die Lippe zuckt, die Nasenflügel beben. Er zieht mehrmals die Lippen zurück, zeigt die zu großen Zähne – ich warte, dass er losbrüllt.

Da erhebt er sich müde, schlurft zu den Wandschränken, die Schubladen schnurren leise. Er kommt zurück, wirft mir einen seiner Cashmerepullover entgegen: »Zieh den an! So kannst du nicht rumlaufen! Jeder hält dich für eine Nutte! Außerdem ist es viel zu kalt!« Folgsam schlüpfe ich in den Pullover. Er ist weich und riecht gut. Aber er reicht kaum über den Po, da ich größer bin als mein Vater. Ich zerre daran, damit er es nicht bemerkt und böse wird. Das Blättern von Papier hört sich gut an. Ein Haufen Geldscheine landet vor mir auf einem Tischchen. »Hier, Geld für dich! Aber du kommst zurück, hast du mich verstanden? Du kommst wieder!«

»Ich schwöre es!«

»Ich fahr dich.« Er verschwindet in der Küche, um Geneviève Bescheid zu sagen.

Mit der Routine eines Geldzählers greifen meine Hände nach den Scheinen, schieben sie zusammen und rollen sie zu einem Bündel, das ich tief in einen Stiefelschaft drücke. Dann laufe ich ihm in die Küche hinterher und umarme meine Stiefmutter, um meinen Vater bei Laune zu halten. »Ciao, bis bald!«

Auf der Fahrt zur Autobahn mault er, wie unerträglich ihm der Gedanke sei, dass ich mit Leuten zusammen in einem Bus reise. Sein ganzes Leben habe er das verabscheut, den Mief von ungelüfteten Räumen, Zelten, Jugendherbergen, habe Rucksäcke gehasst. Den Gestank nach Fußschweiß und Mensch. Und jetzt macht seine Tochter genau das!

Wir halten vor den Umrissen des Mercedes-Busses. Kein Licht im Innern, er wirkt verlassen, die Leute schlafen wohl. Mein Vater öffnet mir die Beifahrertür, drückt mich fest an seinen Körper, lange, viel zu lange. Seine Wärme, sein Geruch machen mich panisch. Er lässt mich nicht los, kreist seine nasse Zunge in meinem Ohr, flüstert: »Du kommst!« Ich kann ihn kaum verstehen, aber ich nicke. Dann löse ich mich aus der Fesselung, laufe zum Bus und drücke den Türgriff in die Freiheit. Der Motor des Sportwagens heult auf, dann wird er leiser, leiser …

Behutsam schließe ich die Bustür wieder und setze mich auf die spitzen Steine. Die letzten Stunden haben mich aufgewühlt. Plötzlich habe ich Lust, meine Stiefel auszuziehen. Die Reißverschlüsse ratschen, das Geldbündel fällt mir vor die Füße. Ich fange an zu zählen. Umgerechnet 2000 Mark hat er mir gegeben. Nicht schlecht. Ich werde den anderen die Höhe der Summe nicht verraten. Es geht niemanden etwas an, wie viel Geld mir mein Vater gibt.

Überhaupt, was habe ich mit diesem blöden Bus zu tun! Ist doch nicht meine Schuld, dass sie eine so billige Karre gekauft haben, die gleich ihre Reifen verliert. Die Leuchtreklame flackert immer noch. Sie wirkt ärmlich gegen das Licht des nahenden Tages. Ich lege mich auf den Rücken, die Steine stechen mich, aber bald spüre ich sie nicht mehr.

Schlecht gelaunte Stimmen, Türen knallen, neben mir spuckt jemand auf den Boden. Angewidert springe ich hoch – jetzt weiß ich, was mein Vater gemeint hat.

Zwei Stunden später sind wir unterwegs zur südlichsten Spitze Italiens. Von Reggio di Calabria geht unser Schiff nach Sizilien. Auf dem Weg dorthin wollen wir in der Nähe von Neapel, bei Salerno, einen Abstecher in das Dorf Buccino hoch oben in den Bergen machen.

Paolo, einer der Ältesten der argentinischen Theatertruppe, stammt ursprünglich von dort. Er will nach zwanzig Jahren seine Familie besuchen.

Der Bus kämpft sich den in engen Serpentinen angelegten steinigen Weg hinauf zu Paolos Heimatdorf, feiner Staub legt sich auf die Scheiben. Wir fahren durch die Wildnis, Hibiskus- und Eukalyptusbäume stehen am Wegrand, Äste und die Dornen wilder Rosen kratzen am Lack, hüfthohe Gräser biegen sich uns entgegen. Ich kurble das Fenster hinunter, es duftet nach Kräutern, nach Honig und Blüten. Tiere, die ich nicht sehen kann, stoßen fremdartige Geräusche aus. Sie lassen sich nicht beeindrucken vom Schnauben des Ungetüms, das ihren Frieden stört. Dann werden die Pflanzen weniger, sie weichen Felsen und trockenem Kraut. Am Horizont erhebt sich ein Berg, er brennt in der sengenden Mittagssonne. Obendrauf hat sich ein Dorf festgekrallt, nein, es sieht aus, als wäre es mit dem Felsen gemeinsam gewachsen.

Wir halten am Rand des Dorfes, wo sich die ersten Häuser aneinanderklammern. Sie sehen aus wie aus einem Stein gehauen. Es ist schwer zu erkennen, wo das eine aufhört und das andere anfängt. Die Kanten sind im Lauf der Zeit verwischt.

Die Sonne steht hoch. Kein Mensch ist zu sehen, nichts rührt sich. Nur ein paar ausgemergelte Hunde lungern bewegungslos in den wenigen Schattenecken und hängen ihre Zungen auf den Stein. Die Holzläden an den Häusern sind geschlossen. Wäscheleinen spinnen Netze zwischen den

Wänden. Mir ist, als sei hier die Welt stehengeblieben vor langer Zeit.

Paolo springt aus dem Bus, stürmt hinein in die engen Gassen, klopft an jedes Haus. Türen öffnen sich, Gesichter voller Misstrauen erscheinen, die ersten treten vorsichtig hinaus. Paolo hämmert sich auf die Brust und ruft: »Kennt ihr mich nicht mehr? Ich bin es, Paolo!« Nach und nach lösen sich die Menschen aus dem Schatten der Häuser, sie breiten die Arme aus, laufen ihm nach auf seinem Weg ins Zentrum des Ortes. Von allen Seiten strömen sie herbei. Paolo zieht als Rattenfänger durch die Gassen. Am Dorfplatz hält er an.

Etwa zehn Frauen marschieren ihm eingehakt entgegen. Sie bilden eine Wand, die keinen durchlässt. Als sie direkt vor ihm zum Stehen kommen, wirbeln sie eine Staubwolke auf, wie Pferde, die von ihren Reitern am Zaumzeug gerissen werden. Die kleinste und älteste der Frauen, als einzige in schwarze Tücher gehüllt, bildet den Mittelpunkt der Reihe; sie ist, wie wir später erfahren, Paolos Großmutter. Der verlorene Sohn wirft sich vor ihr auf die Knie, küsst die Erde zu Füßen der Nonna. Sie befiehlt ihm aufzustehen, packt ihn und presst ihn an ihren Busen. Jede der Frauen, seine Tanten, Schwestern, Cousinen, wollen ihn anfassen, umarmen. Ihre Jubelschreie klingen durch die Gassen.

Wir sind Paolo nur zögernd gefolgt, halten uns im Hintergrund. Aber jetzt laufen Menschen auf uns zu, fassen uns vorsichtig an. Alle wollen uns ihre Häuser zeigen, bieten ihre Kostbarkeiten an, selbstgemachten Käse, frisches Brot, Salami. Wir werden herumgereicht von Haus zu Haus, denn Paolos Freunde sind auch Kinder von Buccino. Ich laufe die ganze Zeit barfuß, denn außer den Plateaustiefeln habe ich keine Schuhe dabei. Meine Fußsohlen sind an vielen Stellen aufgeritzt von spitzen Steinen. Es macht mir nichts aus, vom ersten Moment an habe ich mich hier wohlgefühlt. Und heute wird auf dem Dorfplatz ein Freudenfest gefeiert werden, Paolo, der verlorene Sohn, ist zurückgekommen.

Aus allen Häusern dringt der Duft nach frischem Brot, nach Pizza, nach Gemüse und Kräutern. Männer spannen eine Lichterkette mit dicken bunten Glühbirnen quer über den Platz, von der Kirche bis zur Bar, zwei Frauen in Blumenkleidern und bunten Kopftüchern fegen den Erdboden. »Damit man gut drauf tanzen kann!«, lacht die eine und senkt sofort verschämt den Blick.

Ich kann die Vorfreude auf mein erstes Dorffest kaum aushalten, aber zuerst müssen wir alle in die Messe. Ich laufe zurück zum Bus, um mich anständig anzuziehen, Bluse und Shorts kleben immer noch an mir, und der Pullover meines Vaters sieht auch nicht mehr besonders gepflegt aus. Ich wühle in meiner Tasche nach Jeans und T-Shirt. Dann ziehe ich auch die Stiefel wieder an, obwohl es sich sehr unangenehm anfühlt: ohne Strümpfe, die Füße schmutzig und blutig. Außerdem schäme ich mich vor den Menschen hier, wenn ich auf diesen Prothesen durchs Dorf stakse. Aber ohne Schuhe bin ich eine Zingara, eine Zigeunerin, für sie.

Marina, eine Frau aus der Theatertruppe, lässt Wasser aus einem Kanister über meine Hände laufen, ich werfe es ins Gesicht. Mit den nassen Fingern versuche ich meine zerzausten Haare zu kämmen. Dann beeile ich mich, in die Kirche zu kommen.

Die Messe hat schon angefangen. Der Sprechgesang des Priesters ist schon von weitem zu hören. Aber es klingt ganz anders, als ich es kenne. Seine Stimme wird übertönt von aufgeregtem Geplapper, von Kindergeschrei, von Lachen und Weinen. Je näher ich der Kirche komme, desto mehr erinnert mich der Lärm an ein Volksfest. Die Flügeltüren stehen offen, Kinder laufen zwischen den Beinen der Erwachsenen. Ihre Rennstrecke reicht vom Dorfplatz bis zum Altar. Die Kirche ist lichtdurchflutet. So hat sich Jesus bestimmt den Gottesdienst vorgestellt: fröhlich und lebendig.

Das Akkordeon lockt mit einem Tango. Trauben von Mädchen und Jungen, Männer und Frauen, uralte Menschen, die sich mit dem Stock vorwärtstasten, sie alle strömen in die Mitte des Platzes und beginnen zu tanzen. Jeder wie er kann. Sogar die Alten drehen sich auf der Stelle im Kreis, wackeln mit dem Kopf zum Rhythmus der Musik.

Ich glaube, sie haben alle Tische aus ihren Häusern auf den Platz geschleppt, haben steife weiße Tücher drübergebreitet, ihr bestes Geschirr aus den Truhen geholt. Fast jeder Teller ist anders. Dazwischen haben sie einen Teppich aus Früchten und Blumen gebreitet. Das ganze Dorf versammelt sich an der Tafel, die über den Platz und hinein in eine Gasse reicht. Kommen Neue dazu, rückt man zusammen, und in den Kellern finden sich weitere Sitzgelegenheiten wie Hocker, Kisten, Fässer. Köstliche Speisen werden herangetragen, duftende Gemüseeintöpfe, Nudeln, Fleischpfannen. Es herrscht ein Lärm wie auf dem Jahrmarkt. Die Menschen singen, lachen, schwatzen, essen, trinken. Irgendwo brennt auch ein Feuer. Die Flammen malen Schatten auf die vom Wein geröteten Gesichter. Aus manchem schaut ein Faun oder ein Gnom.

Halbwüchsige Jungen lungern in meiner Nähe, schauen zu mir herüber. Manche stolzieren an mir vorbei wie Hähne, mustern dieses Mädchen mit den langen blonden Haaren, in engen Jeans, knappem T-Shirt und Plateaustiefeln. Nachdem der erste sich getraut hat, mich zum Tanz aufzufordern, verlieren auch die anderen ihre Scheu. Ich tanze ausgelassen, lache viel. In diesen Momenten vergesse ich mein Leben, ich empfinde nur Freude und Frieden.

Plötzlich hakt mich eine ältere Frau unter und schleppt mich trotz meines Protestes weg von dem wogenden Fest, hinein in die Tiefe einer dunklen Gasse. Sie heißt Luiza und ist eine Tante von Paolo. Ich bemerke ein paar Schatten an den Mauern, die uns folgen wie streunende Hunde. Es sind die Burschen, mit denen ich geflirtet und getanzt habe. Die

Frau stößt harte Flüche aus. Mit einem Satz sind sie verschwunden. »Ungehörig, diese Lümmel! Ein Mädchen wie du gehört um Mitternacht ins Haus! Du darfst keine Begierden wecken! Du schläfst heute Nacht bei mir!«, zetert sie, bis wir vor einem düsteren Haus anhalten. Mir ist nicht wohl. Zu gerne wäre ich noch auf dem Fest geblieben, bis es hell wird, hätte gelacht, geflirtet, getanzt.

»Komm rein!« Wir stehen in einer Art Eingangshalle, sie ist leer. Nur die Mutter Gottes leuchtet in Hellblau und Rosa aus einer Wandnische.

»Ich zeig dir dein Zimmer.« Sie führt mich in einen großen Raum, der durch eine Neonröhre an der Decke erhellt wird. Ein Eisenbett auf hohen Beinen mit einer gehäkelten Decke wirkt nicht besonders einladend. Die Häkeldecke ist so akkurat gezogen, dass sie keine einzige Falte wirft. Der Abstand der Fransen zum Boden ist auf beiden Seiten exakt gleich. Mit energischem Schwung wirft Luiza die weißen Spitzenvorhänge übereinander. »Gute Nacht!« Sie fasst ins Weihwasserbecken an der Wand, spritzt die Tropfen in meine Richtung und schließt mit Nachdruck die Tür. Sie muss mich gar nicht einschließen, denn so bestimmt, wie sie die Tür geschlossen hat, würde ich niemals wagen, sie zu öffnen.

Ein bisschen enttäuscht setze ich mich auf den einzigen Stuhl, lasse meinen Blick durch das Zimmer schweifen. Dem Bett gegenüber steht wieder Maria in Lebensgröße. In ihren Armen hält sie den toten Jesus. Die Dornenkrone und seine Stirn sind blutverschmiert. An einem Finger der Mutter Gottes hängt ein Rosenkranz mit schwarzen Perlen.

Ich fürchte mich in diesem Raum, die Angst, nicht atmen zu können, schleicht sich wieder heran. Mir bleibt nichts anderes übrig, als mich mit dem Bett anzufreunden und in den Schlaf zu flüchten. Ich ziehe Stiefel und Jeans aus, die Kälte des Steinbodens steigt mir die Beine hoch. Ich strecke mich zum Lichtschalter neben der Tür, lösche die Neonröhre, krieche unter die Decke. Meine Augen gewöhnen sich an die Dunkelheit, ich kann die Umrisse von Maria und Jesus erkennen. Der Rosenkranz bewegt sich sacht, als hätte ihn ein Windhauch gestreift. Ich presse die Augenlider aufeinander, ich will da nicht mehr hinschauen!

Da erscheint das Bild von diesem Jungen auf dem Fest in meinem Kopf. Er stand den ganzen Abend an denselben Baum gelehnt und schaute zu mir herüber. Wahrscheinlich war er zu schüchtern, um mich anzusprechen. Seine Gesichtszüge sind fein und zart, wie die eines Mädchens. Dieser stille Blick lässt mich nicht los. Er gehörte nicht zu den Strizzis, die uns verfolgt haben. Aber als ich mit Luiza an ihm vorbeiging, drückte er mir ein Stück Papier in die Hand, das ich in die Tasche meiner Jeans gesteckt habe. Sofort mache ich das Licht wieder an und finde den Zettel auf dem Boden. Ich rolle ihn auseinander. In Kinderschrift, mit Bleistift gekritzelt, steht da: »Morgen, 17 Uhr an der Bar. Ich werde dir etwas zeigen, Giacomo.« Ich mache das Licht aus und nehme das Gesicht Giacomos mit in meine Träume.

Tante Luiza weckt mich ziemlich früh mit dem Befehl: »Frühstück! In der Küche!« Nach wenigen Minuten stehe ich fertig angezogen vor ihr. Sie deutet auf das Waschbecken: »Da kannst du dir das Gesicht waschen.« Nachdem ich mich mit Kernseife geschrubbt habe, streichelt sie mir über die Wange, drückt einen festen Kuss darauf und sagt: »Du bist ein gutes Mädchen, das spüre ich!« Ich setze mich verlegen auf einen Stuhl, denn es passiert nicht oft, dass jemand etwas Freundliches über mich sagt.

Der Kaffee schmeckt anders, als ich ihn kenne, streng und bitter. Luiza legt eine dicke Scheibe Brot, üppig mit Butter und Marmelade bestrichen, auf meinen Teller. Dann schmiert sie eine zweite, und ich muss sie essen. Nach dem dritten Stück mache ich ihr Zeichen, dass ich nicht mehr kann. Sie lacht laut auf und deutet auf meinen dünnen Mädchenkörper: »Du musst essen, damit dir Brüste und Hüften wie Sophia Loren wachsen! Ha, ha, ha!« Sie verschluckt sich vor Lachen und muss sich den Rock vor den Mund pressen, damit nicht die Speisebrocken durch die Küche fliegen. »Am Nachmittag nehme ich dich mit hoch zu den Gärten, Gemüse ernten.«

Nach der Siesta stapfen wir auf einem Pfad, der so schmal ist, dass wir nur hintereinander laufen können, außen am Dorf vorbei. Der Weg scheint noch höher in die Berge zu führen. Schafe glotzen uns an, wilde Blumen recken ihre Köpfe, knorzige Bäumchen neigen sich tief. Die Gärten, die wir schließlich erreichen, erinnern mich an Schrebergärten, nur sind sie viel wilder, üppiger, schöner. Die Einwohner von Buccino bauen hier oben ihr Gemüse an. Während Luiza vor den Beeten kniet und rupft und ausgräbt, fülle ich die Körbe. Hoffentlich dauert es nicht zu lange, ich habe schließlich eine Verabredung.

Als die Gartenarbeit kein Ende nimmt, klage ich über Übelkeit und Schwindel. Luiza erhebt sich seufzend, schüttelt den Kopf und zwickt mich in die Nase. Mir schießen die Tränen in die Augen. Als ich laut aufschreie, lacht sie mich wieder aus. Dann schwingt sie sich die Körbe auf den Rücken, gibt mir den kleinsten, und wir machen uns auf den Weg zurück ins Dorf.

Im Haus helfe ich ihr auspacken. Lauch, Zucchini, Paprika, Tomaten werden auf den Tisch gelegt, um anschließend von Luiza geputzt zu werden. Ich erzähle ihr, dass ich meine Tasche aus dem Bus holen müsse, und verdrücke mich in Richtung Dorfplatz. Die Bar liegt gegenüber der Kirche in einem Eckhaus. In der Gasse, einige Meter vom Eingang entfernt, steht ein Moped. Darauf sitzt Giacomo und sieht mir entgegen. Als ich näher komme, sehe ich, dass er sich freut. Zuerst sagt keiner ein Wort. Der Junge sitzt auf seinem Moped, ich stehe wie ein Stock vor ihm. Er ist mutiger als ich: »Komm, steig auf, ich zeige dir das Paradies!«

Ich folge seiner Einladung, und wir brausen durch die engen Gassen hinaus aus dem Dorf. Meine Arme umschlingen Giacomos zarte Gestalt, meine Nase presse ich an seinen Rücken. Er riecht nach frischem Gras. Ich habe das Gefühl, dass er immer schneller fährt, aber es ist mir egal, ich genieße den Fahrtwind, die Wärme, Giacomos Geruch. Plötzlich hält er an. »Das ist das Paradies!« Er streckt beide Arme von sich, deutet in die Ferne. Vor uns liegen Hügelkuppen mit mehrfarbigem Pelz besetzt, dahinter glitzert das Meer. Die Sonne hängt als glühende Kugel darüber.

Giacomo sagt: »Siehst du, so sieht das Paradies aus, und ich liebe dich!« Ohne mich zu umarmen, küsst er mich stürmisch auf den Mund. Ich verliere das Gleichgewicht und falle auf den Po. Giacomo stürzt sich auf mich, und wir wälzen uns wie Kinder auf der Erde. Wir lachen, bis wir keine Luft mehr bekommen. Wir setzen uns beide auf, halten kurz inne, und dann küssen wir uns wirklich, erst scheu und zart, dann stärker, wilder, wir hören erst auf, als die Dämmerung heranschleicht.

»Sie werden uns suchen! Wir müssen sofort zurück!«, rufe ich.

Auf der Fahrt wird mir klar, dass die Knutscherei mit Giacomo ein Fehler war. Morgen reisen wir weiter, und wir werden uns nie wiedersehen. Außerdem ist er zwei Jahre jünger als ich. Die Menschen im Dorf werden mich mit Peitschenhieben ins Tal jagen.

Giacomo hält am Rand von Buccino an. Ich springe vom Moped und laufe davon, ohne mich umzudrehen. Kurz bevor ich die Häuser erreiche, mache ich einen kleinen Umweg über den Trampelpfad unterhalb des Dorfs. Von dort schaue ich nach oben. Die Felswand verschmilzt mit den Häusern. Zusammen bilden sie eine trutzige Befestigungsmauer. Aber die vielen Fenster, die freundlich in die Ferne schauen, laden jeden Besucher ein.

Sie feiern immer noch oder schon wieder. Ich höre das Akkordeon, und viele Stimmen singen mit. Von einem Moment zum anderen wird es dunkel. Die Gasse hat keine Laternen, und plötzlich höre ich ein Rauschen, das immer näher kommt. Ich bleibe stehen und lausche ins Dunkel. Es kommt aus dem Haus da vorne. Ich nehme meinen ganzen Mut zusammen und stoße die Tür mit dem Fuß auf, sie ist nur angelehnt. Vor mir stürzt ein Wasserfall in die Tiefe. Es ist das Waschhaus des Dorfes, aber mich versetzt der Anblick in Panik. Ich renne aus der dunklen Gasse auf den beleuchteten Platz und beruhige mich erst wieder, als ich all die tanzenden, lachenden und gestikulierenden Menschen sehe.

Bei unserer Abreise am nächsten Morgen kommen noch einmal alle zusammen, um uns viel Glück zu wünschen. Sie beschenken uns mit Salami, Käse, Brot und Tomaten. Die Menschen umzingeln unseren Bus, Hände greifen durch die offenen Scheiben nach uns, Gesichter recken sich ins Innere. Dazwischen entdecke ich plötzlich Giacomo, er hält mir einen Blumenstrauß entgegen: »Aus dem Paradies!«, ruft er und ist verschwunden.

Heute darf ich vorne sitzen. Tränen laufen über mein Gesicht, als der Wagen über die engen Serpentinen ins Tal holpert. Ich werde diese Menschen nie vergessen. Paolo sieht mich an, schüttelt lachend den Kopf: »Giacomo ist sechzehn!« Dann drückt er wie ein Bruder meinen Schenkel. Reggio di Calabria ist unser nächstes Ziel. Wir werden dort das Schiff nach Sizilien nehmen.

Die Bilder der letzten Tage wirbeln durch meinen Kopf, ich schlafe ein und komme in der schlimmsten Mittagshitze in meinen Klamotten schwimmend und völlig verwirrt zu mir.

Die Küstenstraßen sind eng und kurvig und wirken, als wären sie mit Sand und Spucke an den Berg geklebt. Unser Fahrer strapaziert den Bus und nimmt auch in den spitzesten Kehren nicht den Fuß vom Gas. Mir wird schlecht vor Angst, und ich schreie Paolo an, langsamer zu fahren. Hans schnauzt mich an, ich solle mich nicht so hysterisch aufführen. Ich schnauze zurück, wir streiten ununterbrochen während der Fahrt. Irgendwann hält Paolo an, schmeißt uns raus und brüllt, wir sollen uns gefälligst zusammenreißen! Die Hitze, die Enge im Bus – bei allen liegen die Nerven blank, alle schreien durcheinander und einander an. Erst nachdem Paolo die Tagesration verteilt hat, zwei belegte Baguettebrötchen, ein Getränk und vier Zigaretten für jeden, beruhigen sich die Gemüter, und wir können weiterfahren.

Das Stück der argentinischen Truppe wird ein großer Erfolg in Palermo. Jeden Abend strömen Trauben von Menschen ins Theater und hängen nach der Vorstellung an den Lippen der Schauspieler, als würden sie von ihnen Erlösung erhoffen. Nur ich fühle mich fehl am Platz und wie ein Groupie. Was wird aus mir, wenn diese Reise vorbei ist? Soll ich mit der Truppe ziehen? Aber die wissen selbst nicht, wie es mit ihnen weitergeht. Außerdem verstehe ich so wenig von ihren Idealen, ihren Zielen, ihrem Lebensgefühl. Ihre Welt ist mir verschlossen, fremd. Es war eine naive Idee von mir, mich einer marxistischen Theatergruppe anzuschließen. Was soll ich machen, wo soll ich hin? Nur eines weiß ich: Ich muss zu meinem Vater. Ich habe ihm geschworen, zurückzukommen. Er wartet auf mich.

Das zweiwöchige Gastspiel ist zu Ende. Es wird abgebaut und eingepackt. Morgen machen sich alle auf den Weg nach Norden, die Truppe ist noch in andere europäische Städte eingeladen. Nur für mich gibt es immer noch kein Zeichen in Richtung Zukunft.

Auf der Fahrt von Reggio zurück nach Rom spreche ich kaum ein Wort. Paolo macht sich über mich lustig: »Pola, hat es dir die Sprache verschlagen? Du redest doch sonst so viel!«

Ich steige an der Ausfahrt Rom Nord aus dem Bus – es ist dieselbe Raststätte, an der mich vor knapp drei Wochen mein Vater abgeholt hat. Mit den anderen verabrede ich, dass ich ihnen nach Mailand hinterherreisen werde. Die Truppe wird dort an einem Straßentheaterfestival teilnehmen.

Auf der Messingtafel an der Hauswand nur Knöpfe, keine Namen. Aber ich weiß, wo ich klingeln muss. »Pronto!«, schnarrt mein Vater wie immer gereizt ins Mikrofon der Gegensprechanlage.

»Ich bin es! Pola!«

»Ah, mein Püppchen!«

Sechs Stockwerke steige ich hoch. Jede Stufe bereitet mir mehr Schmerzen. Wie wird er gelaunt sein? Ob Geneviève jetzt freundlicher zu mir ist? Werden sie wieder Tag und Nacht streiten, sich anbrüllen? Was erwartet mich?

Er steht in der Tür, zieht mich ins Innere. Seine Frau läuft auf mich zu, umarmt mich. Ich wundere mich.

Geneviève hat gekocht, auch diesmal gibt es allerlei asiatische Speisen. Danach müssen wir unbedingt noch alle drei in die Stadt. Mein Vater und seine Frau nehmen den Fahrstuhl, ich laufe zu Fuß. Die letzten Stufen muss ich dreimal rauf- und runterspringen. Sie erwarten mich schon ungeduldig. Er steuert auf ein kleines Auto zu und strahlt: »Heute wird Geneviève fahren!« Ich wundere mich ein zweites Mal. Die Kirche in der Via Appia haben sie gegen eine römische Stadtwohnung getauscht, die Luxuslimousinen gegen einen Minicooper. Dieses Auto sieht albern aus, und innen ist es noch viel enger als im Ferrari. Ich muss mich auf der Rückbank einklappen wie ein Taschenmesser. Am Steuer richtet sich die Gattin ein, daneben nimmt der Fahrlehrer Platz. Ich freue mich schon auf diese Autofahrt.

Sie startet, das erste Drama: Sie würgt den Motor ab. Der Wachhund bellt: »Bist du bekloppt?!« Sie verdreht die Augen und versucht aufs Neue, den Wagen anzulassen. Es klappt, zum Glück! Sie legt den ersten Gang ein, er meckert, sie würde nicht weich genug schalten, sie stöhnt. Sie fährt an, er treibt sie an, sie soll mehr Gas geben, sie sei doch keine lahme Ente! Geneviève tritt aufs Gas, wir rasen los: »Bist du verrückt, das ist viel zu schnell!« Sie nimmt den Fuß vom Gas, er schnauzt: »Nicht so viel!« Sie schaut starr geradeaus, ihre Bewegungen werden hektischer und verkrampfter, aber er lässt nicht locker. Jede Handlung, jede Bewegung wird kritisiert. Er wird lauter, er schreit sie an. Egal, was sie macht, er brüllt. Dann plötzlich stoppt sie das Auto mit einer Vollbremsung. Mein Vater kracht gegen den Rückspiegel, ich beiße mir auf die Lippe. Sie reißt die Tür auf, schreit: »Leck mich am Arsch!«, und stapft davon. Mein Vater jagt ihr brüllend wie ein Stier hinterher. Mich hat man vergessen. Ich klettere über die Vordersitze, steige aus der Kiste und stelle mich an den Straßenrand. Von den beiden ist nichts zu sehen. Einen Moment lang bin ich ratlos, weiß nicht, was ich tun soll. Was ist, wenn sie nicht mehr zurückkommen? Meine Sachen sind in der Wohnung. Ich habe keinen Schlüssel, keinen Pass, keinen Pfennig Geld, nichts. Was mache ich jetzt? Soll ich zur Polizei gehen? Die Autos rasen vorbei, machen einen Bogen um den Mini. Manche fahren an die Seite, rufen aus dem Fenster, ob sie mir helfen können? Ich schüttle den Kopf und warte, warte …

Endlich sehe ich die beiden die Straße entlang auf mich zulaufen. Mein Vater hat Geneviève fest im Griff. Aber sie lachen, Gott sei Dank. Wir steigen wieder ein. Dieses Mal fährt er. Mein Vater zeigt übertrieben viel von seinem Gebiss. Seine Frau schweigt. Ich weiß nicht, was ich davon halten soll. Plötzlich hält er vor einer Apotheke: »Du musst mir einen Gefallen tun! Wir brauchen Kondome! Mein Gesicht kennt jeder in Italien! Ich kann da unmöglich reingehen und Kondome verlangen.«

Ich werde rot, ich schäme mich, aber er lässt nicht locker und drückt mir einen Geldschein in die Hand. Mir bleibt keine Wahl. Ich steige mühsam aus, schleiche mit hochgezogenen Schultern in die Apotheke und mit rotem Kopf wieder raus. Schweigend fahren wir nach Hause.

Alle sind müde. Mein Vater bereitet mir ein Lager auf dem Ledersofa im sogenannten Wohnzimmer. Sie verabschieden sich ins Bett, ich schlafe sofort ein.

Ich tauche auf aus einem Brunnenschacht, finde keinen Halt. Ich rutsche ab an den glitschigen, grün bemoosten Wänden. Der Weg nach oben ist unerreichbar.

Ich öffne die Augen, kann nichts erkennen. Ich höre ein schnalzendes Geräusch. Eine Gestalt löst sich aus der Dunkelheit, nimmt Kontur an, kommt näher: Sie hat die Fratze einer tausend Jahre alten Echse. Eine gefräßige Kröte steht breitbeinig über mir, es ist mein Vater. Nein, er ist nicht mehr mein Vater! Ich schau in eine Fratze auf vier Beinen, mit vor Gier tränenden Augen. Etwas Hartes drückt meine Beine auseinander. Ich wehre mich, strample wie verrückt. Er presst meine Hände ins Kissen, kniet auf meinen Schenkeln, ich will schreien, ich kann nicht, nur ein armseliges Gurgeln kommt aus meiner Kehle. Er ist viel stärker als ich. Ich wehre mich nicht mehr. Ich kann nicht mehr. Ich lasse es zu.

Ich spüre mich nicht mehr. Mein Körper ist taub, mein Kopf ist taub, meine Seele ist wach, sie schreit, schreit, schreit. Niemand hört sie, auch ich nicht. Ich sehe zu, als würde ich nicht dazugehören. Mein Körper ist taub, mein Kopf ist taub. Seine Gesichtshaut, seine Lippen, leere Beutel hängen schlaff auf mich herunter. Der Geruch der Sünde, der Vernichtung legt sich auf mich.

Er stöhnt auf. Ein Ächzen, ein Wimmern über mir. Das Krötengesicht wird schwarz, es verglüht. Ein uralter Mann löst sich von mir, erhebt sich. Er schleppt sich auf die Terrasse, ich schaue ihm nach. Seine Gestalt zeichnet sich ab gegen das Grau des aufsteigenden Morgens. Er richtet sich auf. Seine Arme stemmen Gewichte.

Er stemmt Gewichte. Er stählt sich.

Erst fickt er seine Tochter, dann stemmt er Gewichte. Und die Kondome heute Nachmittag musste ich für meine eigene Vergewaltigung kaufen.

Ich trockne mit dem Laken mein von Angstschweiß und Verzweiflung nasses Gesicht. Das Laken ist klebrig, es riecht fremd. Ich spüre im Hals den Geschmack von Sünde und Schuld. Ich versuche aufzustehen. Mein Körper wird geschüttelt von einem Zitteranfall. Es hilft nichts. Ich muss sofort weg.

Ich raffe mein Weniges zusammen, schließe die Wohnungstür von außen, ziehe mich im Treppenhaus an, stopfe die Stiefel in meine Tasche und renne, renne, renne. Todesangst sitzt mir im Nacken. Ich bin sicher, der Teufel ist hinter mir her! Meine Zähne schlagen aufeinander, ich beiße mir auf die Lippen, ich blute, ich renne weiter, weiter …

Ob er meine Flucht schon bemerkt hat? Er wird mich suchen, wird rasen vor Wut. Ich will nicht daran denken, was er mit mir macht, wenn er mich zu fassen kriegt. Immer noch ist der Teufel hinter mir her!

Mit dem Taxi fahre ich zum Bahnhof. Ich habe Glück, in zwei Stunden geht ein Zug nach Mailand. Zwei Stunden werde ich mich doch vor ihm verstecken können! Ich löse das Ticket, ducke mich hinter Bänke und drücke mich in Ecken, nur der pausenlose Zigarettenqualm könnte mich verraten. Noch zehn Minuten bis zur Abfahrt. Ich schiebe den Kopf aus dem Versteck, prüfe lange, ob er irgendwo lauert. Als die Luft rein zu sein scheint, rase ich zum Bahnsteig, springe in den Zug und werfe mich in den nächsten freien Sessel. Durch das Fenster überwache ich den Bahnsteig, jede Person mustere ich zweimal. Endlich werden die Türen geschlossen, wir rollen aus dem Bahnhof. In meinem Kopf schwappen Gedanken wie stinkendes Wasser.

Ich friere, und zugleich ist mir heiß. Ich rieche die Angst, die aus meinen Poren drängt, und doch spüre ich mich nicht.

Ich fasse nach der Glut der Zigarette, ich spüre sie nicht. Ich berühre wie zufällig die Hand des Schaffners, als ich ihm die Fahrkarte zeige, ich spüre ihn nicht. Ich zwicke mir in die Wange, ich spüre mich nicht. Ich befinde mich in einer Kugel, sie ist durchsichtig. Eine Haut wie eine Seifenblase trennt mich vom Leben.

Gott ist böse auf mich, er wird mich bestrafen mit dem Tod.

Gestalten in Mönchskutten, ohne Gesicht, schleppen meinen Körper in einen Hof, fesseln meine Haare an einen Pferdeschweif. Das Pferd wird mit Peitschenschlägen über Steine und Felsen gejagt. Mein Schreien geht unter im Hufgetrappel des Tieres in Todesangst. Der Boden bebt.

Sie binden meinen leblosen Körper kopfüber an einen Fleischerhaken wie ein Schwein. Dann schlitzen sie mich auf, vom Schambein bis zum Kinn, und warten bis ich ausgeblutet bin, kein einziger Tropfen sich irgendwo verfangen hat. Die Reste werfen sie auf den Müll.

Ich stürze aufs dreckige, stinkende Zugklo, ramme mir die Finger tief in den Rachen. Ich muss die Sünde loswerden, auskotzen. Sie darf nicht an mir haften bleiben, nicht eins werden mit mir.

Wie ferngesteuert steige ich in Mailand aus dem Zug, treffe meine Freunde. Zwar sehe ich die hellerleuchteten Höfe in Mailands Altstadt, in denen Theater gespielt wird, sehe die pulsierenden Haufen von Menschen in den Straßen: bunt, fröhlich, aber ich kann nicht daran teilnehmen, ich bin getrennt von ihnen. Ich spüre sie nicht, ich spüre mich nicht, ich spüre nichts.

Zeitweise halte ich mich in einer Plattenbausiedlung außerhalb von Mailand auf; ich weiß nicht bei wem und mit wem. Dann leben einige Leute aus der Truppe und ich ein paar Tage in einer Villa über Genua bei einem Lateinprofessor und schlafen später auf der Erde beim Musikfestival am Comer See, aber wo ich auch bin, was ich auch tue, in meinem Kopf ist immer nur Schlamm, grau, grün, trübe.

Der Bus spuckt mich an einer Kreuzung in München aus. Die Ampel ist rot, sie glüht, sie brennt, sie verbrennt mich. Die Straße reißt ihr Maul auf. Vor mir gähnt der Abgrund: die Gewissheit, dass ich jetzt, in diesem Moment, auf der Stelle sterben muss. Dass mein Herz stehen bleibt. Ich kann nicht atmen, ich ziehe hektisch die Luft ein. Sie bleibt im Hals stecken, die Tür ist wieder zu. Ich will die Todesangst hinausbrüllen. Die Panik, zu ersticken, hindert mich daran. Um die Ecke wohnt ein Freund. Ich klingle Sturm, bitte ihn, heute Nacht bei ihm schlafen zu dürfen. Ich bin in einer Glaskugel. Ich sehe, dass er mir die Hand gibt, aber ich spüre sie nicht. Ich will sofort schlafen, will vergessen. Der Schlaf wird die Todesangst verschlingen. Morgen früh wird wieder alles normal sein.

Der Traum aus der Eisenbahn, die gesichtslosen Gestalten in Mönchskutten suchen mich heim. Das Licht ist grell, ich liege im Nassen – ich habe ins Bett gepinkelt. Ich zieh mich an, ich fliehe aus dem Haus. Der Freund ruft mir nach: »Pola, bist du verrückt geworden?«

Ich bin verrückt geworden. Ich habe Angst. Ich habe Todesangst. Ich werde sterben. Ich habe Angst, dass Gott mich tötet. Ich spüre bei jedem mühsamen Atemzug und mit jeder Zelle meines Körpers, dass mein Leben zu Ende ist, einfach abgeschnitten. Vor mir gähnt der Abgrund. Nur eine allerletzte Hoffnung auf Rettung bleibt mir noch: Ich muss zu meiner Mama und zu Heinrich aufs Land.

Meine Mutter und Heinrich verbringen Ferien und Wochenenden in einem gepachteten zweihundert Jahre alten Bauernhaus im Chiemgau. Es liegt auf einer Anhöhe, ist im Halbkreis von Wäldern umrahmt. Nach vorne öffnet sich der Blick auf einen Moorsee zu Füßen des Hügels. Man muss auf einer Privatstraße durch den Wald fahren, um dorthin zu gelangen. Die Äpfel fallen einem von den Bäumen in den Mund, und die Rehe kommen bis ans Haus. Die Wälder sind voller Steinpilze, Pfifferlinge, Erdbeeren, Himbeeren, Blaubeeren. Ich habe sie einige Male durchstreift, habe mir an einem der stillen versteckten Seen die Kleider ausgezogen und bin nackt in dem glasklaren Wasser geschwommen. Auch ein Paradies. Aber jetzt habe ich kaum eine Erinnerung daran.

Am Bahnhof steige ich aus dem Bummelzug und nehme ein Taxi zum Bauernhof. Ich stürze ins Haus, in die Stube, platze in die traute Runde: Heinrich, meine Mutter und meine Tanten sitzen um den großen Tisch. Sie schauen mich an, aber es kommen weder zusammenhängende Sätze noch verständliche Wörter aus meinem Mund.

Dann kann ich nicht mehr. Hemmungslos schluchzend breche ich zusammen. Heinrich nimmt mich am Arm und hilft mir auf einen Stuhl. Er spricht ruhig und behutsam mit mir.

Plötzlich löst sich die Blockade. Schmerz, Todesangst, Schuldgefühle brechen aus mir heraus, nichts kann sie aufhalten. Zum ersten Mal schreie ich aus mir heraus, was er mir angetan hat, vierzehn Jahre lang. Als ich fünf war, hat er begonnen, mich auf eine Weise zu berühren, die mir unangenehm war, mir falsch und böse vorkam. Heute bin ich neunzehn.

Alle sind bestürzt, schweigen betreten. Nur meine Mutter sagt: »Ich hab es mir ja schon immer gedacht. Du kamst jedes Mal so verstört aus Rom.«

Für den Moment erleichtert mich das Sprechen. Aber dann holen mich Todesangst und Schuldgefühle wieder ein. Heinrich hört mir mit unerschöpflicher Geduld zu, jeden Tag, stundenlang. Egal, womit er gerade beschäftigt ist, wenn ich zitternd vor ihm stehe, widmet er sich mir und meiner Verzweiflung. Ich wundere mich über seine Zuwendung, aber sie rettet mich vor dem Tod. Dafür und dass er mir klarzumachen versucht, dass ich unschuldig bin, bin ich ihm unendlich dankbar – auch wenn es zu diesem Zeitpunkt nicht viel nützt.

Auch die Wochen auf dem Land erlebe ich als Hölle. Ich bin eingeschlossen in einer durchsichtigen Masse, empfinde weder Wärme noch Kälte, lebe von der ganzen Welt getrennt. Nach wie vor bekomme ich kaum Luft. Spricht mich jemand an, sehe ich die Worte schon vorher wie an einem Band aus seinem Mund kommen. Steht der Mond am Nachthimmel, habe ich Angst, seine Kälte würde mich töten. Wenn eine Katze sich auf einen Vogel stürzt, spüre ich die Krallen. Ich bin schuld an allem, was um mich passiert. Oft zieht es mich zum Holzkreuz am Waldrand. Ich muss mich hinknien, und wenn ich einen schlechten Gedanken dabei denke, muss ich immer wieder zurückgehen, bis ich erlöst bin. Ich bin verrückt und muss so tun, als sei ich normal.

Irgendwann suche ich das, was noch übrig ist von mir, mit all meiner Kraft zusammen, fahre nach München zur Otto-Falckenberg-Schule und frage, ob sie mich wieder aufnehmen. Obwohl ich damals einfach abgehauen bin, sagen sie ja. Ich ziehe zu meiner Mutter und Heinrich in die Wohnung und schlafe auf dem Sofa.

Dann ruft er aus Rom an. Mein Herz schlägt bis zum Hals. Er wimmert ins Telefon wie ein Klageweib: »Ich bin so allein! Geneviève hat mich für zwei Wochen verlassen! Komm zu mir! Du musst zu mir kommen! Aber wasch dich die nächsten Tage nicht!« Mir fällt der Hörer aus der Hand. »Hast du verstanden!« Ich greife den Hörer mit zwei Fingern, als wäre er besudelt von all dem Dreck. »Hörst du mich? Du musst kommen!«

»Ja, ja …«, stottere ich, »aber ich friere, ich brauche einen Mantel. Schick mir 1000 Mark.«

»Natürlich! Sofort! Komm schnell!«

Ich lege auf.

Kaum ist das Geld angekommen, schreibe ich einen Brief an ihn: »Mir geht es sehr schlecht. Ich bin am Ende. Ich werde Dich nur noch als Tochter treffen, nie mehr als Sexualobjekt. Du wirst mich nie mehr anfassen. Nie mehr!«

Er antwortet nicht.

Auf die Dauer ist das Sofa im Wohnzimmer von Mutter und Stiefvater keine Lösung. So ziehe ich mit einer Plastiktüte, in die ich immer frische Wäsche packe, durch München und schlafe bei verschiedenen Freunden auf dem Boden oder auf der Couch. In der Schule übe ich Sprechen, Singen, Tanzen, Improvisation, Fechten, Rollenstudium – an manchen Tagen bis 22 Uhr.

Meinen Lebensunterhalt verdiene ich mir nachts in einem Club hinter der Bar, und der gute Onxganx unterstützt mich mit 200 Mark im Monat.

Ein halbes Jahr später kommt er mit seiner Frau nach München. Wir erwarten ihn in einem Restaurant: Biggi, meine Schwester Nastja, Freunde. Er begrüßt alle Anwesenden im Raum, umarmt sie, küsst sie. Über mich steigt er hinweg, er kennt mich nicht.

Nach München ist er gekommen, weil sich seine Frau in einem Krankenhaus behandeln lässt. Er wohnt während dieser Zeit in der Wohnung einer Bekannten. Die Sekretärin der Schauspielschule richtet mir aus, dass mein Vater angerufen hat, und gibt mir einen Zettel mit der Adresse, zu der ich kommen soll. Wie ich zu ihm stehe, weiß er jetzt, deshalb traue ich mir diesen Besuch zu.

Er öffnet die Tür, zieht mich in den einzigen Raum, legt sich aufs Bett und befiehlt mir, mein T-Shirt hochzuziehen. Ich mache es. Dann wache ich auf. Ich suche das Telefon und wähle die Nummer der Taxizentrale. »Du bleibst hier!«

»Nein! Ich fahre!«

»Du bleibst!«

»Nein!«

Ich nenne der Frau am anderen Ende der Leitung Straße und Hausnummer und gehe zur Tür. Er sieht mich nicht an, er sagt mir nicht auf Wiedersehen.

Die Tage und Abende sind angefüllt mit dem umfangreichen Unterricht, der uns aufs Theater vorbereiten soll. In den Nächten muss ich arbeiten, denn weder mein Vater noch Heinrich oder meine Mutter geben mir Geld. Ich verkaufe die letzten Luxusstücke, die noch übrig geblieben sind und die ich eigentlich behalten wollte. Als ich einmal nichts zu essen habe, biete ich Heinrich meine Olivetti-Reiseschreibmaschine für 50,– DM an. Er nimmt die Schreibmaschine und drückt mir den Schein in die Hand.

Zurzeit wohne ich bei einem Maler, der sich in mich verliebt hat. Er räumt Fächer in seinem Schrank leer für meine Kleider. Jeden Morgen um acht Uhr mache ich mich von seiner Wohnung aus auf zum Tanzunterricht.

Ich besuche die Schauspielschule jetzt seit einem Dreivierteljahr. Die Welt um mich herum ist immer noch fremd, aber ich scheine mich an den Zustand zu gewöhnen. Ich schwimme durch eine lange dunkle Höhle. Vielleicht gibt es am Ende einen Ausgang. Außerdem beruhigt mich der Gedanke, dass ich mich jederzeit umbringen kann, wenn ich es nicht mehr aushalte.

Wir bekommen neue Rollenlehrer, denn wir müssen Szenen für die Zwischenprüfung einstudieren. Ich habe das große Glück, dass sich ein Regisseur namens Hanskarl Zeiser für mich interessiert. Er erzählt mir eine Geschichte, von der ich denke, er hat sie aus der *Bild*-Zeitung. Am Ende sagt er: »Die junge Frau ist Gretchen aus *Faust*.« Ich schaue ihn ungläubig an, dann denke ich nach. Es stimmt! Er hat recht. Gretchen ist ein ganz normales Mädchen, sinnlich und frech, mit ganz normalen Gefühlen, Sehnsüchten, Lüsten.

Die Arbeit mit Hanskarl Zeiser an den *Faust*-Szenen ist für mich eine völlig neue Erfahrung. Es ist, als würden wir uns schon immer kennen, als hätten wir immer schon zusammengearbeitet. Er deutet an, ich verstehe, was er meint, und setze es um. Manchmal wird die Wand der Glaskugel, in der ich lebe, so dünn, dass ich sie kaum spüre. Die Vorführung im Rahmen der Zwischenprüfung bleibt lange Gesprächsthema in der Schule. Im Zuschauerraum sitzen auch einige Regisseure.

Kurze Zeit darauf teilt mir meine Mutter mit, dass jemand aus Hamburg für mich angerufen hat und sich morgen wieder melden wird. Der Mann am Telefon, der tags darauf tatsächlich noch einmal anruft, ist der Theaterregisseur Ulrich Heising. Er erzählt mir, dass er am Schauspielhaus in Hamburg ein holländisches Stück über drei Geschwister inszenieren wird. Vielmehr sind es vier Stücke, die wie ein Vierteiler im Fernsehen an verschiedenen Abenden aufgeführt werden. Die beiden Brüder werden von Jürgen und Dieter Prochnow dargestellt. Ich soll deren jüngere Schwester sein. Er hat mein Gretchen gesehen und möchte unbedingt, dass ich die weibliche Hauptrolle in seinem Stück in Hamburg spiele.

Ich springe in die Luft vor Freude und sage sofort zu. Die Schule beurlaubt mich für ein Jahr. Sobald alle vier Teile zu Ende gespielt sind, muss ich zurück nach München, um das Studium abzuschließen.

In den Wochen bis zur Abreise kann ich mich im Unterricht kaum mehr konzentrieren. Ich fühle mich wie eine aufgezogene Puppe, die tut, was man von ihr verlangt, aber in meinen Gedanken bin ich schon in Hamburg. Endlich raus aus München, das an mir klebt wie Leim. Hamburg ist Freiheit. Hamburg ist ein Zeichen in Richtung Zukunft!

Ich packe eine kleine Tasche. Viel besitze ich ohnehin nicht: Jeans, T-Shirts, ein paar Slips und meine vier Käthe-Kruse-Puppen. Plötzlich überfällt mich Angst: ganz allein in dieser fremden Stadt! Ich fürchte mich vor dem Theater, vor den Menschen, vor dem Alleinsein, vor der Einsamkeit, ich fürchte mich vor der Angst. Werde ich es schaffen, mich zwischen routinierten älteren Schauspielern zu behaupten?

Ich bin zwanzig Jahre alt, habe keine Theatererfahrung. Wie werden die Menschen zu mir sein? Wird Hamburg kalt sein?

Im Morgengrauen fährt der Zug im Hamburger Hauptbahnhof ein. Ich habe die ganze Nacht über nicht geschlafen, bin am Fenster gestanden, habe eine nach der anderen geraucht und die Menschen auf den nächtlichen Bahnsteigen betrachtet. Wie wird der Regisseur sein, die Schauspieler? Wenn einer unfreundlich zu mir ist, dann hau ich ab. Ich muss nicht in Hamburg bleiben, ich kann zurück in die Schule, wenn ich will.

Die Tür wird geöffnet, ich springe aus dem Zug – steige wieder ein und springe wieder auf den Bahnsteig. Ich muss das tun. Eine dunkelhaarige junge Frau läuft auf mich zu. Sie lacht mich an: »Pola Kinski?« Ich nicke. »Ich bin Marlen, ich arbeite am Theater. Zuerst fahre ich dich zu deinem Zimmer, später dann stelle ich dich dem Intendanten vor und bringe dich zur Probe. Du wohnst bei einem Paar in Eppendorf. Das ist eine schöne Gegend. Ich kann dich morgens mit dem Auto abholen, ich wohne ein Stück weiter gegenüber der Uniklinik.« Sie überschüttet mich mit ihrer Freundlichkeit, und ich bin froh, dass sie mich abgeholt hat.

Wir treten durch den Hauptausgang aus dem Bahnhof: »Das ist das Theater!« Genau gegenüber strahlt ein weißes Schlösschen. Schauspielhaus steht auf der Fassade. Wir laufen dran vorbei. Ihr Auto wartet vor dem Seiteneingang. An die Wände des Theaters sind Namen gesprüht: Jürgen Prochnow, Dieter Prochnow, Pola Kinski. Ich erschrecke, ich fühle keine Verbindung zu diesem Namen. Er hat nichts mit mir zu tun. Meine Begleiterin grinst: »Werbung!«

Auf der Fahrt nach Eppendorf redet Marlen ununterbrochen. Ich höre nicht zu, kann mich auf nichts konzentrieren, Hamburg zieht weiß und kalt an mir vorüber. In das sogenannte Zimmer, in dem ich wohnen soll, passt nur ein Bett. Man muss von der Tür aus hineinfallen. Größer ist die Kammer nicht. Das Fenster über dem Kopfteil ist eher ein Sehschlitz. Ich schmecke salzige Tränen in meinem Mund. Hier werde ich bestimmt nicht bleiben. Ich stelle meine Tasche aufs Bett und gebe Marlen ein Zeichen, dass ich gehen will.

»Das tut mir leid! Ich werde mich um etwas anderes bemühen!«, entschuldigt sie sich im Treppenhaus.

Wir fahren zum Theater. Marlen führt mich die Treppe hoch zur Intendanz. Manchmal laufe ich zwei Stufen vor und wieder zurück, als würde es dazugehören. Sie sieht mich fragend an. Ich übergehe es.

Der Intendant Ivan Nagel ist ein sehr großer, stolzer Mann. Er empfängt mich offen und freundlich. Aber die Person, die er meint, hat nichts mit mir zu tun – ich fühle mich fremd. Ich lächle zurück und verabschiede mich zur ersten Probe. Es ist fast neun Uhr.

Flure ohne Fenster, es riecht nach Holz, Lack und Beize. Ich mag diesen Geruch. Im Probenraum sind Regisseur, Dramaturg, Schauspieler und andere Leute versammelt. Man begrüßt mich überschwänglich. Ich komme mir vor wie ein Kind auf einem Familienfest. Ich werde begafft, begutachtet, gebe artig jedem die Hand.

Heising erklärt mir die Rolle. Die junge Frau ist die ganze Zeit auf der Bühne, drückt mit ihrem Gesicht und Körper aus, was sie sagen will, was sie beschäftigt. Auf alles, was gesprochen wird, auf jedes Geschehen reagiert sie, aber nie mit Worten. Das Mädchen ist stumm. Es wurde als Kind vom Vater vergewaltigt. Das Mädchen schläft abwechselnd mit seinen Brüdern. Es wird auf den Strich geschickt. Es wird verkauft.

Das Stück beginnt mit dem Auftritt der drei Geschwister. Die Bühne ist nur vierzig Zentimeter hoch, sie stellt eine Fabrikhalle dar. Die Zuschauer sitzen in L-Form darum herum. Das soll Intimität herstellen. Die Geschwister stehen einen Moment im Neonlicht der aufgerissenen doppelten Eisentür. Dann stürzen sie hinein, packen ihre Habseligkeiten aus der hölzernen Schubkarre und richten sich ein. Ich soll mir eine Handbreit vor der ersten Reihe mit dem Rücken zum Publikum das Kleid über den Kopf ziehen und splitternackt über die Bühne rennen, auf ein etwa zwei Meter hohes Portiershäuschen zu, an dem eine Leiter lehnt. Die soll ich hochklettern und mich auf meinen Bruder setzen, der schon dort oben in einem Bett liegt.

Ich kann nicht glauben, was er von mir verlangt. »Nein, das werde ich niemals tun!«, schreie ich. »Ich werde meinen Schlüpfer anbehalten!« Der Regisseur schnauzt, das sei nichts Halbes und nichts Ganzes mit Schlüpfer. Ich fange an zu zittern. Tränen schießen mir in die Augen, in einem Anfall von Zorn stürze ich aus dem Probenraum. Ich renne kopflos durch Flure, hocke mich in eine dunkle Ecke und schluchze hemmungslos.

Wieso kommt der ausgerechnet auf mich? Hat er etwas bemerkt? Sieht man es mir an? Dünste ich es aus? Riecht man es? Ist es mir für immer in die Haut gebrannt? Warum wollte er unbedingt mich für diese Rolle haben? Niemals werde ich das tun! Niemals! Ich hau wieder ab mit dem nächsten Zug.

Sie suchen mich. Sie rufen nach mir. Der Regisseur nimmt mich in den Arm, führt mich zurück. Ich beruhige mich. Er überredet mich.

Die ersten Tage vergehen. Hamburg ist schrecklich, ich friere. Ich stürze mich mit all meiner Phantasie und Energie in die Proben. In der Mittagspause schreibe ich in die vier Textbücher zwischen die Zeilen zu allem Gesprochenen, zu jeder Handlung, jeder Situation die Reaktion des Mädchens. Wenn sie wütend ist, tritt sie so wild in die Pedale ihrer Nähmaschine, bis diese fast in die Luft fliegt. Oder sie bringt den Holzboden zum Beben, weil sie mit ihren nackten Füßen trampelt und stampft, um ihren Willen durchzusetzen. Manchmal schleudert sie auch Gegenstände quer über die Bühne, oder sie wirft sich auf den Boden und trommelt mit den Fäusten, bis sie die Aufmerksamkeit ihrer Brüder erhält. Die Proben dauern bis abends. Ich bin total erschöpft, nehme das nächste Taxi nach Eppendorf und falle in meiner Kammer ins Bett. Ich will nicht mehr denken, will nicht mehr Angst haben vor allem, vor dem Leben, vor dem Tod, vor Gott. Ich lebe in der durchsichtigen Masse, habe wieder Atemnot, spüre weder mich noch andere.

Einmal nimmt mich Marlen mit zu einer Freundin zum Abendessen. Die Tür geht auf. Ich werde von einer Wärme umarmt, wie ich sie noch nie gespürt habe. Diese Katrin ist entweder die Sonne selbst, oder sie hat sie zumindest verschluckt. Das Strahlen will nicht verschwinden aus ihrem Gesicht. Die Wohnung ist klein, vollgestopft und gemütlich. Ich kann mich nicht erinnern, wann mir zum letzten Mal Essen geschmeckt hat. Ich stopfe es in mich hinein, bis ich fast platze. Marlen und ich übernachten bei Katrin. Ich sinke in Berge von Kissen. Am nächsten Morgen dusche ich kniend in der Wanne und beobachte Katrin, wie sie ihre langen schwarzen Haare kämmt. Als sie sich die Lippen knallrot schminkt und ich im Spiegel ihren Blick erhasche, frage ich: »Darf ich heute Abend wiederkommen?« Sie lacht und sagt: »Ja, mein Schatz!«

Von diesem Tag an bleibe ich bei Katrin. Sie und ihre Wohnung sind mein Nest, mein Zuhause. Ohne ihren Beistand hätte ich die täglichen Proben nicht durchgestanden. Die Premiere des ersten Teils wird ein Riesenerfolg. Dennoch verschlimmert sich mein Zustand. Jede Vorstellung ist der Weg zum Schafott. Ich bin mir sicher, dass ich heute, während dieser Vorstellung, tot umfallen werde. Wenn das Stück vorbei ist, stelle ich überrascht fest, dass ich immer noch lebe.

Die anderen Schauspieler treffen sich anschließend in der Kantine zum Essen und Trinken. Ich springe ins Taxi und flüchte zu Katrin. Voller Glück, dass ich nicht gestorben bin, schlüpfe ich mit einem Teller belegter Brote neben sie ins Bett, und wir sehen gemeinsam fern. Das sind die einzig schönen Momente in meinem Leben.

Katrin beschwert sich nachts oft, dass sie nicht schlafen kann, dass sie seekrank wird von meinem Gehüpfe: Ich bin schon zum fünfzigsten Mal aus dem Bett gesprungen, auf die Knie gefallen und habe Gott um Vergebung angefleht.

Der Beginn des Tages, der Morgen ist die schlimmste Zeit: Die Angst zu sterben, die Angst vor Bestrafung, die Angst, ich würde durch einen Gedanken jemandem etwas Schlimmes antun, das Glaskugelgefühl quälen mich dann besonders stark. Ich sehne den Abend herbei, die Nacht, wenn ich endlich wieder schlafen darf.

Während der Vorstellungen umsorgt mich eine herzensgute Garderobenfrau. Sie erinnert mich an mein Ömchen. Anscheinend hat sie Mitleid mit mir. Einmal sagt sie, ich komme ihr vor wie ein kleiner Vogel, der aus dem Nest gefallen ist. Jeden Abend steht ein Topf mit Deckel auf der Heizung. Sie hat zu Hause für mich gekocht, damit ich etwas Warmes in den Magen bekomme. Im Winter strickt sie mir zwei warme Mützen. Wenn sie mich umarmt, spüre ich manchmal etwas.

Seit mehreren Tagen liegen Briefe eines Unbekannten beim Pförtner: Er lädt mich zu einer Art Ratespiel ein. Er, der Unbekannte, wird jeden Abend in einem neuen Kostüm auf einem anderen Platz im Publikum sitzen, und ich soll ihn finden. Das beunruhigt mich. Seit ich mein Schweigen gebrochen habe, halte ich es für möglich, dass mich mein Vater aus Rache umbringen lässt. Ich suche, während ich spiele, die halbdunklen Gesichter im Zuschauerraum ab, immer wieder, aber ich kann niemanden entdecken, der passen würde. Das steigert meine Angst zu Panik. Vielleicht will er mich erschießen! Ich lasse die Zuschauer keine Sekunde aus den Augen. Eines Abends fällt mein Blick auf eine Gestalt in der ersten Reihe. Übereinandergeschlagene lange dünne Hosenbeine, darüber halten zwei Hände eine aufgeblätterte

Tageszeitung. Durch ein Loch sehe ich ein Auge auf mich gerichtet. Ich kann mich nicht vom Fleck bewegen. Da sinkt die Zeitung, und ein Männergesicht lacht mich an. Fast hätte ich vor Angst in die Hose gepinkelt. Dann muss auch ich lachen. Dieses Männergesicht wartet am Bühnenausgang auf mich. Ein großer dünner Mann im Anzug. Er sieht irgendwie schräg aus und sehr sympathisch. »Ich bin Martin Kippenberger!«, stellt er sich vor und lacht die ganze Zeit. Wahrscheinlich belustigt ihn mein verschrecktes Gesicht. Er lädt mich oft ein, auf Vernissagen, zum Essen. Aber weil ich so scheu bin und zurückgezogen lebe, verlieren wir uns wieder aus den Augen.

Die U-Bahnen sind mit riesigen Plakaten tapeziert, auf denen die beiden Brüder und ihre Schwester aus dem Theaterstück abgebildet sind. Es hat nichts mit mir zu tun. Ich kann mich nicht in Verbindung bringen mit dem Mädchen auf den Fotos. Ich spüre mich nicht dabei. Ständig sprechen mich Menschen auf der Straße an: »Bist du nicht das Mädchen aus ...!« Ich weiß nicht, was ich antworten soll. Die Presse stürzt sich auf mich. Täglich eine andere Zeitung. Ich versuche mich dem Rummel zu entziehen, aber es gelingt mir nicht immer. Ich werde überschwemmt mit Fanpost. Ich habe das Gefühl, dass sie nicht mich meinen, und antworte nicht, obwohl ich weiß, dass ich die Leute verletze.

Meine Mutter kommt zu Besuch. Sie sitzt im Zuschauerraum und macht ein stolzes Muttergesicht. Als ich mich nach der Vorstellung bei ihr beklage, wie schlecht es mir geht, antwortet sie: »Ach, das bildest du dir ein! Du machst Theater!«

Mittlerweile spielen wir alle vier Teile an verschiedenen Abenden. Der Erfolg lässt nicht nach. Das Theater ist voll. Ivan Nagel holt mich zu sich in sein Büro und bietet mir einen festen Vertrag an. Er hat schon mit der Schule gesprochen. Ich muss nicht zurück. Sie werden mir die Bühnenreife vorzeitig ausstellen. Ich frage ihn, ob er mich wegen meines Namens engagieren will und weil mein Vater so bekannt ist.

»Dein Vater schreckt mich ab«, bekomme ich zur Antwort. »Ich möchte dich fest an unser Theater binden, weil du gut bist.« In diesem Augenblick spüre ich Stolz, noch mehr Stolz als an dem Tag, als ich in die Otto-Falckenberg-Schule aufgenommen wurde. Aber das Glücksgefühl hält nicht lange an, denn ich weiß plötzlich nicht mehr, wie ich aus der Intendanz kommen soll. Zwei Türen führen nach draußen, und ich bin mir sicher: Welche ich auch wähle, mir wird etwas passieren. Ich prüfe, wohin das Fenster führt. Aber das Flachdach darunter ist zu weit weg. Zum Glück kommt in diesem Moment der Dramaturg Urs Jenny herein, um etwas abzugeben. Ich hake mich bei ihm unter und verlasse gemeinsam mit ihm den Raum. Ohne dass er es weiß, hat er für mich die Entscheidung getroffen, und ich bin unschuldig und muss nicht bestraft werden.

Während ich jeden Abend mehr oder weniger meine eigene Lebensgeschichte spiele, probe ich tagsüber das nächste Stück. Ich versuche mich mit der Arbeit abzulenken und mit zahlreichen Liebesaffären. Ich stürze mich in eine nach der anderen und bin danach immer nur noch trauriger.

Irgendwann werden die Schuldgefühle vollends unerträglich. Ich renne zu einem Pfarrer, erhoffe mir von ihm Vergebung. Ich erzähle Nonnen in ihrem Kloster bei Kaffee und Kuchen von meiner Schuld. Ich bin sehr verwundert, dass mich niemand verdammt, im Gegenteil. Sowohl der Pfarrer als auch die Nonnen trösten mich und versichern mir, dass ich keine Schuld habe. Trotzdem muss ich Buße tun. Einmal knie ich mich fünfhundert Mal hinter der Bühne auf den Boden. Jedes Mal werfe ich mich langgestreckt hin wie ein tibetischer Mönch auf dem Pilgerweg. Allerdings weiß ich nichts von tibetischen Mönchen oder Buddhismus. Ich mache es, weil ich es muss, und zähle genau mit.

Bei meiner Arbeit und im Umgang mit Menschen tue ich so, als ginge es mir gut. Aber ich spüre, dass ich immer verrückter werde.

Mein Vater ruft an. Er fragt nicht, wie es mir geht. Kein Wort davon, dass ich erfolgreich Theater spiele. Er komme morgen nach Hamburg zu einer NDR-Talkshow und möchte mich sehen. Ich soll im Hotel Atlantic ein Doppelzimmer bestellen und dort auf ihn warten. Er komme dann nachts nach der Talkshow. Mir fällt nichts ein, was ich darauf sagen soll. Ich bin einfach nur sprachlos. »Hörst du mich! Du bestellst das Zimmer und wartest auf mich!«, befiehlt er.

»Ja, ja,«, sage ich und lege auf.

Ich bestelle das Zimmer für ihn, aber er muss die Nacht allein dort verbringen. Katrin holt mich nach der Vorstellung ab, und wir machen uns einen lustigen Abend in einer Pizzeria.

Ich spiele drei Jahre in Hamburg ein Stück nach dem anderen. Unter anderem bei Ulrich Heising, Franz Marijnen, Alfred Kirchner, Ernst Wendt, Peter Zadek. Auch in einer Inszenierung des Gastregisseurs Jérôme Savary bin ich engagiert. Der ist eigentlich Direktor des Pariser *Le Grand Magic Circus*, der regelmäßig in Hamburg gastiert. Er bietet mir einen Vertrag in seinem Theater an, und ich habe vor, in einem Jahr in Hamburg zu kündigen und zu ihm nach Frankreich zu gehen. Jetzt ist allerdings erst einmal Sommerpause. Ich werde in den Theaterferien zwei Filme drehen. Einen in Wien und einen in Berlin und Holland. Katrin bringt mich zum Bahnhof. Wir umarmen uns. Sie sagt: »Ich glaube, dir widerfährt etwas Wunderbares in diesem Sommer!«

Die Dreharbeiten in Österreich machen großen Spaß. Wir wohnen alle in einem alten Schloss in Baden bei Wien. Bis auf ein paar Bettgestelle in den Zimmern und einen Riesentisch mit unzähligen Stühlen im heruntergekommenen ehemaligen Festsaal ist es leer. Der Requisiteur schleppt das Nötigste heran, damit wir die Küche benützen können; wir kochen jeden Abend zusammen, reden und lachen bis in den Morgen. Für Wochen fühle ich mich unbeschwert.

Der Film heißt *Fehlschuß* und spielt in den Fünfzigerjahren in einer Arbeiterkolonie. Ein Schrotthändler will einen jungen Mann, dargestellt von Wolfgang Ambros, zum Fußballstar machen. Ich spiele die große Liebe des Jungen; sie ist die Rock-'n'-Roll-Königin des kleinen Ortes. Natürlich wird nichts aus der Fußballkarriere, auch nichts aus der großen Liebe. Alle Teammitglieder sind wehmütig, als die Dreharbeiten beendet sind und jeder in einen anderen Teil der Welt zieht.

Jetzt sitze ich im Zug nach Berlin. Ich muss während der

ganzen Fahrt nur einmal etwas mehrfach machen. Ich fühle mich gut wie lange nicht.

Der neue Film *Das Ende der Beherrschung* ist eine Liebesgeschichte zwischen einer Sozialarbeiterin und ihrem Zögling, einer siebzehnjährigen aufsässigen Göre, die von mir gespielt wird. Am Ende der Geschichte erschlägt sie den zudringlichen Lebensgefährten ihrer Freundin.

Nach einem langen Drehtag schleppt mich eine Mitarbeiterin des Teams in die Disco Roxy, ein ehemaliges Kino in Kreuzberg. Ein großer junger Mann mit schulterlangen brünetten Haaren steht am anderen Ende des Saals von mir abgewandt auf der Tanzfläche. Ich kann den Blick nicht von seiner Gestalt abwenden. Er dreht sich zu mir um, schaut mich lange an. Dann kommt er auf mich zu und fragt mich nach einer Zigarette. Wir reden die ganze Nacht. Als es zu dämmern beginnt, fahren wir zum Grunewaldsee und gehen dort spazieren. Eine Wildschweinfamilie läuft vor uns quer über den Weg, vorne die Mutter, dann drei Frischlinge. So als hätten sie sich gesagt: Nicht nach rechts und links schauen, vielleicht sehen die uns dann nicht.

Von dieser Nacht an trennen wir uns nicht mehr. Wir fahren im Auto meines Freundes von einem Drehort zum nächsten. Der Innenraum des kleinen Renaults ist vollgestopft mit aufgeblasenen Luftballons. Wir küssen uns, wir lachen, wir singen die Lieder aus dem Kassettenrecorder mit. Er steht immer neben der Kamera, ist immer in meiner Nähe. Ich bin zum ersten Mal in meinem Leben wirklich glücklich.

Die Spielzeit beginnt, ich muss zurück nach Hamburg. Er kommt mit mir. Wir bleiben nur einen einzigen Tag, damit ich mich von einem Arzt krankschreiben lassen kann. Dann verstecken wir uns in einem Holzhaus auf einer dänischen Insel. Nach einer Woche muss ich endgültig zurück nach Hamburg. Er kommt in jeder freien Minute aus Berlin zu mir. Doch bald ist uns das zu wenig, wir wollen Tag und Nacht zusammen sein.

Ich kündige in Hamburg, sage die Angebote bei Claus Peymann in Stuttgart und Jérôme Savary in Paris ab und ziehe zu ihm nach Berlin. Viele Regisseure wollen Filme mit mir drehen, aber ich wähle nur diejenigen aus, zu denen er mitfahren kann. Wir wollen uns nicht trennen, nicht mal für ein paar Tage. Ich weine den Projekten keine Träne nach, im Gegenteil: Kein Film und kein Geld der Welt können mir das geben, was ich jetzt endlich erlebe.

Das erste unserer drei Kinder wird 1977 geboren. Mein Vater schickt ein Paket mit Luxusbabysachen aus Paris. Er lebt jetzt dort mit Geneviève und seinem kleinen Sohn. Während der Schwangerschaft hat er mich kein einziges Mal nach dem Vater meines Kindes gefragt.

Gleich nach der Geburt spiele ich die Hauptrolle in Wolfgang Staudtes letztem Kinofilm *Zwischengleis*. Mein Partner ist Mel Ferrer. Ich drehe in zwei Sprachen sechzehn Stunden am Tag die Geschichte eines 17-jährigen Mädchens, das in der Nachkriegszeit viele Jahre gegen erdrückende Schuldgefühle kämpft und sich als Dreißigjährige von der Brücke stürzt. Die Arbeit an diesem Stoff nimmt mich sehr mit. Ich esse nichts mehr, rauche Kette, entwickle wieder zunehmend Angstphantasien und breche schließlich völlig zusammen. Meinem Freund erzähle ich zum ersten Mal von meinem Trauma. Seiner Liebe und Zuwendung habe ich es zu verdanken, dass ich mich von dem Zusammenbruch relativ rasch wieder erhole.

Als unsere Tochter ein Jahr alt ist, bekomme ich das Angebot, in der *Dreigroschenoper* am Théâtre des Bouffes du Nord in Paris zu spielen. Mein Freund kann an dieser Inszenierung mitarbeiten, und so ziehen wir mit einer Freundin, die vom Theater als Kindermädchen bezahlt wird, für ein halbes Jahr in eine Altbauwohnung am Boulevard St. Germain. Unser Stück wird von den Franzosen gefeiert. Die Zeitschrift *Paris Match* bereitet einen großen Artikel über mich vor. Sie machen eine Fotoserie, ich gebe ein langes Interview. In der Redaktion kann ich das Layout bewundern. Eine Fotostrecke über sechs Seiten, dazwischen Text. Ich bin wahnsinnig stolz. Das erste Foto reicht über zwei Seiten. Alles ist fertig, allerdings wollen sie noch ein letztes Bild von mir und meinem Vater gemeinsam. Mir ist nicht wohl dabei, aber ich willige ein.

Ich treffe mich mit ihm und der Fotografin im Jardin du Luxembourg. Sie platziert meinen Vater und mich auf einer Parkbank. Er legt den Arm um meine Schulter, zieht den Borsalino ins Gesicht, hängt sich die Zigarette in den Mundwinkel und spielt Vater-Tochter-Innigkeit. Sein Getue kotzt mich an. Im Anschluss kommen er und die Fotografin noch mit in meine Wohnung. Auch dort sollen ein paar Fotos aufgenommen werden. Als er meinen Freund sieht, erstarrt er. Er steht zum ersten Mal einem Mann seiner Tochter gegenüber. Außerdem misst mein Freund knapp zwei Meter.

Um seine Unsicherheit zu überspielen, unterhält er sich mit der Fotografin in schlechtem Französisch über Telefonanrufbeantworter. Meinen Freund lässt er nicht aus den Augen, bemüht sich aber gleichzeitig, ihn demonstrativ zu ignorieren. Als die letzte Aufnahme endlich gemacht ist, verlässt er gemeinsam mit der Fotografin die Wohnung.

Diese ruft mich später wutentbrannt an und beschwert sich über meinen Vater. Kaum hatten sich die Türen des Fahrstuhls geschlossen, habe er sie mit beiden Händen am Hintern gepackt. Auch die Redakteurin von *Paris Match* ist völlig genervt. Ständig würde er in der Redaktion erscheinen, ihnen einen Artikel aus dem *Stern* unter die Nase halten und verkünden, wie wichtig er sei. Außerdem verlange er, dass sie einen Bericht über ihn statt über mich veröffentlichen. Irgendwann sind die Redakteure so verärgert, dass sie weder mein Porträt noch einen Artikel über ihn drucken.

In den nächsten Jahren spiele ich Theater in Berlin und übernehme weiter nur dann Filmrollen, wenn mich mein Freund zu den Dreharbeiten begleiten kann. An meinen Vater denke ich selten. Manchmal ruft er mich an, will mich abholen lassen, wenn er in Deutschland ist. Ich erfinde immer Ausreden.

Im Spätherbst 1991 klingelt früh am Morgen das Telefon. Meine Mutter sagt: »Dein Vater ist tot!«

Ich bin nicht traurig, ich bin nicht glücklich. Ich fühle nichts.

Dann sagt die Stimme meiner Mutter noch: »Ach, ich bin ihm nicht böse, er war schon ein toller Kopf!«

Ich lege auf.

Eine Haut löst sich von mir ab. Ich spüre es mit jeder Faser meines Körpers.

Ich mache mich auf den Weg, meine Seele zu suchen.

Dank an meinen Mann Wolfgang und unsere drei Kinder sowie an Klaus Steinborn und meine Lektorin Doris Plöschberger